Cuando los
tontos mandan

Javier Marías

Cuando los
tontos mandan

ALFAGUARA

Papel certificado por el Forest Stewardship Council®

Primera edición: febrero de 2018

© 2018, Javier Marías
c/o Casanovas & Lynch Agencia Literaria, S. L.
© 2018, Penguin Random House Grupo Editorial, S. A. U.
Travessera de Gràcia, 47-49. 08021 Barcelona

© Diseño: Penguin Random House Grupo Editorial, inspirado en un diseño original de Enric Satué

Printed in Spain – Impreso en España

ISBN: 978-84-204-3231-1
Depósito legal: B-26435-2017

Compuesto en MT Color & Diseño, S. L.
Impreso en Unigraf, Móstoles (Madrid)

AL32311

Penguin
Random House
Grupo Editorial

Índice

Nota del editor

Este libro contiene los artículos publicados por Javier Marías en el suplemento dominical *El País Semanal* durante el periodo que va desde el 8 de febrero de 2015 hasta el 29 de enero de 2017; en total, son noventa y cinco las columnas aquí reunidas. El título del volumen, como ya es tradición, el autor lo ha tomado prestado de uno de los epígrafes: el de la pieza que cierra la recopilación, «Cuando los tontos mandan». En ella el escritor señala, valiéndose de noticias recientes, algunas «reclamaciones imbéciles» que atañen, entre otras, a prohibiciones y censuras de clásicos universales en los programas universitarios. Y da en la diana al lamentar que «la presión sobre la libertad de expresión se ha hecho inaguantable. [...] Se miden tanto las palabras que casi nadie dice lo que piensa».

Los lectores de Marías saben que éste sí dice lo que piensa; es más, confían en que, domingo tras domingo, haga caso omiso del clima de opinión reinante en los medios de comunicación y en las redes sociales y exponga su parecer sobre cualquiera que sea la cuestión que trate. Y jamás defrauda.

La nuestra es una época sin duda rara, confusa y complicada: nadie puede soslayar el triste triunfo de las radicalidades, de las militancias de todo signo y de los bulos cotidianos; los políticos, ya plenamente adaptados a la postverdad, nos mienten sin parar; el sistema judicial es tan lento que los ciudadanos, sobre todo en los casos de corrupción, tenemos la impresión de que la justicia en España funciona más bien nada. En este panorama poco halagüeño, quizá lo peor sea la constatación de que la gente, salvo excepciones, se halla asombrosa y paradójicamente desinformada, puesto que sólo leemos, oímos o vemos a los que son de nuestra cuerda, atrincherados en la comodidad de un pensamiento coincidente. Así, Javier Marías es un *outsider* más necesario que nunca en estos tiempos. Con su estilo elegante, su exquisita educación y su gran sentido del humor, lleva a cabo en sus artículos algo infrecuente: matizar, razonar, dar mandobles a unos y a otros cuando lo considera conveniente, no ejercer banderías ni lo políticamente correcto. Sus columnas de los domingos, en las que tan a menudo combate con pasión la ideología oficial y el pensamiento trillado, han convertido a Marías en una de las voces más representativas y valoradas de la auténtica disidencia.

En esta recopilación, se plantean cuestiones cruciales como las promesas incumplidas del Gobierno de Rajoy, el *procés* en Cataluña, el descontento social por los recortes, la crisis económica —«que nunca termina ni amaina», en palabras del escritor— y las terribles consecuencias que aún padecen sobre todo las clases más desfavorecidas, el *Brexit,* las elecciones que auparon a Donald Trump a la presidencia de Estados Unidos...

Sin embargo, el autor no se dedica a la opinión política de manera estricta ni continuada; bien al contrario, si algo caracteriza su labor articulística es la enorme variedad de temas que suele tratar. Haciendo un somero repaso, en *Cuando los tontos mandan* hay también textos sobre películas, series de televisión, libros, cuadros, evocaciones personales de amigos y familiares, viajes de trabajo, la Semana Santa, el fútbol, los Óscars, el papa Francisco, el neoespañol, el bajo porcentaje de gente que lee en nuestro país, etcétera. Y por descontado, los que abordan algunas de las plagas de nuestros días: el terrorismo del Estado Islámico, los desahucios en España, las redes sociales y sus nefastos linchamientos masivos, la manía por fotografiarlo todo, la discriminación salarial que sufren las mujeres y lo que Marías califica como el «progresivo abaratamiento del sistema democrático», por citar los más significativos.

Jueces no humanos

No es que los jueces hayan sido nunca demasiado de fiar. A lo largo de la historia los ha habido venales, cobardes, fanáticos, por supuesto prevaricadores, por supuesto desmesurados. Pero la mayoría de los injustos mantenía hasta hace no mucho una apariencia de cordura. Recurrían a claros sofismas o retorcían las leyes o bien se aferraban a la letra de éstas, pero al menos se molestaban en urdir artimañas, en dotar a sus resoluciones de simulacros de racionalidad y ecuanimidad. Recuerdo haber hablado, hace ya más de diez años, de un caso en que el juez no apreció «ensañamiento» del acusado, que había asestado setenta puñaladas a su víctima, algo así. El disparate, con todo, buscó una justificación: dado que la primera herida había sido mortal, no podía haber «ensañamiento» con quien ya era cadáver y no sufría; como si el asesino hubiera tenido conocimientos médicos y anatómicos tan precisos y veloces para saber en el acto que las sesenta y nueve veces restantes acuchillaba a un fiambre.

Pero ahora hay no pocos jueces que no disimulan nada, y a los que no preocupa lo más mínimo manifestar síntomas de locura o de supina estupidez. Uno se pregunta cómo es que aprueban los exámenes pertinentes, cómo es que se pone en sus manos los destinos de la gente, su libertad o su encarcelamiento, su vida o su muerte en los países en que aún existe la pena capital. Si uno ve series de televisión de abogados (por ejemplo, *The Good Wife*), a menudo reza por que lo mostrado en ellas sea sólo producto de la imaginación de los guionistas y no se corresponda con la realidad judicial americana, sobre todo porque cuanto es práctica en los Estados Unidos acaba siendo servilmente copiado en Europa, con la papanatas España a la cabeza. Hace unas semanas hubo un reportaje de Natalia Junquera sobre los *tests* a que se somete a los extranjeros que solicitan nuestra nacionalidad, para calibrar su grado de «españolidad». Por lo visto no hay una prueba *standard* («¡Todo el mundo se aprendería las respuestas!», exclama el Director General de los Registros y del Notariado), así que cada juez pregunta al interesado lo que le da la gana, cuando éste se presenta ante el Registro Civil. Al parecer, hay algún juez que, para «pulsar» el grado de integridad del solicitante en nuestra sociedad, inquiere «qué personaje televisivo mantuvo una relación con un conocido torero» o «qué torero es conocido por su muerte trágica» (me imagino que aquí se admitirían como respuestas válidas los nombres y apodos de todos los diestros fallecidos a lo largo de la historia, incluidos suicidas). El mismo juez preguntó quién era el Presidente de Navarra, y el marroquí interrogado lo supo, inverosímilmente. Pero tal hazaña no le bastó (falló en la cuestión taurina), y hubo de recurrir, con éxito. Otros jueces quieren saber qué pasó en 1934, o cómo fue la Constitución de 1812, o nombres de escritores españoles del siglo XVI. A un tal juez Celemín, famoso aunque yo no lo conozca, le pareció insuficiente que un peruano mencionara el de Lope de Vega, y se lo cargó. Todo esto suena demencial, y encima, en los exámenes sobre «personajes del corazón», resulta muy difícil seguirles la pista o incluso reconocerlos, tanto cambian de aspecto a fuerza de perrerías (hace poco creí estar viendo en la tele a la actriz de la película *Carmina o revienta* y después descubrí que era, precisamente, quien «mantuvo una relación con un conocido torero»).

Pero la epidemia de jueces lunáticos se extiende por todo el globo. Se ha sabido que los magistrados venezolanos del Tribunal Supremo (o como se llame el equivalente caraqueño) han fallado 45.000 veces a favor de los Gobiernos de Chávez y Maduro... y ninguna en contra, en los litigios presentados contra sus directrices y leyes. Empiecen a contar, una, dos, tres, y así hasta 45.000, no creo que nadie lo pueda resistir, y sin embargo existe tal contabilidad. Pero quizá es más alarmante (el caso venezolano sólo prueba que esos jueces reciben órdenes y son peleles gubernamentales, lo habitual en toda dictadura) el reciente fallo de unos togados argentinos que dictaminaron que una orangutana del zoo era «persona no humana», con derecho al *habeas corpus* (como si hubiera sido arrestada) y a circular libremente. Que haya articulistas y espontáneos que abracen en seguida la imbecilidad y reivindiquen la «definición» también para las ballenas, los perros y los delfines, no tiene nada de particular. Al fin y al cabo ya hubo aquel llamado Proyecto Gran Simio que suscribió con entusiasmo el PSOE de Zapatero. Pero que unos jueces (individuos en teoría formados, prudentes y cultos) incurran en semejante contradicción en los términos, francamente, me lleva a sospechar que son ellos quienes forman parte del peculiar grupo de las «personas no humanas». Y a ellos sí, pese a su desvarío, habría que reconocerles el derecho al *habeas corpus*, faltaría más. Confío en que la orangutana (ya puestos) sea proclive a concedérselo. No vería gran diferencia si fuera ella quien vistiera la toga y enarbolara el mazo con el que dictar sentencias. La capacidad de raciocinio de la una y los otros debe de ser bastante aproximada.

8-II-15

Un Papa

Este Papa actual cae muy bien a laicos y a católicos disidentes, y bastante mal, al parecer, a no pocos obispos españoles y a sus esbirros periodísticos, que ven con horror las simpatías de los agnósticos (utilicemos este término para simplificar). Las recientes declaraciones de Francisco I respecto a los atentados de París (qué es esa coquetería historicista de no llevar número: Juan Pablo I lo llevó desde el primer día) no parecen haber alertado a esos simpatizantes y en cambio me imagino que sus correligionarios detractores habrán respirado con alivio. Un Papa es siempre un Papa, no debe olvidarse, y está al servicio de quienes está. Puede ser más limpio o más oscuro, más cercano a Cristo o a Torquemada, sentirse más afín a Juan XXIII o a Rouco Varela. Pero es el Papa.

Francisco I es o se hace el campechano y procura vivir con sencillez dentro de sus posibilidades, pero esas declaraciones me hacen dudar de su perspicacia. Repasémoslas. «En cuanto a la libertad de expresión», respondió a la pregunta de un reportero, «cada persona no sólo tiene la libertad, sino la obligación de decir lo que piensa para apoyar el bien común ... Pero sin ofender, porque es cierto que no se puede reaccionar con violencia, pero si el Doctor Gasbarri, que es un gran amigo, dice una grosería contra mi mamá, le espera un puñetazo. ¡Es normal! No se puede provocar, no se puede insultar la fe de los demás ... Hay mucha gente que habla mal, que se burla de la religión de los demás. Estas personas provocan y puede suceder lo que le sucedería al Doctor Gasbarri si dijera algo contra mi mamá. Hay un límite, cada religión tiene dignidad, cada religión que respete la vida humana, la persona humana ... Yo no puedo burlarme de ella. Y este es el límite ... En la libertad de expresión hay límites como en el ejemplo de mi mamá».

El primer grave error —o falacia, o sofisma— es equiparar y poner en el mismo plano a una persona real, que seguramente no le ha hecho mal a nadie ni le ha impuesto ni dictado nada, ni jamás ha castigado ni condenado fuera del ámbito estrictamente familiar (la madre del Papa), con algo abstracto, impersonal, simbólico y aun imaginario, como lo es cualquier religión, cualquier fe. Con la agravante de que, en nombre de las religiones y las fes, a la gente se la ha obligado a menudo a creer, se la ha sometido a leyes y a preceptos de forzoso y arbitrario cumplimiento, se la ha torturado y sentenciado a muerte. En su nombre se han desencadenado guerras y matanzas sin cuento (bueno, no sé por qué hablo en pasado), y durante siglos se ha tiranizado a muchas poblaciones. Las religiones se han permitido establecer lo que estaba bien y mal, lo lícito y lo ilícito, y no según la razón y un consenso general, sino según dogmas y doctrinas decididos por hombres que *decían* interpretar las palabras y la voluntad de Dios. Pero a Dios —a ningún dios— no se lo ve ni se lo oye, solamente a sus sacerdotes y exégetas, tan humanos como nosotros. La madre de Francisco I fue probablemente una buena señora que jamás hizo daño, que no intervino más que en la educación de sus vástagos, y contra la cual toda grosería estaría injustificada y tal vez, sí, merecería un puñetazo. Pero la comparación no puede ser más desacertada, o más sibilina y taimada. A diferencia de esta buena señora, o de cualquier otra, las religiones se han arrogado o se arrogan (según los sitios) el derecho a interferir en las creencias y en la vida privada y pública de los ciudadanos; a permitirles o prohibirles, a decirles qué pueden y no pueden hacer, ver, leer, oír y expresar. Hay países en los que todavía las leyes las dicta la religión y no se diferencia entre pecado y delito: en los que lo que es pecado para los sacerdotes, es por fuerza delito para las autoridades políticas. Hasta hace unas décadas así ocurrió también en España, bajo dominación católica desde siempre. Y hoy subsisten fes según las cuales las niñas merecen la muerte si van a la escuela, o las mujeres no pueden salir solas, o un bloguero ha de sufrir mil latigazos, o una adúltera la lapidación, o un homosexual la horca, o un «hereje» ser pasado por las armas. No digamos un «infiel».

Así que, según este Papa, «la fe de los demás» hay que soportarla y respetarla, aunque a veces se inmiscuya en las libertades de quienes no la comparten ni siguen. Y en cambio «no se puede uno burlar de ella», porque entonces «estas personas provocan y puede suceder lo que le sucedería al Doctor Gasbarri...». Sin irse a los países que se rigen por la *sharía* más severa, nosotros tenemos que aguantar las procesiones que ocupan las ciudades españolas durante ocho días seguidos, y ni siquiera podemos tomárnoslas a guasa; y debemos escuchar las ofensas y engaños de numerosos prelados en nombre de su fe, y ver cómo la Iglesia se apropia de inmuebles y terrenos porque sí, sin ni siquiera mofarnos de la una ni de la otra, no vayamos a «provocar» como ese pobre Doctor que se ha llevado los hipotéticos guantazos de Francisco I. Con semejantes «razonamientos», no se hace fácil la simpatía a este Papa. Al fin y al cabo es el jefe de una religión.

15-II-15

Crueldades admitidas

Tuve una pesadilla, y aunque no soporto la aparición de sueños en las novelas ni en las películas, como esto no es ni lo uno ni lo otro, ahí va resumido: era de noche y estaba en la fría ciudad de Soria, en la que pasé muchos veranos de mi infancia y en la que luego, durante doce años, tuve alquilado un piso muy querido, que dejé hace tres por causa de un Ayuntamiento desaprensivo. Me iba a ese piso para dormir allí, pero me daba cuenta de que ya no tenía llave y de que ya no existía, convertido ahora en una pizzería o algo por el estilo. Pensaba en irme entonces al de mi niñez, pero aún hacía más tiempo que no disponía de él. Un hotel, en ese caso, pero estaban todos llenos, y además yo vestía inadecuadamente (me abstendré de dar detalles). La respuesta a la pregunta «¿Dónde iré?» fue la inmediata salida de esa ciudad y la tentativa de entrar en otras casas en las que he vivido. Una de Barcelona en la que me recibió una mujer, una de Venecia en la que me acogió otra, una de Oxford en la que pasé dos años, otra de Wellesley, un par de pisos que tuve alquilados en Madrid hace siglos. Ninguno existía ya, pasaron a ser pasado. Los lugares a los que uno se encaminó centenares de veces después de una jornada, que uno ocupaba con relativa tranquilidad, de los que poseía llaves, «de pronto» ya no estaban a mi disposición, habían desaparecido. Si entrecomillo «de pronto» es con motivo: en el sueño no había lento transcurso del tiempo, como lo hay en la vida; estaba todo comprimido, superpuesto, todos mis «hogares» eran uno y el mismo, y en ninguno tenía cabida. Me obligué a despertar, me daba cuenta de que soñaba pero no lograba salirme de la sensación de pérdida y caducidad, de ver clausurados los sitios que en otras épocas eran accesibles y hasta cierto punto eran «míos» (en realidad ninguno lo era, de ninguno había sido yo propietario, sólo inquilino o invitado).

Cuando, ya levantado, conseguí sacudirme el malestar y el desamparo, no pude por menos de pensar en los millares de personas para las que ese mal sueño es una verdad permanente. De todas las injusticias y desafueros, de todas las crueldades cometidas en este largo periodo, bajo los Gobiernos de Rajoy y de Zapatero, quizá la mayor sean los desahucios. Hay cosas en las que la legalidad debería ser secundaria, o en las que su estricta y ciega aplicación no compensa, porque las consecuencias son desproporcionadas. Hace ya mucho escribí aquí que los españoles estaban muy confundidos al considerar poco menos que un «derecho» tener una vivienda *en propiedad*. Me escandalicé de que gente con empleos precarios suscribiera hipotecas a treinta, cuarenta y aun cincuenta años. Expuse mi perplejidad ante la aversión de mis compatriotas a alquilar, con el argumento falaz y absurdo de que así tira uno el dinero. ¿Cómo va uno a tirarlo por hacer uso de algo? Sería como decir que lo tira por comprarse un coche que no va a durar toda la vida (y gastar en gasolina), o por comer, o por pagar la ropa que indefectiblemente se desgastará y habrá que desechar algún día. Pero lo cierto es que los bancos, durante decenios, no sólo permitieron el demencial endeudamiento de los ciudadanos, sino que lo alentaron y fomentaron. Y, cuando demasiados individuos no pudieron hacer frente a las abusivas hipotecas, se iniciaron los desahucios, que aún prosiguen. Las circunstancias de las personas no han importado: a los bancos y a los Gobiernos les ha dado lo mismo echar de su hogar a una anciana que sólo aspirara a morir en él que a una familia con niños pequeños. «Están en su derecho», y lo ejercen. Pero ¿para qué?

La mayoría de los pisos de los que sus medio-dueños han sido expulsados no sirven de nada. Los bancos y las inmobiliarias han sido incapaces de revenderlos ni de hacer negocio, y si han podido los han malvendido. Centenares de millares de ellos están desocupados, empantanados, se deterioran, entran ladrones a llevarse hasta los grifos o se convierten en botín de *okupas*, a menudo devastadores. El daño infligido a las personas desalojadas —que tenían voluntad de cumplir, que llevaban tiempo habitándolos, que los cuidaban, que simplemente no podían satisfacer los plazos por haber perdido su empleo, y que habrían continuado con ellos a cambio de un alquiler modesto— es desmesurado respecto al beneficio obtenido —si lo hay— por los acreedores. Es, por lo tanto, un daño gratuito e innecesario, un daño sin resarcimiento, y a ese tipo de daño se le ha dado siempre el nombre de crueldad, no tiene otro. No es comparable con el del casero que echa a un vecino por no abonarle el alquiler: gracias a su medida puede encontrar otro inquilino que sí le pague, y no lo condene a perder dinero. Pero la gran mayoría de los pisos de desahuciados se subastan a precios irrisorios, o se pudren abandonados, y los bancos los ven como un lastre y apenas sacan ganancia. No hay nada que justifique —ni siquiera explique— el inmenso perjuicio causado a los expulsados. Ellos sí que se ven de repente sin llaves, ellos sí que pierden su hogar, y se quedan a la intemperie.

22-II-15

Un país adanista e idiota

A veces tengo la sensación de que este es un país defi-nitivamente idiota, en la escasa medida en que puede ge-neralizarse, claro. Entre las idioteces mayores de los es-pañoles está el narcisismo, que los lleva a querer darse importancia *personal*, aunque sea como parte de un colec-tivo. Rara es la generación que no tiene la imperiosa am-bición de sentirse protagonista de «algo», de un cambio, de una lucha, de una resistencia, de una innovación deci-siva, de lo que sea. Y eso da pie a lo que se llama adanis-mo, es decir, según el DRAE, «hábito de comenzar una actividad cualquiera como si nadie la hubiera ejercitado anteriormente», o, según el DEA, «tendencia a actuar prescindiendo de lo ya existente o de lo hecho antes por otros». El resultado de esa actitud suele ser que los «origi-nales» descubran sin cesar mediterráneos y por tanto cai-gan, sin saberlo, en lo más antiguo y aun decrépito. Presen-tan como «hallazgos» ideas, propuestas, políticas, formas artísticas mil veces probadas o experimentadas y a menu-do arrumbadas por inservibles o nocivas o arcaicas. Pero como el adanista ha hecho todo lo posible por no enterarse, por desconocer cuanto ha habido antes de su trascenden-tal «advenimiento» —por ser un ignorante, en suma, y a mucha honra—, se pasa la vida creyendo que «inaugura» todo: aburriendo a los de más edad y deslumbrando a los más idiotas e ignaros de la suya.

Los adanistas menos puros, los que encajan mejor en la segunda definición que en la primera, se ven en la obli-gación de echar un vistazo atrás para desmerecer el pasado reciente, para desprestigiarlo en su conjunto, para considerarlo enteramente inútil y equivocado. Han de demolerlo y declararlo nulo y dañino para así subrayar que «lo bueno» empieza ahora, con ellos y sólo con ellos. En una de las modalidades de vanidad más radicales: antes de que llegáramos nosotros al mundo, todos vivieron en el error, sobre todo los más cercanos, los inmediatamente anteriores. «Mañana nos pertenece», como cantaba aquel himno nazi que popularizó en su día la película *Cabaret*, y todo ayer es injusto, desdichado, erróneo, perjudicial y nefasto. Si eso fuera cierto e incontrovertible, tal vez no haría falta aplicarse a su destrucción. Tenemos aquí un precedente ilustrativo: tras casi cuarenta años de dictadura franquista, pocos fueron los que no estuvieron de acuerdo en la maldad, vulgaridad y esterilidad de ese periodo, y los que no lo estuvieron se convencieron pronto, sinceramente o por conveniencia (evolucionaron o se cambiaron de chaqueta aprisa y corriendo). El adanismo no careció ahí de sentido, aunque no fue tal propiamente, dado que, como tantas veces se ha dicho con razón, la sociedad española había «matado» a Franco en todos los ámbitos bastante antes de que éste muriera en su cama, aplastado no sé si por el manto del Pilar o por el brazo incorrupto de Santa Teresa.

Lo sorprendente y llamativo —lo idiota— es que ahora se pretenda llevar a cabo una operación semejante con la llamada Transición y cuanto ha venido a raíz de ella. Los idiotas de Podemos —con esto no quiero decir que sean idiotas todos los de ese partido, sino que en él abundan idiotas que sostienen lo que a continuación expongo— han dado en denominarlo «régimen» malintencionadamente, puesto que ese término se asoció siempre al franquismo. Es decir, intentan equiparar a éste con el periodo democrático, el de mayores libertades (y prosperidad, todo sumado) de la larguísima y entera historia de España. La gente más crítica y enemiga de la Transición nació acabado el franquismo y no tiene ni idea de lo que es vivir bajo una dictadura. Ha gozado de derechos y libertades desde el primer día, de lo que con anterioridad a este «régimen» estaba prohibido y no existía: de expresión y opinión sin trabas, de partidos políticos y elecciones, de Europa, de un Ejército despolitizado y jueces no títeres, de divorcio y matrimonio *gay*, de mayoría de edad a los dieciocho y no a los veintiuno (o aún más tarde para las mujeres), de pleno uso de las lenguas catalana, gallega y vasca, de amplia autonomía para cada territorio en vez de un brutal centralismo... Nada de eso es incontrovertiblemente malo, como se empeñan en sostener los idiotas. Yo diría que, por el contrario, es bueno innegablemente. Que ahora, treinta y muchos años después de la Constitución que dio origen al periodo, haya desastres sin cuento, corrupción exagerada y multitud de injusticias sociales, políticos mediocres cuando no funestos, todo eso no puede ponerse en el debe de la Transición, sino de sus herederos ya lejanos, entre los cuales está esa misma gente que carga contra ella sin pausa. «Es que yo no voté la Constitución», dicen estos individuos en el colmo del narcisismo, como si algún estadounidense vivo hubiera aprobado la de su país, o algún británico su Parlamento. Es como si los españoles actuales protestaran porque no se les consultó la expulsión de los judíos en 1492, o la de los jesuitas en 1767, o la expedición de Colón a las Indias. Tengo para mí que no hay nada más peligroso que el afán de protagonismo, y el de los españoles de hoy es desmesurado. Ni más idiota, no hace falta insistir en ello.

1-III-15

Tiene dinero, es intolerable

Hará unos meses escribí una columna («Siempre tarde y con olvido») en la que señalaba cómo en poco tiempo los españoles habían pasado de ser enormemente comprensivos con la corrupción, y aun defensores de ella («El que no trinque es tonto», sería el resumen de lo que opinaba una considerable parte de la población), a no tolerar el menor aprovechamiento o desvío de dinero público o privado. Ese artículo tuvo escaso eco, que yo sepa, así que una de dos: o era soso e inane —culpa mía—, o a los españoles no les gusta que se les refresque la memoria, se les hagan notar sus múltiples contradicciones y su permanente chaqueteo, se les exponga su cinismo. En una época en la que por culpa de Internet nada se borra y ya no hay que ir a las hemerotecas para saber lo que cada cual dijo en cada momento, España sigue obrando el milagro de que el pasado no exista, ni el más reciente. Han transcurrido unas semanas y observo que ese puritanismo de boquilla y sobrevenido va a más. Por poner un ejemplo, el cobro de 425.000 euros por parte de Monedero, dirigente de Podemos, y su posterior puesta al día con Hacienda, han hecho correr ríos de tinta y saliva escandalizadas, sin que apenas nadie reparara en lo más turbio de ese asunto, a saber: que al parecer dicho político dispusiera de despacho en el Palacio de Hugo Chávez, un militar golpista (es decir, como Franco, Videla y Pinochet), y que percibiera una porción de esos emolumentos sirviendo a un régimen cuasi dictatorial. No de todo el mundo se pueden aceptar encargos y retribuciones si se quiere luego presumir de ser «gente decente». La cantidad es lo de menos.

Pero el paso de un extremo a otro se ha visto con aún más claridad al empezar a conocerse nombres de la llamada *lista Falciani*. De pronto parece que los españoles ya no entiendan nada ni sepan distinguir. He visto a reporteros preguntarles a individuos, en tono acusatorio: «¿Tiene o ha tenido dinero en el extranjero?», como si eso fuera un grave delito y hubiéramos vuelto —también en eso— al patrioterismo franquista. Resulta inverosímil que a estas alturas haya que explicar que es perfectamente legal y lícito tener dinero fuera de España, siempre y cuando las cuentas no sean ocultas, estén declaradas y se tribute al fisco lo que corresponda. Sobre todo si dichas cuentas se encuentran en países de la Unión Europea. Muchos compatriotas parecen no haberse enterado de que la UE (antes Comunidad Económica Europea) no es ya «el extranjero», ni de que para lo primero que cayeron las fronteras de nuestras naciones fue para la libre circulación de capitales. Ustedes pueden guardar sus ahorros en Alemania, Francia o Gran Bretaña si se les antoja (y quizá hagan bien, dado que de España lo pueden a uno «exiliar» en cualquier instante, según se ha comprobado históricamente), con tanta legitimidad como si los conservaran en Madrid, Barcelona o Bilbao. Siempre que sea dinero ganado limpiamente, declarado y tributario a la Hacienda española, repito. Incluso tenerlo en Suiza (que no pertenece a la UE) es legítimo también, si se dan esas condiciones. No digamos en Irlanda, pese a que allí existan ventajas fiscales. Enfurecerse porque alguien no mantenga todo su capital en España es como indignarse porque un madrileño lo deposite en Gerona, un catalán en San Sebastián o un andaluz en Santander. A este paso acabaría estando mal visto que un señor de Tarazona ponga sus ahorros fuera de Tarazona, o una señora de Covarrubias fuera de Covarrubias. Una actitud semejante a la de muchos comerciantes de lugares que conozco, que lamentaban que el equipo de fútbol de la ciudad ascendiera a Primera, porque eso hacía que los hinchas se desplazaran a animar al equipo en sus visitas a clubs famosos y no gastaran en su propia localidad durante los fines de semana, sin apreciar que los aficionados de otros sitios también venían a su pequeña población cuando jugaban en ella esos clubs y sin duda gastaban más que los parroquianos habituales.

Y así, estamos a dos centímetros de que lo que empiece a escandalizar y soliviantar no sea ya dónde se guarde el dinero, sino que se lo posea. «Hay que ver», he leído u oído hace poco, «¡Fulano tiene en sus cuentas 300.000 euros!», como si eso fuera un pecado, o como si el mero hecho de haberlos reunido lo hiciera sospechoso de haberlos malganado, o de haber estafado o robado. ¿No habíamos quedado, hace cuatro días, en que enriquecerse era lo mejor que podía hacerse, y además sin escrúpulos, «pegando pelotazos», cobrando comisiones, echando mano a la caja, tirando de tarjeta de empresa o valiéndose de un cargo para sacar tajada? Todo esto se ha aplaudido, y bien está que ya no sea así. Pero no que de pronto se alce un clamor contra cualquiera más o menos adinerado, aunque haya hecho su fortuna sin explotar ni engañar ni sisar ni defraudar a nadie, honradamente y gracias a su talento o a su suerte o a su mucho esfuerzo, tanto da. Seguimos siendo un país analfabeto e histérico, si todavía hay que explicar semejantes obviedades. Pero más vale insistir en ellas, pese a todo, antes de que se empiece a señalar con el dedo a ciudadanos íntegros y con fiereza se grite: «¡Está forrado, tiene dinero, es intolerable!».

8-III-15

Contra la superación

Nos sirvieron las imágenes hasta en la sopa, una y otra vez, en todos los canales de televisión, y, con su habitual manía retrospectiva, las acompañaron de otras escenas similares del pasado, de archivo. Todo ello con grandes elogios hacia los pobres desgraciados que las protagonizaban. Una cosa es que haya individuos tercos y masoquistas, que atentan indefectiblemente contra su salud (son muy libres), que buscan procurarse un infarto o una ataxia, jaleados además por una multitud sádica que goza con su sufrimiento, que gusta de ver reventar a un semejante sobre una pista, en un estadio. Otra cosa es que todos los locutores y periodistas habidos y por haber ensalcen la «gesta» y fomenten que los espectadores se sometan a destrozos semejantes; que los inciten a imitar a los desdichados (tirando a descerebrados) y a echar en público los higadillos, eso en el más benigno de los casos.

Lo que provocaba la admiración de estos comentaristas daba verdaderas lástima y angustia, resultaba patético a más no poder. Una atleta *groggy*, que no podía con su alma ni con sus piernas ni con sus pulmones, se arrastraba desorientada, a cuatro patas y con lentitud de tortuga, para recorrer los últimos metros de una maratón o «media maratón» y alcanzar la meta por su propio pie (es un decir). Se la veía extenuada, deshecha, enajenada, con la mirada turbia e ida, los músculos sin respuesta alguna, parecía una paralítica que se hubiera caído de su silla de ruedas. Y, claro, no sólo nadie le aconsejaba lo lógico («Déjalo ya, muchacha, que te va a dar algo serio, que estás fatal; túmbate, toma un poco de agua y al hospital»), sino que sus compañeras, los jueces, la masa —y *a posteriori* los locutores— miraban cómo manoteaba y gateaba penosamente y la animaban a prolongar su agonía, con gritos de «¡Vamos, machácate, tú puedes! ¡Déjate la vida ahí si hace falta, continúa reptando y temblando hasta el síncope, supérate!». Y ya digo, a continuación rescataban «proezas» equivalentes: corredores mareados, que no sabían ni dónde estaban, vomitando o con espumarajos, las rodillas castañeteándoles, el cuerpo entero hecho papilla, víctimas de insolación, sin sentido del equilibrio ni entendimiento ni control de su musculatura, desmadejados y lastimosos, todos haciendo un esfuerzo inhumano ¿para qué? Para avanzar un poco más y luego poder decir y decirse: «Llegué al final, crucé la meta, pude terminar la carrera».

Y no, ni siquiera eso es verdad. Alguien que va a rastras no ha terminado una carrera, es obvio que no ha podido llegar, que no aguanta los kilómetros de que se trate en cada ocasión. Su «hazaña» es sólo producto del empecinamiento y la testarudez, como si completar la distancia a cuatro patas o dando tumbos tuviera algo de admirable o heroico. Y no, es sólo lastimoso y consecuencia de la estupidez que aqueja a estos tiempos. Como tantas otras necedades, la mística de la «superación» me temo que nos viene de los Estados Unidos, y ha incitado a demostrarse, cada uno a sí mismo —y si es posible, a los demás—, que se es capaz de majaderías sin cuento: que con noventa años se puede uno descolgar por un barranco aunque con ello se rompa unos cuantos huesos; que se puede batir el récord más peregrino, qué sé yo, de comerse ochocientas hamburguesas seguidas, o de permanecer seis minutos sin respirar (y palmar casi seguro), o de esquiar sin freno en zona de aludes, o de levantar monstruosos pesos que descuajeringarían a un campeón de halterofilia. Yo entiendo que alguien intente esos disparates en caso de extrema necesidad. Si uno es perseguido por asesinos y está a pocos metros de una frontera salvadora, me parece normal que, al límite de sus fuerzas, se arrastre para alcanzar una alambrada; o se sumerja en el agua seis minutos —o los que resista— para despistar a sus captores, ese tipo de situaciones que en el cine hemos visto mil veces. Pero ¿así porque sí? ¿Para «superarse»? ¿Para demostrarse algo a uno mismo? Francamente, no le veo el sentido, aún menos la utilidad. Ni siquiera la satisfacción.

Lo peor es que, mientras los médicos ordenan nuestra salud, los medios de comunicación mundiales se dediquen a alentar que la gente se ponga gratuitamente en peligro, se fuerce a hacer barbaridades, se someta a torturas innecesarias y desmedidas, sea deportista profesional o no. Y la gente se presta a toda suerte de riesgos con docilidad. «Vale, con noventa y cinco años ha atravesado a nado el Amazonas en su desembocadura y ha quedado hecho una piltrafa, está listo para estirar la pata. ¿Y? ¿Es usted mejor por eso? ¿Más machote o más hembrota?» Es más bien eso lo que habría que decirle a la muy mimética población. O bien: «De acuerdo, ha entrado en el *Libro Guinness de los Récords* por haberse bebido cien litros de cerveza en menos tiempo que nadie. ¿Y? ¿No se percató de que lo pasó fatal —si es que salió vivo de la prueba— y de que es una enorme gilipollez?». O bien: «Bueno, alcanzó usted la meta, pero como un reptil y con la primera papilla esparcida en la pista. ¿No le parece que sería mejor que no lo hubiéramos visto?».

15-III-15

Transformismo

Cada vez que se entregan los Óscars, me pregunto cuándo y por qué la mayoría de los críticos, buena parte de los espectadores y los propios profesionales del arte dejaron de entender de cine o lo confundieron con otra cosa. Sí, ya sé que sobre gustos hay mucho escrito, pero que no cuenta, y desde luego no pretendo tener razón en los míos: siempre estoy dispuesto a considerar que el idiota y el lerdo soy yo, cuando todo el mundo elogia y premia una película que a mí me parece una ridiculez grandilocuente, como *El árbol de la vida* de Malick hace unas temporadas, o cualquiera de los engolados folletines truculentos de Von Trier o de Haneke, o las solemnidades semirreligiosas de Iñárritu. Admito que seré yo el que se equivoque, el que carezca de sensibilidad, el que sólo vea «ademanes de genialidad» donde en realidad sólo hay genio sublime (qué digo ademanes: aspavientos). Sí, debo de haberme convertido en un zoquete: este año me pongo a ver *Boyhood*, que ha fascinado y estremecido a las mentes más preclaras, y me aburro del primer al último fotograma, encuentro el conjunto de una inanidad desesperante, y al final sólo me explico tanta boca abierta por una cuestión extracinematográfica, a saber: que la cinta se rodara pacientemente a lo largo de doce años con los mismos actores, y que veamos al joven protagonista ir cambiando desde la infancia hasta la adolescencia tardía. No le veo mérito ni necesidad a la cosa: la película habría sido casi idéntica de haberse rodado en cinco meses con dos o tres actores de físico parecido para representar al muchacho y con un poco de maquillaje y rellenos, como se ha hecho toda la vida, para los personajes adultos. No creo que se me hubiera acentuado por ello la indiferencia rayana en el tedio con que contemplé la maravilla. Insisto en que seré yo el merluzo, pero no me cabe duda de que si esta obra del montón —similar a otras muchas— ha provocado babeos se debe únicamente a la virguería de su eterno rodaje, de hecho lo más comentado.

De lo que estoy igualmente seguro es de que, con mínimas excepciones, se ha olvidado lo que es la interpretación, relegada por el espectáculo circense, la imitación y el transformismo. Si se repasa la lista de actores y actrices nominados al Óscar en lo que va de siglo, se verá que la mayoría lo fueron por hacer de idiotas o de enfermos, de travestis o transexuales, por haber engordado o adelgazado treinta kilos para representar su papel, por haber encarnado a alguien real y lograr la semejanza adecuada, por disfrazarse una actriz guapa de fea, por ponerse una nariz postiza y además fingirse Virginia Woolf, por hablar con acento extranjero. A Meryl Streep se la alaba por parecer Margaret Thatcher, a Helen Mirren por convertirse en la Reina Isabel, a Russell Crowe por interpretar a un Premio Nobel aquejado de no recuerdo qué trastorno, a Daniel Day-Lewis, en su día, por simular un pie izquierdo paralítico o torcido, a Matthew McConaughey por haberse quedado chupado como un sídico, a Hilary Swank por haberse metido en la piel de una chica-chico o algo por el estilo, lo mismo que a ese tenebroso Jared Leto. Es decir, por virguerías. Este año no podía fallar: la excelente Julianne Moore sólo se ha visto galardonada cuando ha hecho de enferma de alzheimer, y en cuanto al joven Redmayne, llevaba todas las papeletas en este concurso de fenómenos en que se ha convertido la interpretación cinematográfica: no sólo daba vida a un enfermo de ELA, sino que además se trataba de una celebridad mundial, Stephen Hawking: dos numeritos en uno.

La confusión viene de antiguo, no se crean: recuerdo que en 1968 un soso actor olvidado, Cliff Robertson, recibió el Óscar por *Charly*, en la que, si no me equivoco, interpretaba a un retrasado. Creo que a Dustin Hoffman lo premiaron por un papel de autista, y a Robert de Niro sólo le dieron la estatuilla de mejor actor principal cuando se avino a metamorfosearse para representar al boxeador Jake LaMotta. Con todo, hace unos decenios no era imprescindible transformarse en otro (reconocible), o deteriorarse a lo bestia, o afearse indeciblemente, para alzarse con el premio. Los numeritos se alternaban con las actuaciones memorables. Tengo para mí que aquéllos son mucho más fáciles: basta con cogerle el truco, o el tonillo, o la expresión, o el acento, o lo que sea en cada ocasión, y aplicarlo durante todo el metraje. Los personajes desmedidos son los más sencillos. Hoy sería imposible ver nominado a Jack Lemmon por *El apartamento*, o a James Stewart por *La ventana indiscreta*, o a Gregory Peck como abogado, o a Maggie Smith como profesora, a Henry Fonda como jornalero o a Walter Matthau como cuñado astuto; a Burt Lancaster como *Gatopardo* o a Cary Grant en cualquier papel: todos demasiado sanos y normales y con matices, sin el requerido histrionismo, simplemente en interpretaciones extraordinarias. Ni siquiera Vivien Leigh por *Lo que el viento se llevó* habría triunfado: tendría que haberse convertido en un monstruo de gordura o de ancianidad o de fealdad o de enfermedad para que sus compañeros de la Academia de Hollywood se hubieran dignado considerarla.

22-III-15

Percebes o lechugas o taburetes

El titular no podía ser más triste para quienes pasamos ratos magníficos en esos establecimientos: «Cada día cierran dos librerías en España». El reportaje de Winston Manrique incrementaba la desolación: en 2014 se abrieron 226, pero se cerraron 912, sobre todo de pequeño y mediano tamaño. Las ventas han descendido un 18 % en tres años, pasándose de una facturación global de 870 millones a una de 707. La primera reacción, optimista por necesidad, es pensar que bueno, que quizá la gente compra los libros en las grandes superficies, o en formato electrónico, aunque aquí ya sabemos que los españoles son adictos a la piratería, es decir, al robo. Nadie que piratee contenidos culturales debería tener derecho a indignarse ni escandalizarse por el latrocinio a gran escala de políticos y empresarios. «¡Chorizos de mierda!», exclaman muchos individuos al leer o ver las noticias, mientras con un dedo hacen clic para choricear su serie favorita, o una película, o una canción, o una novela. «Quiero leerla sin pagar un céntimo», se dicen. O a veces ni eso: «Quiero tenerla, aunque no vaya a leerla; quiero tenerla sin soltar una perra: la cultura debería ser gratis».

Pero el reportaje recordaba otro dato: el 55 % no lee nunca o sólo a veces. Y un buen porcentaje de esa gente no buscaba pretextos («Me falta tiempo»), sino que admitía con desparpajo: «No me gusta o no me interesa». Alguien a quien no le gusta o no le interesa leer es alguien, por fuerza, a quien le trae sin cuidado saber por qué está en el mundo y por qué diablos hay mundo; por qué hay algo en vez de nada, que sería lo más lógico y sencillo;

qué ha pasado en la tierra antes de que él llegara y qué puede pasar tras su desaparición; cómo es que él ha nacido mientras tantos otros no lo hicieron o se malograron antes de poder leer nada; por qué, si vive, ha de morir algún día; qué han creído los hombres que puede haber tras la muerte, si es que hay algo; cómo se formó el universo y por qué la raza humana ha perdurado pese a las guerras, hambrunas y plagas; por qué pensamos, por qué sentimos y somos capaces de analizar y describir esos sentimientos, en vez de limitarnos a experimentarlos. A ese individuo no le provoca la menor curiosidad que exista el lenguaje y haya alcanzado una precisión y una sutileza tan extraordinarias como para poder nombrarlo *todo*, desde la pieza más minúscula de un instrumento hasta el más volátil estado de ánimo; tampoco que haya innumerables lenguas en lugar de una sola, común a todos, como sería también lo más lógico y sencillo; no le importa en absoluto la historia, es decir, por qué las cosas y los países son como son y no de otro modo; ni la ciencia, ni los descubrimientos, ni las exploraciones y la infinita variedad del planeta; no le interesa la geografía, ni siquiera saber dónde está cada continente; si es creyente, le trae al fresco enterarse de por qué cree en el dios en que cree, o por qué obedece determinadas leyes y mandamientos, y no otros distintos. Es un primitivo en todos los sentidos de la palabra: acepta estar en el mundo que le ha tocado en suerte como un animal —tipo gallina—, y pasar por la tierra como un leño, sin intentar comprender nada de nada. Come, juega y folla si puede, más o menos es todo.

Tal vez haya hoy muchas personas que crean que cualquier cosa la averiguarán en Internet, que ahí están *los datos*. Pero «ahí» están equivocados a menudo, y además sólo suele haber eso, datos someros y superficiales. Es en los libros donde los misterios se cuentan, se muestran, se explican en la medida de lo posible, donde uno los ve desarrollarse e iluminarse, se trate de un hallazgo científico, del curso de una batalla o de las especulaciones de las mentes más sabias. Es en ellos donde uno encuentra la prosa y el verso más elevados y perfeccionados, son ellos los que ayudan a comprender, o a vislumbrar lo incomprensible. Son los que permiten vivir lo que está sepultado por siglos, como *La caída de Constantinopla 1453* del historiador Steven Runciman, que nos hace seguir con apasionamiento y zozobra unos hechos cuyo final ya conocemos y que además no nos conciernen. Y son los que nos dan a conocer no sólo lo que ha sucedido, sino también lo que no, que con frecuencia se nos aparece como más vívido y verdadero que lo acaecido. Al que no le gusta o interesa leer jamás le llegará la emoción de enfrascarse en *El Conde de Montecristo* o en *Historia de dos ciudades*, por mencionar dos obras que no serán las mejores, pero se cuentan entre las más absorbentes desde hace más de siglo y medio. Tampoco sabrá qué pensaron y dijeron Montaigne y Shakespeare, Platón y Proust, Eliot, Rilke y tantos otros. No sentirá ninguna curiosidad por tantos acontecimientos que la provocan en cuanto uno se entera de ellos, como los relatados por Simon Leys en *Los náufragos del «Batavia»*, allá en el lejanísimo 1629. De hecho ignora que casi todo resulta interesante y aun hipnotizante, cuando se sumerge uno en las páginas afortunadas. Es sorprendente —y también muy deprimente— que un 55 % de nuestros compatriotas estén dispuestos a pasar por la vida como si fueran percebes; o quizá ni eso: una lechuga; o ni siquiera: un taburete.

29-III-15

Una muela

Durante siglos la Iglesia Católica hizo un gran negocio de las reliquias. Allí donde se tenía una, la gente supersticiosa acudía a verla, daba generosas limosnas al templo que aseguraba albergarla y beneficiaba a la ciudad en cuestión con un incremento de visitantes, que hoy llamaríamos turistas. Así que llegó a ser asombrosa la cantidad de reliquias existentes en todas partes, algunas de ellas milagrosamente repetidas. Qué sé yo, cuatro o cinco lugares poseían el peroné de San Vicente, las tibias de Santa Justa se multiplicaron; había mantos que se habían echado a los hombros seis o siete apóstoles. Cada iglesia juraba guardar el vaso del que bebió Santiago, el anillo romano de San Eustaquio, la gorra de San Lorenzo o el mechero con que el Bautista encendió su último pitillo, antes de que lo decapitaran. Cualquier cosa valía para engañar a una población fervorosa, ingenua y atemorizada. Allí donde se ha permitido analizar los huesecillos, se ha demostrado a menudo que ni siquiera eran humanos, sino de liebres, perros o cabras; lo mismo con la mayoría de objetos, pertenecientes a épocas modernas, es decir, del siglo XVIII en adelante.

Hoy sólo los muy locos siguen creyéndose estas patrañas, y con todo son bastantes, o bien a la gente le divierte contemplar las antiguas estafas. Yo he visto largas colas en Turín para arrodillarse ante la Santa Sábana o como se llamen esos trazos tan feos y chuscos. Pero claro, la religiosidad ha ido en declive y ya no atrae a las masas como antaño, el número de fanáticos y crédulos ha descendido vertiginosamente. Pero la vieja lección de la Iglesia la han aprendido bien los políticos: hoy se puede sacar dinero de las sobras de un escritor admirado, o de un pintor, o hasta de un músico. No por otra razón se ha tratado de sacar de Collioure el esqueleto del pobre Machado, o se ha levantado media Granada (y lo que aún nos queda) en busca del de García Lorca. Suponen las autoridades que los cursis del mundo peregrinarían hasta sus sepulturas para dejarles mensajes, flores y versos. Y probablemente estén en lo cierto: casi todos tenemos una edad cursi, yo recuerdo haber depositado una rosa, a los veintidós años, sobre la tumba de Schubert en Viena. Al menos el compositor llevaba allí enterrado (creo) desde su temprano adiós al aire, y nadie había tenido la desvergüenza de exhumarlo, trasladarlo, marear y manosear sus huesos. Perturbar los restos de alguien me parece —además de una chorrada, como dijo bien Francisco Rico— una falta de respeto, aunque a la persona que fueron le dé evidentemente lo mismo.

Ahora un Ayuntamiento endeudado hasta las cejas ha gastado buen dinero en rebuscar los de Cervantes, con el único fin de hacer caja. Los responsables de la excavación han hallado una mandíbula y unas esquirlas que *podrían* haber sido del autor del *Quijote*, muerto hace 399 años: fragmentos mezclados con los de otros individuos que no interesan lo más mínimo porque no darían un céntimo. Cuando esto se publique no sé si los políticos habrán apremiado a los investigadores a certificar que por lo menos una muela es cervantina. Ignoro si a esa muela se le estará erigiendo un mausoleo para que lo inauguren la alcaldesa Botella, el Presidente de Madrid casi cesante, quién sabe si el del Gobierno con unos ministros, corregidores de Alcalá, Argamasilla y otros sitios que pelean por haber sido la verdadera cuna de Cervantes o el «lugar de La Mancha» de cuyo nombre nadie puede acordarse. Si todo eso sucede, no será sino dos cosas: un embaucamiento comparable a los de la antigua Iglesia y una desfachatada operación de maquillaje. España presumirá de honrar a sus mejores artistas, cuando lo cierto es que los ha maltratado siempre y —lo que es peor— continúa haciéndolo. Los mismos individuos que saldrían en televisión con la muela colgada al cuello, o se harían fotos mordiéndola como los deportistas sus medallas, son los que envidian y detestan a los escritores actuales; los que han presupuestado cero euros para las bibliotecas públicas en 2012 (y no sé si en los años siguientes); los que han subido el IVA al 21 % (el más alto de Europa) para el cine y el teatro; los que remolonean para atajar la piratería cultural que arruina a muchos artistas, por si pierden votos entre los incontables piratas; los que desde Hacienda amenazan y persiguen a cineastas y periodistas; los que rara vez leen un libro o asisten a una función de nada; los que suprimen la Filosofía de los estudios secundarios y restituyen la catequesis más rancia, contraria al saber y a la ciencia; los que reducen a lo bestia la ayuda a la Real Academia Española y jamás ponen pie en ella (casi preferible esto último, para que así no la mancillen); los que no mueven un dedo para que los ciudadanos sean más ilustrados y civilizados, o lo mueven sólo para que cada día lo sean menos y se vuelvan tan brutos como ellos. Estos son los que ahora celebran haber encontrado, *quizá*, unas cuantas astillas de una cadera de Cervantes. Alguien les habrá chivado que es un nombre venerado y que escribió unas obras maestras aún leídas por suficientes excéntricos.

5-IV-15

«A mí no me la dan con queso»

Decía Juan Benet que la actitud predominante entre los críticos —sobre todo españoles, pero no sólo— era semejante a la de los guardias urbanos o de la porra, como antaño se los llamaba. Aquellos individuos, con sus largos abrigos azul marino y sus cascos coloniales blancos, se encaramaban a un pedestal en medio de una plaza o de una encrucijada y, desde su elevación, estaban ojo avizor a ver quién cometía una infracción; luego andaban buscando infracciones y, por tanto, si no las había, se las sacaban de la manga a menudo, porque de otro modo, ¿cómo se justificaban su función y aun su existencia? Esa disposición de los críticos se podía resumir, según Benet, en esta frase: «A mí no me la dan con queso». Es decir: «¿Que quiere usted circular con un libro, una película, una música que ha hecho? Le voy a demostrar yo que no puede, que su obra está llena de infracciones y que a mí no se me pasa una». Esto significaba que los críticos poseían un rígido código, cada cual el suyo, y que con él iban a medir cuanto se ofreciera a sus ojos u oídos, por innovador que fuese. Este tipo de crítico no sólo no se ha extinguido, sino que ha proliferado con las nuevas generaciones: hay muchos que incluso nos cuentan su vida, sus reacciones viscerales, lo que experimentan ellos mientras leen una novela o ven una película, como si su personalidad y sus hábitos le interesaran al lector lo más mínimo. Sus reseñas pueden empezar así: «Cuando leo un libro de Fulano, me suele ocurrir que...», o «El problema de esta película es que no me emociona...», sin caer en la cuenta de que eso puede ser problema subjetivo suyo y no de la obra, y, sobre todo, de que a nadie le importan sus sentimientos («Haga el favor de no relatarme lo que le pasa a su estómago, que ya tengo yo el mío», dan ganas de espetarle).

Lo peor es que estas actitudes se han contagiado a buen número de lectores y espectadores y oyentes, los cuales, por principio, se asoman a cualquier manifestación artística con espíritu perdonavidas: «A ver qué nos quiere endilgar este», se dicen con pésima predisposición y recelo, sea «este» un autor novel o consagrado. La cuestión es partir de la convicción de que quien se ha atrevido a hacer algo pretende estafarnos y «dárnosla con queso», y ahí estamos nosotros con nuestro silbato para hacerlo sonar al instante y señalar las ilegalidades. No son muchos los lectores y espectadores que hoy se sientan en sus butacas de buena fe, o con ecuanimidad por lo menos. Me recuerdan a los alumnos señoritiles que hace ya treinta años me encontré en la Universidad de Oxford: repantingados, me miraban con condescendencia y escepticismo, como si estuvieran de vuelta de todo. Les podía leer el pensamiento: «A ver qué nos va a contar este español que no sepamos; o que nos interese; o que nos distraiga. Nada, probablemente». Y entonces se dejaba uno el alma por conseguir que, sin percatarse, se quedaran absortos en lo que escuchaban.

Pero esta, extrañamente (no somos un país muy culto), es una actitud más española que extranjera. Es como si aquí nadie se tuviera en mucho si no se muestra exigente y difícil de seducir, y la cosa se ha propagado tanto que participan de ella hasta los «entregados» aficionados al fútbol, es el colmo. O al menos los de ciertos equipos, con el Real Madrid a la cabeza, que cada vez quieren parecerse más al taurino sobrevenido, es decir, al que no sabe nada de toros. Para disimular su ignorancia, no hace sino sacar defectos, abroncar, murmurar «Aquí no hay quien dé un pase», manifestarse insatisfecho. Como si mostrarse complacido fuera un signo de debilidad, ingenuidad y desconocimiento. Al hincha le trae sin cuidado que el Madrid sea el vigente campeón de Europa, que Cristiano haya marcado más goles por partido que nadie, que Casillas lleve dieciséis años obrando milagros y salvando al equipo. A éste lo escruta cada jornada como si fuera un debutante sospechoso, y demasiados espectadores sostienen el silbato en los labios para soplarlo al primer fallo, deseándolo de hecho, inventándoselo si no se produce. No hay afecto ni gratitud hacia los jugadores, es como si éstos tuvieran la obligación de servirle y nada más, jamás hay reciprocidad, ni comprensión ni ánimos (de compasión ya ni hablemos). Y parece como si ese talante señoritil y severo haya contaminado a gran parte de la población, no se sabe por qué, pues no es que los españoles en su conjunto sean entendidísimos en nada. Si uno echa un vistazo a los mensajes que se dejan en las redes, hay una abrumadora mayoría de denuestos, con frecuencia anticipados: «Habrá que ver qué mierda ha hecho esta vez Fulano», podría ser el resumen. En todo, no crean: «Menganita iba fatal vestida, y con más arrugas que un pergamino». A veces da la impresión de que lo último a lo que el español medio está dispuesto es a admirar. Qué digo, ni siquiera a aprobar. Qué digo, ni siquiera a otorgarle a nadie el beneficio de la duda. Como si la mayor desgracia que pudiera ocurrirle es que alguien se la diera con queso y destacara. Pero para eso está él con su resabio, para evitarlo; para tocar el pito y agitar la porra, denunciando las infracciones.

12-IV-15

Cuán fresca figura

Faltan cinco semanas para que se celebren elecciones municipales. Son las primeras de envergadura desde las generales de 2011. No sé si se acuerdan: aquellas en las que el PP juró en su programa que bajaría los impuestos; que no haría el menor recorte en sanidad, educación, pensiones, salarios ni ayudas a los dependientes; en que habló de regeneración democrática y de lucha contra la corrupción, y también de libertades. De estas últimas no estoy ya seguro de lo que dijo, pero a día de hoy, con la aprobación en solitario —sin el apoyo de un solo partido— de la reforma del Código Penal o «Ley Mordaza», lo único que ha hecho ha sido restringirlas, «madurizarlas» o «putinizarlas», venezuelizarlas o rusificarlas. Para lo que le conviene, el Gobierno no tiene empacho en imitar a sus «enemigos». Hay medidas que, si las adoptan otros, conducen hacia una dictadura. En cambio, si las toma él parecidas, son una «garantía de democracia».

Pero volvamos a las municipales. Como renovación, como propósito de limpieza y enmienda y borrón y cuenta a cero, como relevo generacional y aires frescos, el PP nos ofrece en Madrid la candidatura de Esperanza Aguirre. Está bien elegida: una figura emergente y no gastada, sin apenas pasado, sin ningún lastre de corrupción en su entorno; juvenil y descarada, llena de majeza, espontánea: nada más ser dedificada para regir la capital, y para demostrar que nada tenía que agradecer ni deuda alguna con nadie, empezó a soltar dardos contra sus correligionarios: contra la candidata a la Presidencia madrileña Cifuentes, contra la alcaldesa de rebote Botella, contra el anterior corregidor Gallardón, incluso contra Rajoy más veladamente. Ha debido de excitarla mucho la idea de poder dar órdenes a los guardias que osaron recriminarla por estacionar el coche en el carril bus de Gran Vía y luego la persiguieron hasta su domicilio, al darse ella a la fuga, espíritu rebelde. Se la nota exultante y exaltada. Su trayectoria está libre de manchas y nubes: nada tuvo que ver con el proyecto de Eurovegas ni con el tenebroso multimillonario Adelson, cuyos casinos de Macao y otros sitios están bajo la lupa del FBI. Es más, se opuso a la construcción de un paraíso de garitos y a la proliferación de *gangsters* (de poca o mucha monta) que éstos traen siempre consigo. Ha sido invariablemente respetuosa y educada con sus subordinados, a los que no ha reprochado haber autorizado «esa puta mierda» ni les ha pedido sostenerle el espejo mientras ella se retocaba; y a nadie le ha puesto el mote de «el Hijoputa». Ha sido de una coherencia absoluta y ha cumplido sus promesas: cuando, sin apenas explicaciones (bueno, quería disfrutar de sus nietos, creo), abandonó la Presidencia de la Comunidad, se abstuvo de anunciar que su retirada de la primera línea política era definitiva, así que no sé por qué nadie se extraña de que ahora aspire a la alcaldía. Aquella Presidencia la consiguió en su día de manera diáfana: no se le ocurrió aprovechar la sospechosísima ausencia de dos diputados socialistas (se me han quedado ya como Tamayo y Baus, lo siento) para ver abortada la investidura de su rival y repetidas las elecciones adversas a sus pretensiones. Lejos de una ventajista, la candidata inédita.

Tampoco fue demagógica ni se prestó a la farsa: no inauguró quirófanos inexistentes de cartón piedra (de hecho, que yo recuerde, nunca se exhibió inaugurando nada, real ni ficticio). Ni se le ocurrió perseguir a médicos honrados, ni desmantelar la sanidad madrileña para privatizarla. No consintió que sus colaboradores se montaran en las «puertas giratorias» para, una vez perdidos sus cargos, beneficiarse en el sector privado. Y sobre todo, sobre todo, ha contado con un ojo infalible para nombrar y rodearse de políticos intachables. No se entiende cómo tantos de ellos están en la cárcel (su mano izquierda Granados) o pendientes de acusaciones graves (López Viejo, Sepúlveda, alcaldes y concejales varios de la región). Además ella ha sido solidaria con todos y los ha defendido hasta el último suspiro: no se le ha ocurrido llamarlos de pronto «ese señor» o «esa persona» como si no los conociera de nada; es patológicamente leal, se puede uno fiar siempre de ella, a nadie va a dejar en la estacada. Que todos esos individuos sin mácula estén a punto de sufrir procesos o amenazados con condenas es tan sólo una injusticia o un equívoco, de los que la vida está llena. No sé, por poner un ejemplo extremo, y salvando las insalvables distancias: es como si alguien hubiera contratado o nombrado en su día a Al Capone, Lucky Luciano, Meyer Lansky, Bugsy Siegel, John Dillinger, Bugs Moran y Baby Face Nelson, y a la gente se le pasara por la cabeza que ese alguien tuviera la menor culpa de ello. Menuda suspicacia, menuda tontería. Ya lo creo que está bien elegida: Esperanza Aguirre para alcaldesa de Madrid, un rostro nuevo, una regeneración en toda regla, un azote contra la corrupción, una persona modesta. Y además una señora nada despótica ni malhablada: leal, dulce, sexagenaria y jamás vengativa. Una mujer sin colmillos, ni rectos ni retorcidos.

19-IV-15

Intolerancia a la tristeza

Casi siempre que se produce una catástrofe natural o un accidente, sobre todo cuando las víctimas son numerosas, los deudos forman en seguida una asociación que se dedica, más que nada, a buscar y señalar culpables por acción o por omisión, por negligencia o falta de previsión, por no haber sabido adivinar el futuro e impedir el desastre. A eso siguen las denuncias, las demandas y la petición de indemnizaciones, y raro es hoy el caso en que alguien sin mala intención, desolado, no acaba en la cárcel. Si hay un tsunami, ¿cómo es que no se lo detectó con antelación y se previno a la población? Lo mismo si es un terremoto, un huracán, un tornado, si se derrumba un edificio por un atentado. Si una gran nevada deja intransitable una carretera y centenares de coches se quedan varados, la responsabilidad nunca será de sus imprudentes conductores (avisados del riesgo las más de las veces), sino de los meteorólogos, o de las autoridades que a punta de pistola no les prohibieron ponerse al volante. Cuando Ingrid Betancourt fue por fin liberada tras su secuestro de años a manos de la guerrilla colombiana, decidió demandar al Estado porque sus representantes no le impidieron adentrarse, en su día, en una zona peligrosa. Se lo habían desaconsejado con vehemencia, pero entonces ella reclamó su derecho a moverse con libertad y a hacer lo que le viniera en gana. Al cabo de su largo cautiverio, se quejó de que no se la hubiera tratado como a una menor de edad: de que las autoridades no hubieran sido lo bastante contundentes como para torcer su voluntad y cerrarle el paso. Es un ejemplo cabal de la actitud interesada de mucha gente en nuestros tiempos. A Betancourt no le sirvió retractarse al poco y retirar la demanda contra el Estado que la había rescatado. Quedó como ventajista y perdió todas las simpatías que su prolongado sufrimiento le había granjeado.

Tras la tragedia del avión de Germanwings estrellado por el copiloto contra los Alpes, la reacción dominante ha sido de indignación. En primer lugar contra el presunto suicida-asesino, como es lógico y razonable. Pero como éste pereció y no puede castigársele, se vuelve la vista hacia la compañía, hacia los psicólogos, hacia las deficiencias de los *tests* para tripulaciones, hacia las normas vigentes para abrir o cerrar la cabina. Se pone el grito en el cielo porque un individuo que había padecido depresión años antes pudiera volar y hubiera conseguido su empleo. Si a toda persona con un antecedente de depresión o desequilibrio leve (crisis de ansiedad, por ejemplo) se la vetara para ejercer sus tareas, apenas quedaría nadie apto para ningún trabajo. También es imposible controlar lo que cada sujeto piensa o maquina, o sus consultas internéticas: ¿cómo saber que ese copiloto había estudiado maneras de suicidarse en las fechas previas?

No puedo imaginarme el horror de perder a seres queridos en una de esas calamidades, pero tengo la impresión de que las reacciones furiosas y la búsqueda febril de culpables tienen algo que ver con la intolerancia actual a estar *sólo* tristes. Parece como si esto fuera lo más insoportable de todo, y que resultaran más llevaderos el enfado, la rabia, la indignación. Quizá eso consuele: pensar que el desastre pudo evitarse, que no se debió a la mala suerte; que si todo el mundo hubiera cumplido debidamente con su cometido, no habría pasado. Sí, uno ha de creer que eso consuela, pero no acabo de verlo, al contrario. Para mí el dolor sería mucho mayor si pensara eso. A la pena se me añadiría el furor, y ya lo primero me parece bastante. De entre todas las declaraciones de familiares de víctimas me llamó la atención, precisamente por infrecuente, la de un hombre que había perdido a su hijo, si mal no recuerdo. «Me da lo mismo lo que haya pasado», venía a decir; «si ha sido un mero accidente, un atentado, un fallo humano u otra cosa» (entonces aún se ignoraba que la catástrofe había sido deliberada). «Nada cambia el hecho de que se me ha muerto mi hijo, y eso es lo único que cuenta ahora mismo. Ante eso, lo demás es secundario.» Fue la persona con la que me sentí más identificado, aquella a la que comprendí mejor, y también la que me inspiró más compasión (inspirándomela todas). Era un hombre que aceptaba estar triste y desconsolado, nada más (y nada menos). Cuyo dolor por la muerte era tan grande y abarcador que todo lo demás, al menos en el primer momento, le resultaba insignificante, prescindible, hasta superfluo. Al lado del hecho irreversible de la pérdida, el porqué y el cómo y el antes no le interesaban. Si me fijé tanto en él y me conmovió su postura fue porque se ha convertido en casi excepcional que la gente se abandone a la tristeza cuando tiene motivos, sólo a ella. Como si ésta fuera lo más intolerable de todo y se requiriera una especial entereza para encajarla. Como si ya no se supiera convivir con ella si no lleva mezcla, y no va acompañada de resentimiento o rencor hacia algún vivo.

26-IV-15

Siniestro Total

Hacía ya dos o tres años que había interrumpido mi vieja costumbre de dedicar un artículo a la Semana Santa, como hay columnistas que cada San Isidro maldicen los toros o defienden a las cabras que los mozos valientes tiran o tiraban desde un campanario (siempre con la anuencia de la iglesia, imagino). En este último caso me suena que la tenacidad ha sido premiada y que las pobres cabras ya están a salvo en ese sitio cuyo nombre no recuerdo, o quizá esos lugareños amantes del riesgo se limitan a arrojarlas con una cuerda atada a una pezuña, como si hicieran *puenting*, evitando así que se estampen y provocándoles sólo un infarto. En cuanto a los antitaurinos, de la mano de un argentino (?!) se apuntaron un notable éxito en Cataluña, y además se han vuelto intimidatorios: no son raras las ocasiones en que zarandean a matadores y espectadores, e incluso a los participantes en simposios sobre el arte del toreo. Siempre me han hecho gracia los defensores de los animales dispuestos a maltratar a personas cuyas aficiones u opiniones reprueban.

Lo mío carece de futuro. No porque yo pretenda que se suprima nada —no es el caso—, sino porque veo que el enfermizo gusto por las procesiones va más bien en aumento. Mi leve esperanza era que, soporíferas, deprimentes y molestas como son, cada vez asistiera menos gente a ellas y eso las llevara a moderarse. No es normal que durante ocho días los centros de todas las ciudades (menos Barcelona) queden intransitables y de ellos se apropie, en sesión continua, una religión. En el siglo XXI y en un país europeo, y aconfesional en teoría. No es normal que el

51

obsesivo espectáculo ofrecido, además de lentísimo y monótono, sea siniestro, con los émulos del Ku Klux Klan enseñoreándose del espacio público, con ominosos tambores que parecen anunciar ejecuciones, con militares portando efigies espantosas y tétricas, con individuos descalzos y medio en paños menores que a veces —todavía ahora— se fustigan hasta hacerse brotar sangre o avanzan con cadenas atadas a sus pies mugrientos. No es normal que la mayor celebración de una Iglesia —la que dura más días y a todos se impone, *velis nolis*— sea tan lóbrega y amenazante, tan carente de alegría y truculenta. Aún menos normal es que La 2 de TVE retransmita sin cesar, en directo, desde el *via crucis* del Papa en Roma hasta no sé qué ceremonia en una basílica castrense —castrense para mayor inri—. La televisión estatal, de creyentes y no creyentes. Pero resulta que hasta personas que presumen de izquierdistas y razonantes (desde el ex-ministro Bono hasta el actor Banderas) se suman con regocijo al funeral ininterrumpido y aun se mueren por ser cofrades del Cristo de las Chinchetas. De su izquierdismo o de su fervor no me creo una palabra.

Este año, en Madrid, me tocó el obligado incidente. Había quedado yo a cenar el jueves con mis amigos Tano y Gasset (éste vive en Berlín, así que no había más fechas). Abrí el portal de mi casa y me vi sin poder salir, bloqueado por el gentío. No podía tirar hacia la derecha, pues ahí hay una calle principal por la que la procesión transcurriría. Del callejón de la izquierda me separan trece pasos contados, así que intenté llegar allí para luego dar mil rodeos. Con educación fui pidiendo: «¿Me permite? He de alcanzar esa esquina». Al instante se me soliviantaron un par de fieles: «Pues no pase por aquí, vaya por otro lado. ¿A quién se le ocurre?». «Si vivo aquí», contesté, y señalé el portal, «¿por dónde quiere que salga?», y en mi pensamiento añadí: «Imbécil», pero me lo callé, hoy en día los religiosos andan muy iracundos. «¿Es que no puedo salir de mi casa?» Ante eso se quedó un poco cortado, el feligrés más airado, pero aún insistió: «¿Y qué quiere, echarnos a todos?». Yo no quería echar a nadie, sólo hacerme lo más estrecho posible y brujulear entre la multitud para dar mis trece pasos. Pero nadie se movía un milímetro, y como la gente es cada vez más gorda y abulta el doble o el triple de lo que solía, y además gordos y flacos enarbolan móviles y se paran a cada paso a fotografiar lo que no miran, tardé casi diez minutos, jugándome varias bofetadas, en llegar a la esquina semisalvadora. Si digo «semi» es porque después, durante el trayecto, me fui encontrando innumerables calles cortadas por la misma procesión invasora y serpenteante o por otras simultáneas. Todas, claro está, por el centro más céntrico. La masa no se contenta con ir en masa, sino que además, vanidosa, exige ser contemplada. Le debe de parecer indigno desfilar por Ciudad Lineal o Aluche o Moratalaz, allí quizá no molesten suficientemente a sus conciudadanos. Los alcaldes de casi todas las ciudades se ponen de felpudos de los procesionarios. La televisión pagada por todos, ya digo, emite monográficos de las tinieblas católicas, como en tiempos de Franco. Incluso las películas que exhibe son de asunto milagroso, como lo eran entonces obligatoriamente. Sólo aspiro —en vano— a que durante ocho días enteros no quedemos todos secuestrados por los ritos tenebrosos —al paso de los encapuchados los niños lloran de miedo y los adultos creemos vuelta la Inquisición— de esta Iglesia siempre abusiva.

3-V-15

Pasemos ya a otra cosa

Una reciente participación en el Festival Gutun Zuria, de Bilbao, dedicado al erotismo en la literatura y en la ficción en general, me ha llevado a pensar en el asunto y a llegar a la extraña conclusión —estrictamente personal, desde luego— de que lo uno suele casar mal con lo otro. Si uno repasa la historia de la literatura, y aun la del cine, verá que no hay apenas obras maestras en el terreno erótico ni en el pornográfico. Inscribir *Lolita* en esos territorios es un mero error de apreciación superficial, sólo posible en los tiempos aún pacatos en que se publicó. Esa novela es, por el contrario, una de las mayores historias de constancia amorosa, a mi parecer.

Debo reconocer que además, en cuanto en una novela «convencional» aparecen escenas de sexo, sobre todo si se demoran e incluyen el coito o lo que se le asemeja, empiezo a bostezar y me dan ganas enormes de saltármelas, como de niños nos saltábamos las prolijas descripciones de escenarios y paisajes en las obras de Walter Scott y otros autores de su siglo. El sexo descrito es sota, caballo y rey, y uno sabe más o menos cómo acaba, por muchas variantes que se quieran introducir, o número de participantes, o prácticas supuestamente originales. Sí, hay sota de espadas, caballo de bastos y rey de copas, pero siempre sota, caballo y rey. «Pasemos ya a otra cosa», suelo pensar, y de hecho pocos libros recuerdo más tediosos que *Las 120 jornadas de Sodoma*, de Sade, que acumula un catálogo bastante exhaustivo de posturas y combinaciones y sevicias y crueldades: ahora tres, luego siete o veintidós, ahora con frailes, luego con monjas, y así hasta que a uno lo rinde un acceso de narcolepsia. Y está el problema del estilo o lenguaje. Los textos eróticos suelen oscilar entre la cursilería más sonrojante, el tono casi obstétrico, y la zafiedad sórdida y disuasoria. En los primeros uno navega por metáforas exageradas y tirando a grotescas; los miembros viriles son convertidos en «pináculos», «flechas», «serpientes», «espadas», «turbantes» y cosas así, con las que cuesta creer que a nadie le apeteciera tener mucho trato carnal. En los segundos se tiene la impresión de estar viendo un episodio de la serie *Masters of Sex*, cuyas mejores partes —francamente buenas— son las que precisamente no se ocupan del sexo ni de su estudio. En cuanto a los terceros, intentan ser muy crudos y hasta «transgresores», pero sólo provocan rechazo y hastío.

En el cine es aún peor. Si la escena sexual es ortodoxa, noto que uno de mis pies empieza a golpear el suelo con impaciencia, y en seguida me parece que ya dura demasiado, que ya me la sé. Muchos directores, conscientes de eso, han optado en las últimas décadas por presentar polvos supuestamente ardorosos y urgentes: consiste en que los personajes tiren y rompan objetos y muebles y espejos, se «embistan» mucho y nunca jamás copulen en un lecho ni tan siquiera en el suelo; no, ha de ser en lugares incómodos, sobre una mesa, encima de un aparador, contra un lavabo. En la excelente *Una historia de violencia*, de Cronenberg, la urgencia era tal que Viggo Mortensen y su pareja fornicaban en una escalera, y yo no podía dejar de imaginarme el dolor de quien quedaba debajo, ni de pensar que tampoco los habría enfriado tanto subir hasta el rellano para yacer sobre superficie plana y no clavándose peldaños. Un director me trajo una vez un guión para que opinara sobre ciertos aspectos en los que se me suponía «experto». Me atreví a recomendarle —aunque acerca de eso no se requería mi parecer— que suprimiera una escena de sexo, o por lo menos el elemento «original» que contenía: por no recuerdo qué motivo, cerca de la cama había una fuente de macarrones o de *spaghetti*, que inevitablemente los amorosos acababan echándose encima mientras se satisfacían mutuamente. «Esto está muy visto y además es un asco», le dije. «Si a uno le molestan hasta unas migas entre las sábanas cuando está con gripe, no creo que nadie aguantara un coito pringado en salsa de tomate y pasta; lo veo contraproducente, si se trata de provocar excitación.» Huelga decir que el director no me hizo caso, y por supuesto no me invitó al estreno ni nada, pese al tiempo dedicado a leer su guión. Probablemente lo ofendí con mis comentarios.

No voy a negar que en mis novelas he incurrido en alguna escena de ese carácter. Por cuanto llevo dicho, es un reto con la derrota casi asegurada. A menudo son ridículas las de autores de renombre, como Mailer o Philip Roth, y éste abusa de ellas. Pero de vez en cuando no hay más remedio, si no quiere uno recurrir a las viejas elipsis —con frecuencia más eróticas que la exhibición— y quedar como un mojigato. Quizá por edad y educación, acostumbro a percibir más erotismo (y más eficaz) en escenas en que los personajes permanecen vestidos y sólo se rozan o ni siquiera, pero cargadas de tensión. Una de las más logradas que he visto en cine está —oh extravagancia— en *¡Qué bello es vivir!*, con dos intérpretes tan escasamente turbadores como James Stewart y Donna Reed. Pero no se moleste nadie en volver a verla, seguramente no reconocerá tal escena. Debe de ser una depravación mía.

10-V-15

Ni bilingüe ni enseñanza

Una de las mayores locuras del sistema educativo español —también una de las más paletas— ha sido la implantación, no sé en cuántas comunidades autónomas, de lo que sus responsables bautizaron pomposa e ilusamente como «enseñanza bilingüe», consistente en que los alumnos estudien algunas asignaturas en español y otras en inglés. Pongamos que Ciencias Naturales —o como se llame su equivalente en la actualidad— se imparte exclusivamente en la lengua de Elton John. Bien. Los encargados de las clases no son, sin embargo, salvo excepción, nativos británicos ni estadounidenses ni australianos ni irlandeses, sino individuos de Langreo, Orihuela, Requena, Conil o Mejorada del Campo que se supone que dominan dicha lengua. Pero, por cuanto me cuentan personas que trabajan en colegios e institutos —y absolutamente todas coinciden—, esos profesores poseen un conocimiento precario del idioma, de nuevo salvo excepción; lo chapurrean, por lo general tienen pésimo acento o ignoran la pronunciación correcta de numerosas palabras, su sintaxis y su gramática tienden a ser mera copia de las del castellano, y además, en cuanto se encuentran con una dificultad insalvable, recurren un rato a esta última lengua, sabedores de que es la que los estudiantes sí entienden. El resultado es un desastre total (ni enseñanza ni bilingüe): los chicos salen sin saber nada de inglés y aún menos de Ciencias o de las asignaturas que hayan caído bajo el dominio del presunto o falso inglés. Al parecer no se enteran, dormitan o juegan a los barcos (si es que aún se juega a eso) mientras los individuos de Orihuela o Conil sueltan absurdos macarrónicos en una especie de no-idioma. Algo ininteligible hasta para un nativo, un farfulleo, una ristra de vocablos quizá aprendidos el día antes en Internet, un mejunje, un chapoteo verbal.

Una de las cosas más incomprensibles es una lengua extranjera mal hablada por alguien que, para mayor fatuidad, está convencido de hablarla bien. Incluso alguien que conozca la gramática, la sintaxis y el vocabulario, capacitado para leerla y hasta traducirla, sólo emitirá un galimatías si tiene fortísimo acento, pronuncia erróneamente o no adopta la adecuada entonación. He oído contar que ese era el caso del renombrado traductor Fernando Vela, que vertió al español muchos libros, pero que si oía decir como es debido «*You are my girl*», frase sencilla, no la reconocía: para él «*You*» se pronunciaba como lo veía escrito, y no «Yu»; «*are*» no era «ar»; «*my*» no era «mai», sino «mi»; y la última palabra era «jirl», con una *i* bien castellana. Si oía «gue:l» (pronunciación correcta aproximada), simplemente no estaba facultado para asociarla con «*girl*», que había traducido centenares de veces. También he oído contar que Jesús Aguirre se atrevió a dar una conferencia en inglés en una Universidad norteamericana. Los nativos lo escucharon pacientemente, pero luego admitieron, todos, no haber comprendido una palabra de aquel imaginario inglés de esparto. En una ocasión oí a un colega novelista leer fragmentos de sus textos en una sesión londinense. Pese a que el escritor había residido largo tiempo en Inglaterra y debía de conocer su lengua, no estaba capacitado para hablarla de manera inteligible, tampoco allí entendió nadie nada.

Lo curioso es que, a pesar de estas dificultades frecuentes, los españoles de hoy están empeñados en trufar sus diálogos de términos en inglés, pero por lo general tan mal dichos o pronunciados que resultan irreconocibles. Hace poco oí hablar en una tertulia del «Ritalix». Así visualicé yo la palabra al oírsela a unos y otros, y tan sólo saqué en limpio que lo de «Rita» iba por la alcaldesa de Valencia, Barberá. Al poco apareció el engendro por fin escrito en pantalla: «Ritaleaks». Lo mismo me pasó con un anuncio de algo: «Yástit», repetían las voces, hasta que lo vi escrito: *«Just Eat»*. En castellano contamos con sólo cinco vocales, así que si uno no distingue que *«it»* no suena igual que *«eat»*, ni *«pick»* como *«peak»*, ni *«sleep»* como *«slip»*, ni *«ship»* como *«sheep»*, con facilidad llamará ovejas a los barcos y demás. Si además ignora que se usa la misma vocal para *«bird»*, *«Burt»*, *«herd»*, *«hurt»* y *«heard»*, pero no para *«beard»* ni *«heart»*, o que *«break»* se dice «breik» pero *«bleak»* se dice «blik», son fáciles de imaginar las penalidades para entender y para hacerse entender. La gente española llena hoy sus peroratas de *«brainstorming»*, *«crowdfunding»*, *«mainstream»*, *«target»*, *«share»*, *«spoiler»*, *«feedback»* y *«briefing»*, pero la mayoría suelta estos vocablos a la española, a la pata la llana, y así no habrá británico ni americano que los reconozca en tan espesos labios. Vistas nuestras limitaciones para la Lengua Deseada, a uno se le ponen los pelos de punta al figurarse esas clases de colegios e institutos impartidas en inglés estropajoso. ¿No sería más sensato —y mucho menos paleto— que los chicos aprendieran Ciencias por un lado e inglés por otro, y que de las dos se enteraran bien? Sólo cabe colegir que a demasiadas comunidades autónomas lo que les interesa es producir iletrados cabales.

17-V-15

Con el parche de tuerto

Hoy es día de elecciones autonómicas y municipales en la mayor parte de España, y, por primera vez en muchos años, las encuestas nos anuncian que no tendremos que optar por uno de dos partidos con verdaderas posibilidades de triunfo. Llevábamos demasiado tiempo con la sensación de que los votos a terceros, cuartos o quintos eran casi desperdiciados y poco iban a influir en el resultado final. Por fortuna, esto ha cambiado. Quienes depositen la papeleta de Ciudadanos o Podemos —éste con sus diversas caras en cada lugar—, además de las clásicas de PNV, CiU y demás partidos locales, podrán creer con motivo que no malgastan su oportunidad; que los escaños que obtengan estas formaciones tal vez sean determinantes para que gobierne o no gobierne una comunidad autónoma o una alcaldía una de las dos con mayor tradición; o bien, en algún caso, para que sean los representantes de estos recién llegados quienes rijan tal pueblo o tal ciudad, en vez de los habituales. Esto ya es algo para acudir a las urnas con más curiosidad, e incluso ilusión.

Sin embargo, como siempre, votamos a tientas, si es que no a ciegas. No solemos saber por qué tal o cual individuo ha sido designado para aspirar a presidir una Comunidad o un Ayuntamiento. Cuáles son sus capacidades o méritos para la labor. En la política se da, como lo más normal, una circunstancia inimaginable en cualquier otra tarea. Si no me equivoco, hasta para ser bedel de Universidad o barrendero hay que presentarse a unas oposiciones o que superar unos exámenes específicos para el puesto; no digamos para ser gerente de un banco o director de una empresa: hay que haber hecho carrera, demostrado facultades y eficacia, en la teoría al menos. En política, en cambio, se pretende manejar cantidades ingentes de dinero público y tomar decisiones que afectan a millares o millones de personas sin que los electores hayan visto siquiera un mísero *curriculum vitae*. Quizá lo más sorprendente —la fuerza de la costumbre, supongo, como si estuviéramos resignados a tan extraño proceder— es que a los electores nos trae bastante sin cuidado esta imperdonable falta de información y de justificación respecto a los motivos para la designación de un candidato. Si me atengo al lugar en que voto —Madrid y su Comunidad—, no entiendo por qué la ex-delegada del Gobierno Cifuentes podría ser una Presidenta adecuada; aún menos por qué Aguirre, que cuando desempeñó ese cargo contravino toda sensatez y justicia y arrasó la región, no estaría abocada a ser una alcaldesa caprichosa y autoritaria, en modo alguno liberal; desconozco los méritos de Gabilondo para el cargo al que aspira, lo mismo que los de García Montero: del primero puedo saber que es hombre civilizado e imagino que buen profesor; del segundo, que es poeta competente, aunque eso, me temo, lo haya llevado durante su campaña a incurrir en alguna inaudita cursilería. No tengo ni idea de por qué la emérita juez Carmena, con su larga y prestigiosa trayectoria en su ámbito, podría tener un ápice de sensatez o acierto a la hora de dirigir la capital; aún sé menos de las dotes de su rival Carmona, de quien ni había oído hablar antes de su designación (ahora veo que tiende a hacerse el gracioso sin que Dios lo haya llamado por ese camino; y poco más). De los candidatos de Ciudadanos, bueno, Begoña Villacís creo que es abogada y parece agradable, pero dudo que eso baste para recomendarla como alcaldesa; y, francamente, confieso ignorar quién la acompaña con vistas a presidir la Comunidad.

Así que hay sitios en los que lo conocido es pésimo, y lo desconocido demasiado desconocido. ¿Por qué otorgamos el voto, al final? Hace ya mucho que lo más frecuente es votar *contra* un candidato o un partido y no a favor de aquellos cuya papeleta escogemos. No hay nada malo en ello, a mi parecer. Pero como esta vez el resultado previsible no es A o B, sino por lo menos A, B, C o D, nos es aún más difícil saber qué diablos estamos haciendo. ¿Acabará pactando C con A y propiciaremos, sin quererlo, que Aguirre remate Madrid tras las gravísimas heridas de sus correligionarios Manzano, Gallardón y Botella? ¿Pactarán B y D y, sin tampoco quererlo, veremos a una juez emérita y testaruda (algunos artículos sí le he leído) decidiendo arbitrariedades para nuestra maltrecha ciudad? En vista de la ignorancia a que nos condenan (y si yo padezco tanta, que presto atención a la actualidad, ¿cuánta no aquejará a la mayoría de mis conciudadanos?), acaso en Madrid —no así en otras poblaciones— muchos acabemos votando no a las personas, no a los enigmáticos candidatos, sino en contra o a favor de los partidos que nos los proponen. Pero ya hemos desembocado de nuevo en lo anterior: ¿quién nos asegura a quién no beneficiará o perjudicará, a quién permitirá o impedirá gobernar? En fin, pónganse el parche de tuerto o cojan el bastón de ciego, encamínense a los colegios electorales y déjense guiar por el instinto, la simpatía o la antipatía, el encogimiento de hombros o el pavor. Porque lo que es los partidos, ellos no nos han explicado por qué debemos votar a nadie.

24-V-15

Apestando la tierra

Parece del todo olvidado aquel dicho que se sabían todos los niños de cuando yo era niño: «Dos contra uno, mierda para cada uno». Es decir, estaba muy mal visto, se consideraba una cobardía impasable, que dos chicos se pelearan contra uno solo, o se metieran con él. No digamos si eran veinte. Quizá por eso, siempre me han desagradado sobremanera esas sesiones en que varios comensales o contertulios se dedican a poner a caldo a alguien y en que, azuzándose unos a otros, compiten por superarse en veneno. Hasta cuando la persona objeto del linchamiento verbal me resultara detestable y merecedora de todas las críticas, me he sentido incómodo y he preferido abstenerme de participar, precisamente por la diferencia de número. Siempre he creído que cada uno debe librar sus batallas de frente y en solitario, otro anacronismo más que achacarme.

La tendencia actual es la contraria, y por eso he leído con preocupación y estupor las informaciones que aparecen sobre el nuevo «deporte de masas», como lo calificaba Javier Salas en la suya de hace unas semanas en este dominical, consistente en humillar pública y multitudinariamente a alguien, conocido o desconocido, en las redes sociales. Lo que más estupor causa es que quienes toman parte en esas campañas sean centenares de miles, incluso a veces millones, escudados muchas veces en el conveniente anonimato de los sobrenombres o apodos. Uno se pregunta cómo es que hay en nuestras sociedades tantos individuos por un lado ociosos, y por otro con tan mala saña. Hay que tener una vida bien vacía, y aburrida hasta la desesperación, para andarse fijando en lo que ha dicho en un tuit cualquier idiota del que nada se sabe, o en la foto desafortunada que ha colgado en Facebook una joven que pretendía ser graciosa. Antes, el chiste malo racista u homófobo o misógino se soltaba en el bar, ante cuatro amigos de índole semejante, que reían de buen grado la chanza. Nadie más se enteraba y nadie podía darle importancia. Se desvanecía en el aire, como si no se hubiera dicho. Pero el narcisismo de nuestros tiempos no puede conformarse con eso: los idiotas y chistosos necesitan exhibirse y ansían universales aplausos abstractos. «Se va a enterar el mundo de lo que opino de esto, o de Fulano», piensan, y corren a su ordenador para proclamarlo a los cuatro vientos. Con lo que al parecer no contaban es con que el mundo está lleno de gente con espíritu policial o inquisidor o justiciero, que se debe de pasar media vida al acecho de las «infracciones» para hundir en la miseria al metepatas que incurra en ellas.

Cuentan las informaciones sobre el fenómeno que ante una avalancha de insultos no hay actitud recomendable: si se da la callada por respuesta, malo, porque arreciarán los vituperios; si hay retractación e imploración de perdón (lo cual es la tendencia pusilánime de nuestra época), también malo, porque eso no colará ni se obtendrá el perdón suplicado: téngase en cuenta que los injuriadores pueden ser centenares de miles, y de todo el globo; si se pone uno farruco, en plan «sostenella y no enmendalla», por lo visto es también malo: el griterío irá *in crescendo* y además nunca se calla, el nombre de la persona «linchada» quedará para siempre asociado a lo que la jauría tildó de baldón imperdonable en su día. La cosa es tan desproporcionada que algún «incorrecto» se ha visto forzado a «cambiar de móvil, de facultad, de carrera y hasta de nombre». Otros han perdido su empleo porque su también pusilánime empresa se ha plegado a las exigencias del coro anónimo de imprecadores y no ha querido arriesgarse a mantener en su plantilla a alguien censurado por millones. El miedo hoy en día hace estragos. Recuerdo haber criticado a este diario por haber retirado inocentes anuncios que una parte quisquillosa de la población juzgaba «sexistas», por ejemplo. En cuanto alguien susceptible sube el diapasón, todo el mundo se echa a temblar y se acoquina. Casi nadie tiene la reacción templada de decir: «Esto es una tontería; ni caso». Y por supuesto casi ningún famoso pillado en algo que esté mal visto —y hoy lo están demasiadas opiniones, prácticas y hábitos— se atreve a responder como Madonna al salir a la luz viejas fotos suyas desnuda: «¿Y qué?». Al contrario, todos se dan golpes de pecho, se arrepienten, anuncian contritos que se van a tratar de lo que sea —alcohol, drogas, posturas políticas o religiosas, infidelidades («adicción al sexo» el nuevo nombre)—; en suma, aceptan la bronca como niños y ejercen tan abyecta autocrítica que las de los disidentes soviéticos obligados por Stalin a su lado eran altanería. Lo que no se tiene en cuenta es que achantarse ante cada estallido de indignación y castigo masivo supone fortalecer a la gente «virtuosa», tan parecida a la que describió Machado en su célebre poema: «En todas partes he visto caravanas de tristeza, soberbios y melancólicos borrachos de sombra negra ... Mala gente que camina y va apestando la tierra...». Los idiotas son millares, pero son peores quienes los juzgan y se ensañan con ellos, sin límite y en manada. Son éstos, sobre todo, quienes van apestando la tierra hasta hacerla irrespirable.

31-V-15

Morse, Lewis y Hathaway

Si hay dos cosas que llevan años de moda, son las novelas de crímenes y las series de televisión, por lo que me extraña doblemente que entre nosotros hayan pasado casi inadvertidas las obras de Colin Dexter, tanto las literarias como sus adaptaciones a la pantalla. De las primeras se tradujeron algunas hace tiempo, en una colección poco visible y casi sin eco, y en la actualidad son inencontrables. No las he leído (no soy aficionado a ese género), pero mi padre, de cuyo gusto solía fiarme (y en cambio era muy aficionado), así como otra persona muy cercana, las tenían o tienen en un altar, las ponen a la altura o por encima de Simenon y me aseguran que muchos de los detectives y policías que han venido después con multitudinaria admiración —incluido el famoso Wallander— son copias bastante descaradas del Inspector Morse, que opera en Oxford y alrededores. A partir de las novelas y relatos de Dexter se hizo una serie británica llamada *Inspector Morse* (1987-2000), que tal vez se emitió parcialmente en algún canal cuando empezó. El actor que lo interpretaba, John Thaw, murió al poco de su conclusión. Este inspector tenía un sargento llamado Lewis, y en años más recientes se ha hecho otra serie con su nombre, *Lewis* a secas (2005-2012), que ahora estoy viendo con gran placer.

Como no son estadounidenses (y en España sólo parece haber ojos para lo que viene de más allá del Atlántico, país papanatas y americanizado), nadie las ve, ni habla de ellas, ni las emite, ni existen los DVDs en nuestro mercado. Yo he comprado los ingleses, que, ay, sólo llevan subtítulos en esa lengua. Un doblaje sería criminal. Así, nadie hace caso de estas dos series, mientras los críticos y aficionados se extasían ante la inverosímil y monótona *House of Cards*, la amanerada y pretenciosa *True Detective* o *Breaking Bad*, la mayoría de cuyos personajes son tan pesados, inconsecuentes e idiotas que uno sólo está deseando que los maten de una vez. Supongo que este párrafo me valdrá otro furor del principal e iracundo opinador cinematográfico de este diario, que ya me conminó a pedir perdón por encontrar tostonífera y plana *The Wire*. Ahora me ha llamado también «repelente» en una columna. Lástima, porque en cambio yo le leo con enorme provecho su prosa-engrudo y sus topicazos (nunca faltan, hable de Welles, Coppola o Fitzgerald): corro a ver las películas y series que le repatean y evito escrupulosamente las que le «emocionan» y «llegan». Infalible servicio el que me presta, por el que gracias mil.

El inspector Morse ronda la sesentena, nunca se ha casado pese a ser enamoradizo, vive solo, es mandón e impaciente pero no despótico, bebe demasiadas cervezas; no pudo completar sus estudios en Oxford pero es un policía culto, y se ve que lo es de veras. En su casa oye música sin cesar, con debilidad por Wagner, pero también por Beethoven, Schubert y Haendel, y a veces son piezas de éstos las que completan con gran acierto la banda sonora de los episodios. A fuerza de tímido, resulta hosco a menudo, y con las mujeres tiene mala suerte: cuando se interesa por una (y parece que ella por él), la mujer acaba pringada en los crímenes o está vinculada en secreto a alguien poco recomendable. También es Morse gran lector (jamás confiesa su nombre de pila por lo espantoso que es), y en el último capítulo de la serie, «El día del remordimiento», recita inmejorablemente el poema del mismo título de Housman, en una escena de contenidas melancolía y emoción. Es un hombre comprensivo, parecido en eso a Maigret, que persigue a quienes asesinan pero no juzga mucho. Trata de entender, evita la severidad. Se lo ve vulnerable e ingenuo pese a su veteranía, con esa ingenuidad que nunca pierden del todo las personas esencialmente buenas y que procuran no ser injustas. Su sargento, Lewis, es más sencillo y más feliz, pero perceptivo, tanto en lo referente a los casos con que lidian como para comprender a su jefe, al que llega a profesar profundo afecto. En la nueva serie, *Lewis*, han pasado unos años, éste ha ascendido a inspector y tiene su propio ayudante, Hathaway, estupendo personaje que ya no inventó Colin Dexter: exseminarista, antiguo estudiante de Teología, es un joven muy culto como Morse, al que se adivinan zonas complejas que todavía no me ha tocado descubrir. Muy alto, rubio, huesudo, mantiene con su superior Lewis una relación tan curiosa como la de éste con Morse.

Los casos son lo de menos, unos mejores, otros peores. Lo importante es contemplar a estos personajes de carne y hueso, creíbles, nunca pueriles ni demenciados, deambulando por las calles de Oxford, investigando, dialogando con estudiantes y *dons* y con otros, y asistir a sus comedidas penas. A diferencia de los de *House of Cards*, *True Detective* o *Breaking Bad*, jamás son histriónicos ni incurren en estupideces (así es muy fácil que «ocurran» desgracias), uno está a gusto en su compañía. Quizá su falta de pretensiones, su honradez y su sobriedad los condenan hoy al ostracismo en nuestro país deslumbrado por la pedantería y los ademanes de genialidad. A ver si alguien se anima a publicar los libros de Dexter y las series inspiradas por sus personajes inolvidables.

7-VI-15

Invasión, conquista, expansión y aniquilación

Empezamos a enterarnos hace un año de la existencia del mal llamado «Estado Islámico», cuando éste proclamó su «califato». A los musulmanes que lo detestan —la gran mayoría— les revienta que en la prensa se lo nombre de este modo: por mucho que se anteponga «el autoproclamado», a la gente se le queda la idea de que esa organización es en efecto un Estado. El término recomendable es Daesh, acrónimo de *al-Dawla al-Islamiya fi al-Iraq wa al-Sham*, que, aunque en árabe signifique «Estado Islámico de Irak y Sham», ofrece la ventaja de que los componentes de esa organización odian ser así conocidos, porque, leo, «Daesh» suena parecido al verbo *daes* (apropiadamente, «aplastar, pisotear»), y a *dahes* («quien siembra la discordia» o algo semejante, mis conocimientos de esa lengua son nulos).

Resulta incomprensible la relativa pasividad con que se han tomado el auge y expansión de este movimiento tanto los países árabes, directamente amenazados por él, como los occidentales, indirectamente pero también. Se habla de los Daesh como de terroristas, y es cierto que no descartan los habituales métodos de éstos y que infunden terror allí donde se instalan. Pero los grupos terroristas de las últimas —muchas— décadas no contaban con un ejército en toda regla ni se dedicaban a conquistar territorio sin importarles lo más mínimo las fronteras establecidas. Aspiraban, a lo sumo, a hacerse con el poder en un territorio determinado y preexistente, que acaso podría ampliarse en el futuro (caso de ETA y el País Vasco-Francés), pero no a sangre y fuego, no al asalto. En consonancia con los propósitos declarados de Daesh, se trata de un fenómeno más parecido a las invasiones musulmanas del siglo VIII que a las prácticas de cualquier grupo terrorista convencional, incluido Al Qaeda. De hecho, Daesh quiere regresar a un siglo antes, el VII, el del profeta Mahoma, para que la gente vuelva a vivir como entonces y las leyes sean también las de entonces o peores. Los miembros de Daesh, por supuesto, son los primeros en contravenir la doctrina: según eso, no deberían utilizar vídeos, ni tecnología punta, ni siquiera armas de fuego, sino combatir a caballo con espadas, lanzas y flechas. Sus adeptos más brutos no reparan en la contradicción. A lo que más recuerda esta política de expansión y conquista, en tiempos modernos, es al avance nazi por Europa a partir de 1939, que provocó la Segunda Guerra Mundial. Sin embargo, Hitler había disimulado mucho más que los Daesh. Su partido se había presentado a elecciones y se había encaramado al poder a través de ellas, mediante pactos. No anunció desde el principio que pensaba exterminar a gran parte de la población mundial, incluidos los judíos todos, sino que fue tomando paulatinas medidas discriminatorias contra ellos, y de hecho ocultó, durante los seis años de guerra, la existencia de los campos de aniquilación. Hubo un periodo, es bien sabido, en que a la Alemania nazi se le aplicó la «política de apaciguamiento», que se demostró un gran error: las democracias occidentales se avenían a concesiones a ver si así se calmaban y moderaban los nazis. Hay que saber distinguir qué individuos y colectivos toman eso siempre por debilidad: cuanto más se les concede, más se envalentonan y exigen.

Con los Daesh está claro que no se puede hablar; está claro que no son «apaciguables», que no hay componendas ni razonamientos que valgan, están descartadas las palabras pacto o persuasión. No sé cómo estarán las cosas cuando se publique esta columna, pero cuando la escribo acaban de hacerse con el control de Ramadi, en Irak, y de

Palmira, en Siria, cuyas extraordinarias ruinas romanas probablemente destruirán por «preislámicas». Tienen ya bajo su bota la mitad de Siria y parte de Irak, y enclaves libios. Una coalición internacional los bombardea desde el aire hace meses, con escaso éxito. Los países cercanos hacen poco o no hacen nada. He leído a articulistas informados que los Daesh estarían encantados de recibir un ataque terrestre occidental; que es uno de sus objetivos, porque dispararía una reacción en cadena a su favor; y que por tanto no conviene caer en esa trampa. Puede ser. Pero la falta de una acción decidida contra ellos no está evitando su avance ni su crecimiento, y no se frenarán por sí solos. A diferencia también de los nazis, los Daesh tienen confeso un vasto programa de sojuzgamiento y aniquilación. Su plan es el exterminio de casi todo bicho viviente, y ya lo llevan a cabo en sus territorios y ciudades: de los chiíes y no sé si de otros «herejes» de su religión; de los yazidíes, kurdos, judíos, cristianos, agnósticos, de los que fuman u oyen música, de los demócratas (por no haberse atenido a las inmutables leyes del siglo VII). Si pudieran, nos eliminarían a todos. No es una mera fantasía enloquecida de improbable cumplimiento: se está ejecutando ya donde mandan, con especial crueldad hacia las mujeres, esclavizadas sin más. Que yo sepa, nunca se había pregonado un genocidio generalizado en un sitio, nunca se había empezado a llevar a efecto, y los países vecinos —y los lejanos, pero nada está ya lejano— se habían casi cruzado de brazos y se habían puesto a mirar el espantoso espectáculo por Internet.

14-VI-15

Cara de pasajeros del *Titanic*

Es bien sabido que a las personas les cuesta indeciblemente prever y adelantarse a los acontecimientos, incluso a los inminentes. Baste recordar como ejemplo popular, tantas veces recreado por el cine, la incredulidad de los pasajeros más acomodados del *Titanic*, que, cuando el barco se iba ya a pique, se negaban a admitir que eso estuviera pasando, tan interiorizada tenían la idea de que una catástrofe así era «imposible», y aún más que les ocurriera *a ellos*. Es comprensible que la mayoría de la gente, de hecho, no quiera ponerse nunca en lo peor, y que, mientras le va bien, no le apetezca amargarse con medidas precautorias; que crea o ansíe creer que los estados favorables durarán siempre y se entregue a la euforia, como si el mañana no existiera o no tuviera posibilidades de volverse en su contra. Sí, es comprensible y todos incurrimos a veces en el optimismo sin freno, o en el *carpe diem* (pero en este último caso al menos sabemos que se trata de coger *el día*, ni siquiera en plural, y que con el nuevo amanecer todo puede haberse acabado: hay conciencia de la fugacidad de la suerte).

Lo que ya no resulta comprensible es que habiten en semejante inconsciencia quienes se pasan la vida con el ojo puesto en el futuro, los políticos. Ellos o sus consejeros no cesan de hacer estimaciones y cálculos, y, en la teoría, cuando los demás mortales chapoteamos en 2011, ellos ya están instalados en 2015, y así sucesivamente. No resulta ser así en la práctica, sin embargo, no desde luego en este país nuestro. La estupefacción dibujada en los rostros de muchos dirigentes del PP tras las elecciones municipales y autonómicas, ha sido en verdad antológica. El Gobierno de su partido se ha pasado tres años y medio, desde las generales de 2011, actuando como si la mayoría absoluta obtenida entonces estuviera destinada a ser eterna. Como ya se le advirtió desde muchas páginas —también desde esta—, si algo no puede hacerse en un Estado democrático es gobernar *contra* los ciudadanos sin pausa. El descontento entre éstos ha sido masivo, explícito y ruidoso: los médicos y enfermeros, los profesores y alumnos, los rectores de Universidad, los jueces y abogados, los funcionarios, las clases medias y bajas, las pequeñas y medianas empresas, los comerciantes, los desempleados, los «dependientes», los jóvenes que han debido emigrar, los científicos e investigadores, las bibliotecas sin presupuesto, los músicos, cineastas, actores y escritores, todos ellos se han visto tratados con desprecio y daño, sus protestas desatendidas y hasta «criminalizadas» por esos dirigentes. Ninguno de esos colectivos es «de izquierdas», ni menos aún «antisistema». Son tan sólo la sociedad, de la cual se ha hecho caso omiso y a la que se ha desdeñado. Llegan unas elecciones —ni siquiera generales— y el PP se queda perplejo ante la pérdida de dos millones y medio de votos y del poder en ciudades y regiones que creía adeptas para siempre. No cabe imaginar políticos peores, aquellos que no cuentan con el futuro y no perciben el hartazgo de la gente, o que sí lo perciben pero le restan toda importancia. Hasta que truena, claro.

La fuerza de persuasión del presente es descomunal, sin duda. El que triunfa se olvida pronto de las penurias pasadas antes de alcanzar la celebridad o el éxito, y tiende a creer que siempre fue un ídolo. Por el mismo mecanismo, también se convence de que nunca dejará de serlo; de que, una vez llegada la culminación, ésta es irreversible. Nadie en una situación privilegiada está dispuesto a recordar los millares de ejemplos que nos brinda la historia: de personajes que, tras conocer la gloria, cayeron en la miseria y en el olvido o la abominación, y tuvieron tiempo de asistir a ello, a su caída en desgracia. El PP ya lo vivió hace no mucho, en 2004. Tanto da: de nuevo creyó que lo de 2011 era imperecedero, y se permitió comportarse despóticamente. Lo peor es que esta falta de previsión y esta megalomanía no son exclusivas de ese partido. Quienes ahora se ven aupados y favorecidos (sin verdadera base, sino en una suerte de carambola o espejismo), como el PSOE o Podemos (un Podemos híbrido y enmascarado), adoptan ya modos arrogantes e inflados. Es llamativo el engreimiento con que Ada Colau anuncia propósitos y desafíos, cuando hoy (el día en que escribo) aún no es seguro que vaya a ser alcaldesa de Barcelona. Bordea lo patético que Pedro Sánchez saque pecho, cuando su partido, hundido en 2011, ha perdido aún más votos. Es alarmante que Pablo Iglesias recuerde cada vez más, en soberbia, en tono autoritario, al Aznar más crecido; también en el infinito desprecio por sus rivales. Como el PP en 2011, parecen todos convencidos de que no hay vuelta de hoja; de que la ola que los eleva (moderadísimamente, por ahora) no va a descender ni a quebrarse; de que de aquí a seis meses serán ellos quienes manden, deroguen leyes e implanten otras, hagan reformas, suban impuestos, dicten arbitrariedades y «sepan» lo que conviene a la sociedad preconcebida por ellos. En verdad es un misterio, por qué a casi todos los políticos, del signo que sean, se les pone en seguida —en cuanto sopla a su favor una leve brisa— cara de pasajeros del *Titanic* al embarcar: faltaría más, de primera clase.

21-VI-15

Tiranía de los pusilánimes

Hace unas semanas, al hablar de los «linchamientos masivos» en las redes sociales, mencioné de pasada la pusilanimidad como uno de los mayores peligros de nuestro tiempo. La cosa viene ya de lejos, pero al parecer va en aumento, hasta el punto de que nos vamos deslizando insensiblemente, al menos en ciertos ámbitos, a lo que podría llamarse «tiranía de los pusilánimes». El fenómeno original es conocido: en contra de la tendencia de la humanidad a lo largo de siglos y siglos, que consistía en educar a los niños con la seguridad de que un día serían adultos y tendrían que incorporarse a la sociedad plenamente, en las últimas décadas no sólo se ha abandonado ese objetivo y esa visión de futuro, sino que se ha procurado infantilizar a todo el mundo, incluidos ancianos; o, si se prefiere, prolongar la niñez de los individuos indefinidamente y convertirlos así en menores de edad permanentes. El giro ha contado con escasa oposición porque resulta muy cómodo creer que se carece enteramente de responsabilidad y de culpa: que son la sociedad, o el Estado, o la familia, o los traumas y frustraciones padecidos en los primeros años, o el sadismo de los compañeros de colegio, o las condiciones económicas, o la raza, o el sexo, o la religión, los causantes de que seamos como somos y de nuestras acciones. Y no digamos los genes: «No lo puedo remediar, está en mis genes», empieza a ser una excusa para cualquier tropelía. Debería bastar con echar un vistazo a los hermanos de un criminal, por ejemplo, y ver que ellos, pese a compartir con él raza, condición social, abusivos padres o incluso genes, no han optado por robar, violar o asesinar a otros. Pero no es así. Nuestra época no hace sino incrementar la infinita lista de motivos exculpatorios. La infancia es cómoda y nos exime de obligaciones. Bienvenida sea, hasta el último día.

Pero no es sólo esto. En el artículo «La nueva cruzada universitaria», de David Brooks (*El País*, 3-6-15), se nos cuenta hasta dónde ha llegado la situación en muchos *campus* estadounidenses. Brooks se muestra comprensivo y moderado, y al hablar de las nuevas generaciones admite: «Pretenden controlar las normas sociales para que deje de haber permisividad ante los comentarios hirientes y el apoyo tácito al fanatismo. En cierto sentido, por supuesto, tienen razón». El problema estriba en que, continúa, «la autoridad suprema no emana de ninguna verdad difícil de entender. Emana de los *sentimientos personales* de cada individuo. En cuanto una persona *percibe* que algo le ha causado dolor, o que *no están de acuerdo con ella*, o *se siente* "insegura", *se ha cometido una infracción*». (Los subrayados son míos.) Y cita el caso de una estudiante de Brown que abandonó un debate en la Universidad y se resguardó en una habitación aislada porque «se sentía bombardeada por una avalancha de puntos de vista que iban verdaderamente en contra» de sus firmes y adoradas convicciones.

Estamos criando personas, salvando las distancias, no muy distintas de los fanáticos de Daesh o de los talibanes. Si se erige la subjetividad de cada cual en baremo de lo que está bien o mal, de lo que es tolerable o intolerable, no les quepa duda de que dentro de poco *todo* estará mal y *nada* será tolerable, empezando por el mero intercambio de opiniones, porque siempre alguien «delicado» se dará por ofendido. Si se pone la «percepción» de cada cual como límite, estamos entregando la vara de mando a los pusilánimes (y el mundo está plagado de ellos, o de los que se lo fingen): a los que se escandalizan por cualquier motivo, a los que quieren suprimir las tentaciones, a los que encuentran «hiriente» toda discrepancia, a los que ven «agresión» en una mirada o en una ironía, a los que les «duele» que no se esté de acuerdo con ellos o se sienten «inseguros» ante la menor objeción o reparo.

Parece estarse olvidando que vivimos en colectividad; que las ideas de unos chocan con las de otros o las refutan; que existe la posibilidad de escuchar, de persuadir y ser persuadido, de atender a otra postura y acaso ser convencido. Del artículo de Brooks se deduce que, justamente en las Universidades —el lugar del debate y el contraste de pareceres, en la edad en que aún está todo indeciso—, se considera que cada alumno es alguien cuyas convicciones, por lo general pueriles y heredadas, son ya inamovibles, intocables y sagradas. Hasta la variedad está mal vista. Añade Brooks de esos universitarios: «A veces mezclan las ideas con los actos, y consideran que las ideas controvertidas son formas de violencia». Que muchos jóvenes sobreprotegidos estén incapacitados para razonar y piensen semejante ramplonería no anuncia nada bueno para el futuro (y no hay mayor contagio que el que viene de América). Es más, lo que anuncia es algo que conocemos bien en el pasado: la piel demasiado fina como pretexto para eliminar lo que no nos gusta; la persecución del pensamiento que contraviene nuestras creencias; la prohibición de lo que nos inquieta o fastidia; la imposición del silencio. De manera un tanto simple, sin duda, eso se viene resumiendo en una o dos o tres palabras: fanatismo, totalitarismo, fascismo. Elijan o busquen otra, da lo mismo.

28-VI-15

Un prestigio infundado y dañino

Gran parte de los ciudadanos aplaudió a los «indignados» de 2011, que acamparon en Sol en Madrid y en plazas de otros lugares. Muchos sinceramente, muchos por oportunismo y por «no quedarse atrás». Entre estos últimos causó rubor ver a bregados políticos y a veteranos intelectuales arrimarse para salir en las fotos, el viejo truco de intentar ponerse delante de una avalancha que ya está en marcha. Claro que había motivos —y los hay— para indignarse; claro que no les faltaba razón a los manifestantes, asambleísmos y arcaísmos y puerilidades aparte. Pero lo que se aplaudió más todavía fue el término, «indignados», hasta el punto de haber alcanzado un extraño prestigio en nuestra sociedad y de haberse convertido en un estado de ánimo en el que hay que vivir instalado. Hoy parece que el que no se indigna continuamente por algo —lleve o no razón, tenga o no importancia— sea un acomodaticio, un domesticado, un dócil, un sumiso y un tonto. La reacción inmediata de demasiados españoles es poner el grito en el cielo por cualquier zarandaja. Da la impresión de que se asomen a las pantallas y a los diarios para *encontrar* motivos de cabreo descomunal, de furia. Y quien está predispuesto a eso los hallará siempre, o se los inventará en caso contrario. Poco hay que inventarse en política, con el Gobierno que padecemos. Poco ante los innumerables casos de corrupción descubiertos, y los que nos faltan. Poco ante la situación económica de las clases medias y bajas, a las que la «recuperación lograda» que proclaman Rajoy y sus huestes les debe sonar a tomadura de pelo y a recochineo. Poco hay que inventarse, asimismo, ante la galopante decepción de los «nuevos partidos», que tal vez sean más honrados que los «viejos» —a la fuerza ahorcan—, pero cuyos dirigentes se muestran por el estilo de vainas, aunque en otra gama. De momento abrazan cuantas peregrinas ideas flotan por el globo, siempre que sean «ecológicas» o tópica y vulgarmente «correctas», es decir, demagógicas y prohibidoras. Por no mencionar la vileza tuitera de cuatro ediles —cuatro— de Carmena en Madrid. Si esa es la «gente decente», según una juez, este país está encanallado.

Hace poco hablé de los linchamientos masivos de las redes sociales, extrañado de que el comentario o la foto imbéciles de un cualquiera provocaran aludes de improperios, con consecuencias desproporcionadas para los metepatas. Quizá no es tan extraño, a la luz de ese absurdo y nocivo «prestigio» de la indignación. Hay que vivir airado, parece ser la consigna. Hay que saltar a la mínima y descargar nuestra cólera, no pasarle una a nadie. Y lo grave es que, poco a poco, ese estado de ánimo permanentemente erizado y adusto, agresivo, se adueña de todos los ámbitos. Algunos medios de comunicación azuzan sin cesar las llamas. La fábrica de manipulación que hoy es TVE anunció como cosa tremenda lo que había dicho el futbolista Piqué durante las celebraciones del Barça por sus triunfos. Sus locutores hubieron de explicarlo con minucia, porque para el común de los espectadores la frase de Piqué era incomprensible, se había limitado a dar las gracias a un cantante desconocido. Por lo visto encerraba una muy velada burla —más bien críptica— al Real Madrid, lo cual motivó que en el siguiente partido que jugó, con la selección, Piqué fuera pitado por los propios hinchas cada vez que intervenía. De lo cual se hicieron eco, falsamente escandalizados, los mismos locutores de TVE que habían prendido la cerilla para provocar el incendio. Así sucede con todo. Sin salirnos del terreno venial del fútbol, el «prestigio» de indignarse con Casillas, hecho dogma por los forofos del Madrid más cerriles, sandios, pendencieros y desagradecidos (es decir, más mourinhistas), ha dado como resultado la casi segura, anticipada y fea marcha del jugador más admirable que ha tenido ese club en muchos años. La cuestión es enfurecerse. Con quién, da lo mismo.

Me parece peligroso el estado de irritabilidad continua. Lleva a no distinguir qué merece nuestra indignación de veras y qué sólo nuestra desaprobación, o nuestro desprecio. Una población irascible y con malas pulgas está condenada al descontento, con el mundo entero y consigo misma. También lo está a confundirse y a no discernir, a dar importancia a lo que no la tiene y a restársela a lo que sí, ocasionalmente, aunque hoy se conceda a todo trascendencia desmesurada. Está condenada a ser injusta, a cargarse lo valioso y a defenestrar a sus conciudadanos mejores. Basta con que uno de éstos haga o diga algo que esa población no quiere ver u oír, basta con que ponga en tela de juicio sus convicciones (casi siempre pasajeras, casi siempre impuestas por «los tiempos que corren»), para que la persona notable o perspicaz «indigne» a los encolerizables y también caiga en desgracia. La gente indignada o predispuesta a estarlo es la que menos escucha y razona, y la más manipulable, y acaba por ser sólo intolerante. Sin duda va siendo hora de que se rebaje el «prestigio» de esa actitud más bien pétrea. Un prestigio infundado y dañino donde los haya. Además de idiota, dicho sea de paso.

5-VII-15

Pasatiempo 601

Desde que empecé esta columna de *El País Semanal*, hace más de doce años, pongo en el margen izquierdo de la primera página (sigo utilizando papel) ZF y el número correspondiente. Las iniciales son las del arbitrario nombre de la sección, que por pereza no he cambiado en todo este tiempo, y que era un homenaje al título mexicano de la serie de los años sesenta *The Twilight Zone*, de Rod Serling, y que en España creo que se llamó *La dimensión desconocida*: entonces no había televisión en mi casa y me conformaba con «leer» algunos episodios en los tebeos que publicaba la mítica Editorial Novaro, de México, que también sacaba *Superman*, *Batman*, *La pequeña Lulú* y centenares más. La semana pasada lo que escribí en ese margen fue ZF 600, y desde entonces esa cifra me ronda la cabeza, con una mezcla de estupor y preocupación. La cercanía de agosto, además, el mes en que me tomo un respiro de estas colaboraciones, supone otro motivo no tanto para hacer balance cuanto para preguntarme qué diablos estoy haciendo y por qué, todos los domingos desde 2003. De mis compañeros, creo que soy el único, desde la marcha de Maruja Torres, cuya columna no es quincenal, o así ha sido al menos hasta hace muy poco. Y, aunque ustedes no tienen por qué saberlo o recordarlo, antes de que *EPS* me brindara generosamente esta página, me había pasado ocho años más con artículos dominicales en otro lugar, del que me fui cuando se me censuró uno.

Cuatro lustros opinando son sin duda demasiados. Y doce años también, para los lectores de este suplemento y probablemente para mí. La respuesta de aquéllos —es decir, de ustedes— no ha podido ser más amable ni más paciente. No tengo sino agradecimiento para cuantos se dirigen a la sección de *Cartas*, y eso incluye a quienes lo hacen para expresar su desacuerdo o criticar lo que he dicho: su mera reacción significa que se han tomado la molestia de leer el artículo y que no los ha dejado indiferentes, lo peor que le puede ocurrir a cualquiera que escriba, tanto da el género. Siento particular lástima por los autores —hay no pocos en España— que van de provocadores o transgresores... y pasan inadvertidos, me parece uno de los destinos más tristes imaginables. Así que me considero afortunado y doy las gracias a cuantos no se saltan sin más esta última página, sino que se detienen en ella, aunque luego sea para indignarse. También la indignación merece gratitud.

Ahora bien, al ver ese número 600 no he podido por menos de preguntarme, como deben de hacer también de vez en cuando los demás columnistas, qué es lo que uno pretende, aparte —claro está— de ganarse un sueldo. ¿Influir? Habría que ser muy ingenuo para creer que dos folios y medio, aunque se reiteren cada domingo, estén facultados para cambiar nada ni a nadie. Bueno, uno piensa, en días optimistas, que a algunos lectores sueltos se les puede ofrecer una perspectiva o una argumentación que no se les había ocurrido antes, y que acaso las adopten momentáneamente y duden de sus posturas previas sobre determinada cuestión. En quienes tienen verdadero poder para cambiar las cosas —los políticos—, uno está seguro de que en modo alguno va a influir, porque los actuales, sean de los partidos «nuevos» o «antiguos», tienen precisamente a gala no escuchar las críticas, no atender a consejos ni a razonamientos, o sólo de los aduladores que los van a reafirmar en sus actitudes y decisiones. Una de las frases favoritas de todos ellos es: «Nadie tiene que darme lecciones de...», y complétenla con lo que les parezca, honradez, democracia, transparencia, lealtad, veracidad, dignidad, esto es, todas aquellas virtudes de las que la mayoría carece. La otra frase preferida y brutal —esta compartida por el grueso de la sociedad— es: «No tengo nada de lo que arrepentirme», cuando lo normal para mí —y creo que para el conjunto de las personas— es arrepentirse de algo cada semana, o incluso a diario.

¿Entonces? ¿Consolar un poco, reconfortar? Algo, tal vez. Hay lectores que celebran ver en letra impresa una opinión que «nadie se atreve a expresar» o que ellos compartían en silencio. Más de uno me ha confesado que al descubrir la afinidad ha concluido, con alivio, que no estaba loco, en vez de incorporarme a mí a su club de bichos raros o sin sesera. Sea como sea, al cabo de 600 piezas en el mismo espacio, uno tiene la sensación de haber opinado sobre lo habido y por haber, y de haberse repetido mucho. Para lo último valga como disculpa que la realidad se repite todavía más, y las sandeces no digamos, poseen la perseverancia como característica principal. A veces hay que salir al paso de lo que ya creyó uno atajar con argumentos, años atrás. Mi padre, que también escribió mucho en prensa, solía asegurar que en España hay que decir las cosas por lo menos tres veces: la primera para avisar, la segunda para discutir y la tercera para convencer. A unos pocos, añadiría yo (él era un optimista irredento), por lo general sin ningún poder decisorio. ¿Qué nos queda, así pues? ¿Entretener? Seamos modestos y aceptémoslo: a fin de cuentas es una muy digna tarea que no daña a nadie. Y aunque hay algunos a los que uno quisiera hacer rabiar de vez en cuando, conformémonos y pongamos 601 a este pasatiempo dominical.

12-VII-15

Si todo, todo

En su libro *El científico rebelde*, en el capítulo «Generales», el anciano físico y matemático inglés Freeman Dyson señala que el antiguo «carácter limitado del armamento» hacía que los objetivos militares fueran a su vez limitados, lo cual posibilitó que «el ejercicio del poder marítimo británico en el siglo XIX fuera peculiarmente benigno». Cita a Robert Louis Stevenson, quien expresó en pocas palabras la filosofía que había permitido a Inglaterra adquirir un imperio sin perder el sentido de la proporción: «Casi todos los ciudadanos de nuestro país, salvo los humanitaristas y unas pocas personas que en su juventud han estado presionadas por un entorno excepcionalmente estético, pueden comprender a un almirante o a un boxeador profesional y simpatizar con él». Y añade Dyson: «Este es el límite que la búsqueda de la gloria militar nunca debería sobrepasar. Un general o un almirante no han de recibir por sus éxitos ni más ni menos honores que un púgil triunfador».

Todo eso, la limitación, la proporción, la falta de deseo y la imposibilidad de aniquilar a un país entero, ni siquiera a su ejército; la conformidad con las victorias parciales y *suficientes*, la creencia de que no se debe ni puede borrar del mapa a las poblaciones, de que no es conveniente dejar a una nación ni a una facción postradas indefinidamente, ni humillarlas hasta lo insoportable, se fue el traste con la Segunda Guerra Mundial, cuando el británico Sir Hugh Trenchard impuso su criterio de bombardeos aéreos indiscriminados, secundados al instante por los estadounidenses. «Una estrategia de bombardeos estratégicos garantiza que la guerra será total», dice Dyson. Los generales se vieron poseídos por el culto a la destrucción que podían lograr con ellos, «y desde entonces, como resultado de sus actividades, nosotros mismos no hemos dejado de vivir bajo la amenaza de esa destrucción».

Lo cierto es que esta ya no nueva mentalidad ha invadido casi todas las esferas. El sueño totalitario es siempre el de la dominación absoluta, sin disidencias ni discrepancias ni fisuras ni reparos ni objeciones. Pero ese es también el sueño ideal de los partidos democráticos, que en el fondo aspiran a ganar por la mayor diferencia imaginable en las urnas, a ser posible por unanimidad. Si un sistema nos permite alcanzar en la teoría el 100 % de los votos, ¿por qué no procurar obtenerlos para así gobernar sin trabas? Y lo mismo que ocurrió con los generales está sucediendo hoy con la tecnología y los servicios secretos. La capacidad de controlar y vigilar se ha hecho ya monstruosa; no digo «total» ni «omnipotente» porque todavía nos falta ver qué más se inventa en ese campo. Hace unas semanas apareció la noticia —una columnita lateral de este diario— de que tras la aprobación de la nueva ley francesa de servicios secretos, éstos podrán rastrear masivamente datos telefónicos y cibernéticos sin control judicial. Las operadoras de telecomunicaciones, los buscadores y las redes sociales deberán instalar una especie de cajas negras para detectar cualquier conducta sospechosa. Los agentes franceses, a los que la ley no amparaba en muchas de sus prácticas, podrán ahora, a través de los sistemas IMSI Catcher, captar y registrar los datos de teléfonos y ordenadores de sospechosos y de cuantos estén a su alrededor. También utilizar micrófonos ocultos en lugares privados o balizas para seguir automóviles. Y entrar en domicilios particulares si lo consideran necesario, es decir, a su arbitrio. En sitios como Abu Dabi, Dubai, Qatar y similares, es ya perfectamente factible saber los movimientos de alguien desde que sale de su casa por la mañana hasta que regresa al atardecer, mediante las cámaras instaladas en las calles y establecimientos. También resulta que algunos de los aparatos llamados «inteligentes», desde televisores hasta tabletas y *smartphones*, *pueden* llevar microcámaras incorporadas, por lo que ya nadie nos asegura que no estemos siendo espiados incluso en nuestros salones y alcobas, probablemente sin tener ni idea, sin duda sin nuestro consentimiento.

En Dinamarca y otros países se estudia abolir el dinero en efectivo y, so pretexto de luchar contra el fraude y el «negro», obligar a todo el mundo a pagar cualquier servicio o chuchería con tarjeta o móvil, de manera que el Estado tenga conocimiento de en qué empleamos nuestros míseros céntimos. La humanidad está cayendo, una vez más, en la tentación de carecer de límites, y de no ponérselos. Si las nuevas tecnologías nos lo permiten todo, hagamos uso de todo hasta las últimas consecuencias, parece ser la consigna. Sepamos hasta el último detalle de los pasos de cualquiera, sus compras, sus gustos, sus amistades, sus amoríos, sus prácticas sexuales, si se masturba o no en casa, qué escribe, qué conversaciones tiene, qué ve, qué escucha, qué lee, a qué juega, su historial médico, cómo vive y cómo muere. Pocos protestan por esta invasión y apropiación absolutas de la intimidad. Hace sólo un par de generaciones, el *1984* de Orwell nos parecía a todos una pesadilla, un infierno. La versión real de eso, sólo que multiplicada por diez, a las generaciones actuales les parece de perlas. No sólo no se rebelan, sino que colaboran. Veremos cuánto les dura ese parecer. Claro que, si un día lo cambian, será ya demasiado tarde.

19-VII-15

¿Todo se repite tan pronto?

Siempre se ha procurado decir que cumplir años traía algunas ventajas, y como éstas eran poco tangibles (sabiduría, serenidad y cosas así), parecía ser, más que nada, un vano intento de consolar al envejeciente. Yo, de momento, no veo grandes inconvenientes en la edad que he alcanzado, pero últimamente sí hay algo que me empieza a preocupar, o a fastidiar, o a decepcionar. Mis años ya son bastantes, pero están lejos de los noventa, los ochenta y aun los setenta que acumula tanta gente alrededor. Quiero decir que no ha pasado tantísimo tiempo desde que llegué al mundo, menos aún desde que me incorporé a él plenamente —eso se producía, en mi época, cuando uno entraba en la Universidad—. De eso hará unos cuarenta y seis años, lo cual, en términos globales, es apenas un soplo, un periodo bien breve que no justificaría mi sensación, cada vez más frecuente, de asistir a supuestas novedades que no son sino repeticiones de cosas ya vistas. Ojo, no vistas ni oídas de segunda mano, o estudiadas en los libros de Historia, sino vividas directamente por mí.

Me ocurre a menudo con la literatura, el cine y la música, las tres artes que más me acompañan. Leo novelas o poesía o ensayos que se me presentan como innovadores o vanguardistas o «postcontemporáneos» o «transmodernícolas», elijan el término que prefieran; y, con alguna excepción, me encuentro con piezas que para mí son antiguallas, cosas ya probadas en los años cincuenta, sesenta o setenta del siglo xx (y luego arrumbadas en su mayoría, por tontainas, plomizas o huecas). Hoy vuelve a jalearse la novela «social» o «comprometida», por ejemplo, de la cual en España tuvimos hasta morirnos de aburrimiento. Y no es que la actual coincida en sus intenciones con la del «realismo social» pero sea enormemente distinta: no, es casi idéntica a la más apesadumbrada y pedestre de los cincuenta y sesenta, cuando no una ínfima parodia de Galdós. Otro tanto sucede con los «experimentalismos», que parecen imitaciones de los de los setenta, y con el mismo grado de pedantería. Como si no hubiera transcurrido el tiempo, hay ensayos que a su vez son remedos levemente *aggiornati* de Deleuze, Barthes, Foucault y hasta Sartre (sin quitarles a ninguno su mérito, nada tiene eso que ver). Hoy causa furor mundial el «filósofo» Zizek, al que no he leído ni oído más que trivialidades vehementes salidas de la máquina del tiempo, todas me recuerdan a mi más estúpida y pomposa juventud. Lo mismo en cine: la celebrada *Ida*, con su saco de premios, es la mera regresión a las producciones setenteras del Este que veíamos en cine-clubs. Hasta han vuelto la solemnidad y la unción con que solían contemplarse estas antigüedades.

Pero lo más curioso es que esa sensación de *déjà vu* se experimente también con las personas. Uno ve a la mayoría de los políticos del PP y piensa: «A este individuo, más joven que yo, lo conozco perfectamente, sé cómo es, lo he visto antes, probablemente en el franquismo que hube de soportar hasta los veinticuatro años. ¿Cómo puede ser, si el sujeto en cuestión sería un niño o una niña, o acaso no había nacido, al final de la dictadura?», se pregunta uno con perplejidad. Ve uno a Pablo Iglesias y a no pocos correligionarios suyos y lo asalta la misma sensación: «Yo he conocido a estos tipos en el pasado lejano; es más, milité junto a ellos, breve tiempo y a desgana —más que nada, por oponerme al franquismo—, en mi primerísima juventud. Dicen las mismas cosas y tienen las mismas actitudes que los *pro-*

chinos de mi primer curso de Facultad, con algún tic de los *trostkos* y algún otro de los miembros del PCE más cerriles y stalinistas, ya anticuados entonces. ¿Cómo es eso, si ellos no vivieron aquellos tiempos?».

La desazón va más allá. También con los particulares, gente nueva o joven a la que uno conoce, me es cada vez más frecuente pensar pronto: «Ya sé cómo son este hombre o esta mujer. Los he visto y padecido antes (o disfrutado, no crean); sé sus ambiciones, sus métodos, de qué van, qué es pose en ellos y qué no; si son o no de fiar, si son soberbios o angelicales; si son sinceros o falsos, aduladores y trepas o nobles y que van de frente; incluso si tienen buena o mala índole, si son unos farsantes y cantamañanas o gente que se esfuerza en pensar por sí misma; si son listos, tontos, listos-idiotas o aparentes bobos con arrebatos de brillantez». Claro que uno no es infalible y puede equivocarse, pero eso no quita la sensación de saber, de «reconocer». A eso se le debe de llamar «ser perro viejo». A que resulta más difícil engañarlo a uno: ha visto y oído ya mucho, ha prestado atención, y quizá la variedad humana (o española), pese a su fama de infinita, en realidad no da mucho de sí. No hay duda de que hay arquetipos que permanecen y se reiteran a lo largo de siglos, son preexistentes a la fecha de nuestro nacimiento. Y uno tarda en aprendérselos, estamos todos condenados a una larga fase de ingenuidad, de ser pardillos. Pero, una vez dejada atrás, resulta descorazonador y decepcionante ver cómo vuelve todo lo antiguo una y otra vez, como si la capacidad de inventiva se agotara pronto. En menos de lo que dura una vida, que ya es decir, porque la vida siempre es corta.

26-VII-15

Esas constantes

Este artículo dice de veras lo que dice y además es una preparación o coartada para el de la semana próxima, por lo que se ruega que entonces se tenga presente lo dicho en este.

Cuando uno ve películas o recordatorios televisivos de hace décadas, sorprende comprobar cómo todo ello era —quizá involuntariamente— mucho más realista de lo que parecía en su día. Supongo que la época en la que fue concebida cualquier fantasía tiñe o contamina esa fantasía, mal que les pese a sus creadores, que descubren *a posteriori* cuán poco lograron escapar a su tiempo. Este «sello de época» resulta más palmario en lo visual que en lo literario, aunque lo segundo tampoco se libre de él enteramente. Pero si uno ve, por ejemplo, un extraterrestre imaginado en los años setenta, lo más probable es que el actor que lo interpretase luciese patillas de ese periodo y llevase un peinado particularmente hortera o inverosímil. La imagen «delata» mucho más que la descripción y la palabra.

Durante unas semanas o meses recientes —no sé—, he pillado de vez en cuando un programa de TVE titulado *Viaje al pozo de la tele* o algo así, en el que se recuperaban fragmentos breves de espectáculos, canciones, entrevistas, concursos y demás desde que existe la televisión en España. El comentarista era, muy adecuadamente, el inventor de la serie *Torrente*, máximo adalid actual (junto con De la Iglesia y una legión de nombres menos conocidos) de nuestra tradición más supuestamente graciosa y más grosera. Lo que uno observa al ver ese programa es lo mismo que al contemplar escenas de las películas de *Cine de barrio*: en nuestro país hay unas *constantes*, da lo mismo quién gobierne. Por mucho que creamos que cambia, o creyéramos que cambiaba en los años ochenta y primeros noventa, existe algo invariable que se aprecia nítidamente al asomarse a esas producciones cinematográficas o televisivas. No importa que las muestras sean de los sesenta, setenta, ochenta, noventa o aún más cerca: lo predominante, lo que nunca falla ni falta, lo que aparece por doquier es la mezcla criminal de zafiedad y cursilería, con ventaja para lo primero. Cómicos soeces sin ninguna gracia (pero que cuando mueren son ensalzados como «genios» o poco menos), actores en su mayoría atroces y repetitivos, cantantes desafinantes vestidos por sus enemigos, presentadores «campechanos» (lo cual les permitía dar rienda suelta a su frecuente chabacanería), continuas bromas gruesas, con obligada afición a lo sexual y a lo escatológico, hasta el punto de que pareciera que en España no se concibe otro humor que el pueril de «pedo, culo, pito y caca». En uno de esos «pozos de la tele», el propio Segura, más bien sarcástico con lo que nos enseñaba, se adornaba con un inciso sobre la importancia de los diferentes ruidos de pedos en sus famosas películas, y nos ofrecía eruditos ejemplos. En esos fragmentos salían escritores de tarde en tarde: dos, mejor dicho, Umbral y Cela, y los dos soltando groserías con presunción de «ingeniosas» y «picantes»; lo cual lleva a concluir que los únicos escritores que de verdad son aquí populares y se abren paso en las pantallas son los que parecen caricatos bastos y se prestan al chafarrinón y al esperpento. Cuánto daño ha hecho, ay, el esperpento. La apelación a él parece justificar cualquier imbecilidad exagerada y de sal gorda, la facilona ocurrencia del mayor idiota, rápidamente reverenciado si se cuelga en la solapa esa etiqueta: «Esperpento», sea en literatura, en cine o en lo que se tercie.

Lo curioso es que cada nueva generación idéntica a la anterior se jacta de haber «superado» esos baldones del pasado. «No, lo mío es humor inteligente», dice el actual Paco Martínez Soria de turno. «No, yo estoy lejos del *landismo*, yo hago comedias gamberras», exclama el cineasta que sigue al pie de la letra —modernizadas sólo en lo accesorio— las chuscas películas de Alfredo Landa. «No, yo huyo del realismo cutre y también del preciosismo», declara el novelista tosco que imita ambos estilos, según tenga el día. Esas *constantes* no son baladíes ni pueden ser azarosas (trasládenlas también a la política y a la prensa). Dicen mucho sobre nuestra sociedad y lo que le hace reír y le entusiasma, sobre los territorios en los que se siente a sus anchas. Hay que añadir los tacos gratuitos y la mala leche, que asimismo se hacen hueco en esos fragmentos televisivos, en teoría ligeros y amables. Es posible que a ustedes (nadie se ofenda: en tanto que miembros de esa sociedad y degustadores de *reality shows* y *sálvames*, si las estadísticas no mienten) la visión de esos «pozos de la tele» les cause regocijo y nostalgia. A mí me deprime, me provoca vergüenza retrospectiva y presente, y hace que me pese el ánimo, al comprobar con mis ojos que nuestro país ha preferido siempre —aún más hoy, si cabe— lo chocarrero y lo cursi, el trazo grueso, la coz, lo tabernario, la astracanada y el chascarrillo penoso (tan «transgeneracional» todo ello que hasta lo practican nuestros más nuevos políticos). Como tantas veces se me ha dicho, debo de ser un español traidor, porque rara vez he sonreído con el chiste nacional, desde Berlanga. Y con él no siempre, ni mucho menos.

6-IX-15

Marrullería y timo

Sintiendo el aprecio que siento por algunas constantes de la sociedad española, expuestas el domingo pasado, no me extraña ni me escandaliza que mucha gente se quiera separar de este país, infame en demasiados aspectos. Creo estar libre de sospecha de patrioterismo, e incluso de patriotismo. Lo que me parece muy raro es que deseen separarse unos representantes políticos que, en sus métodos, en su talante, en su falta de sentido de la democracia, en su cerrilismo, en su intransigencia, en su capacidad para mentir y para tergiversar la realidad, en sus aspiraciones caciquiles, en su espíritu inquisitorial, en su irracional soberbia, en su «contra mí o conmigo», apenas se diferencian de la secular tradición española, sobre todo de la más beata y sectaria, representada inmejorablemente por el franquismo (beata de la propia patria). La imitación de Franco tuvo su punto culminante hace unos meses, cuando Artur Mas sugirió que votar contra él equivalía a votar contra Cataluña. Bueno, en esto no imitó sólo a Franco, inventor de «la AntiEspaña», sino a casi todos los absolutistas que en el mundo han sido, desde Luis XIV hasta Hugo Chávez, caídos en la tentación de considerarse encarnaciones milagrosas de sus respectivas naciones.

El disparate catalán ha alcanzado cotas grotescas, y de una zafiedad intelectual sin límites. En el llamado «proceso» todo es confuso, puro chafarrinón y marrullería, puro timo. Unas elecciones autonómicas en las que ya no se vota del todo lo siempre votado en éstas, sino también —de rebote— la independencia, que, según los resultados, se declarará unilateralmente, fuera de la legalidad y de todo acuerdo: no ya con el resto de España y su Gobierno, sino con cualquier organismo europeo. Es como si Córcega o la Bretaña se proclamaran desgajadas de Francia, o la Lombardía de Italia, o Baviera de Alemania. Semejantes declaraciones caerían en el vacío, ningún país de la zona las tendría en consideración ni les haría caso. A efectos reales y prácticos, a efectos de convivencia con los vecinos, serían como jugar al palé o monopoly, algo hueco y sin consecuencias efectivas. Tampoco se sabe bien cuáles han de ser esos resultados, los que llevarían a la independencia. Al parecer, a los promotores les bastaría con conseguir una mayoría de escaños para su esperpéntica coalición, desdeñarían que la mayoría de votos fuera contraria a sus propósitos. ¿Dónde se ha visto semejante fraude? «Usted vota una cosa», se le está diciendo al elector, «pero en realidad está votando otra; y, según lo que convenga, computaremos de un modo u otro». El chiste no es ya propio de la peor España, sino de las repúblicas bananeras de las películas (ni siquiera de las de la realidad, me temo); de la Venezuela chavista y la Rusia putinesca, a las que sólo tienen por democracias modélicas los dirigentes de Podemos y Alberto Garzón, esa lumbrera. He hablado de coalición esperpéntica, y es que no hay adjetivo más adecuado (superespañol, por cierto) para describir una lista electoral encabezada por un ex-eco-comunista y por dos señoras engreídas a las que nadie ha elegido nunca (pues nunca se han presentado a cargos políticos), sino que se han erigido ellas mismas en encarnaciones de la «sociedad civil», es decir, de la sociedad a secas; el cuarto lugar de la estrafalaria lista lo ocupa el actual President de la Generalitat, un político parecidísimo a Rajoy en lo ideológico y lo económico, y que, no se sabe por qué arte de trilero, pasaría al primer puesto en caso de salir triunfante, y sería por tanto el inaugural Presidente de la fantasmagórica República Catalana; y en quinto lugar aparece el «jefe de la oposición» al propio Mas, Junqueras, líder de un partido que lleva ochenta años aventado y dando tumbos. Es digno del españolísimo *Torrente* que el jefe del Gobierno y el de la oposición se ofrezcan juntos en la misma lista el 27 de septiembre. Es difícil incurrir en mayor número de contradicciones y embrollos.

Añádase la negación constante de la realidad por parte de los promotores: «Seguiríamos en la Unión Europea y en el euro», afirman, «o nos readmitirían en seguida». Nadie europeo ha avalado ese optimismo, todo lo contrario. Para que un país nuevo ingrese en la UE se necesita la aprobación *unánime* de todos sus miembros. España no la daría, sólo fuera por despecho. Francia tampoco, no fuera Cataluña a solicitar el Rosellón acto seguido. Ni Italia, por no aceptar un precedente para la inventada «Padania» de los fascistas de la Liga Norte. No la daría nadie. «Seríamos más ricos», cuando la probable pérdida del mercado español sería un revés catastrófico para la economía catalana. A mí no me extraña ni escandaliza, ya digo, que alguien ansíe separarse de mi país. Pero una Cataluña independiente, ahora, en manos de quienes la propugnan desde arriba, sería lo más parecido a un cortijo para ellos, en el que además nadie podría intervenir, y la que menos la UE. Yo no entiendo cómo los catalanes —incluso los independentistas— no perciben la jugada de Romeva, Forcadell, Casals, Mas y Junqueras: «Dennos todo el poder y aislémonos del mundo, que nadie se meta en nuestras cosas». No sé cómo no se percatan de que ese «nuestras» significa exactamente de Romeva, Forcadell, Casals, Mas y Junqueras. Bueno, y de quienes hagan suficientes méritos.

13-IX-15

Escenas veraniegas

El pasado agosto viajé por España, un país en el que cada ciudad, cada aldea y hasta cada barrio montan festejos más o menos brutos, más o menos despilfarradores, todos con el denominador común de lo que aquí más priva: el ruido, el estruendo, el estrépito, sea en forma de petardos y tracas o de la omnipresente música atronadora. Bien, ya se sabe, es el mes de la Virgen de los Jolgorios. Pero a la vez se ven con frecuencia escenas como la siguiente. Un pequeño y agradable pueblo marino, asolado —como todos— por masas interesadas sólo en comer a dos carrillos (los insoportables programas de cocina de las televisiones no hacen sino reflejar la realidad de numerosos compatriotas: gente que ha dejado de lado casi cualquier inquietud para dedicarse a engullir animalescamente). La terraza de un local, en una plaza muy grata, está de bote en bote, pero no hay muchas personas esperando de pie a que se quede libre alguna mesa. Carme y yo decidimos aguardar un poco, a ver si hay suerte. Delante sólo tenemos a un grupo, eso sí, de ocho o nueve, como son ahora todas las familias, que no se separan ni a tiros, la española pasión por el gregarismo. Por fin se liberan las suficientes mesas (cercanas, un milagro) para juntarlas y dar cabida a la patulea. Las camareras las están preparando, y de vez en cuando se aproxima a ellas «el padre»: un tipo de cuarenta y tantos años, con aspecto innoble: pantalones de esa longitud criminal que aniquila al más apuesto, por encima o por debajo de las rodillas, y que por tanto lleva hoy todo el mundo; una camisola por fuera, a la vez holgada y prieta (quiero decir que no le contenía las grasas y sin embargo le realzaba los vergonzosos pechos que estaba desarrollando); un sombrerito ridículo; chanclas; una barriga infame que le impediría verse los pies desde hace tiempo. Este sujeto había decidido supervisar el trabajo de las camareras, les daba órdenes impertinentes y sobre todo les ponía pegas. No era hora ni lugar para poner ninguna, conseguir mesa para tantos era para darse con un canto en los dientes. Regresaba a la «cola» y alardeaba de sus intervenciones ante su mujer y una cuñada (supongo), con no mejor aspecto ni tampoco más educadas. «¿Qué les has dicho a esas tías, qué pasa?», le preguntaban ellas. «Qué coño les voy a decir, que no nos gusta esa mesa, que queda fuera de los toldos; que la corran para allá, no nos va a dar esta puta solanera.» Aquello era imposible, no había hueco para correr nada. «Y ni siquiera nos ponen mantel», agregaba, «les he mandado ir por uno». Aquel no era sitio de manteles, si acaso de mantelitos de papel, el típico lugar de tapas y raciones. «¿Qué se creerán las tías?», exclamaba una de las mujeres, como si estuvieran en el Ritz y les hubieran faltado al respeto, a ellos, que tenían dinero. Porque iban hechos unos pingos, como se decía antes, faltando al respeto a cuantos tuviéramos la mala pata de verlos, pero era indudable que les sobraba el dinero. Y a demasiada gente que *aún* lo conserva, en esta España depauperada, no hay manera de enseñarle modales. Al contrario, cuantos más empobrecidos a su alrededor, más se crece y más exige y más molesta y desprecia. No hace falta añadir que la familiola formó tal tapón con sus demandas que dimos por imposible que nos llegara alguna vez el turno.

Otra escena contradictoria y curiosa. Como saben, hoy los niños nacionales son una especie de idolillos a los que todo se debe y por los que se desviven incontables padres estúpidos. Están sobreprotegidos y no hay que llevarles la contraria, ni permitir que corran el menor peligro. Son muchos los casos de padres-vándalos que le arman una bronca o pegan directamente al profesor que con razón ha suspendido o castigado a sus vástagos. Pues bien, visité un lugar con muralla larga y enormemente elevada. El adarve es bastante ancho, pero en algunos tramos no hay antepecho por uno de los lados, y los huecos entre las almenas son lo bastante grandes para que por ellos quepa sin dificultad un niño de cinco años, no digamos de menos. El suelo es irregular, con escalones a ratos. Es fácil tropezar y salir disparado. Al comienzo del recorrido, un cartel advierte que ese adarve no cumple las medidas de seguridad, y que pasear por él queda al criterio y a la responsabilidad de quienes se atreven. Si yo tuviera niños no los llevaría allí ni loco, pero con ellos soy muy aprensivo, y los sitios altos y sin parapeto me imponen respeto, si es que no vértigo propio y ajeno. Aquella muralla, sin embargo, era una romería de criaturas correteantes de todas las edades, y de cochecitos y sillitas con bebés o casi, no siempre sujetos con cinturón o correa. Algunos cañones jalonan el trayecto, luego los padres alentaban a los niños a encaramarse a ellos (y quedar por tanto por encima de las almenas) para hacerles las imbéciles fotos de turno. Miren que me gusta caminar por adarves, recorrer murallas. Pero cada paseo se me convertía en un sufrimiento por las decenas de críos que triscaban por allí sueltos como cabras, sobre todo en los tramos sin parapeto a un lado. A veces pienso que estos padres lo que no toleran es que a sus hijos les pase nada a manos de otros; pero cuando dependen de ellos, que se partan la crisma. Ya echarán la culpa a alguien, que eso es lo que más importa.

20-IX-15

Las palizas y las frases

Con la excepción de los *kale borrokos* y similares, que nunca dejaron de amenazar y dar palizas cubriéndose los unos a los otros en grupo contra una sola víctima, hemos tenido pocas agresiones cobardes en nuestro país en los últimos decenios. Parecía que por fin los españoles habían renunciado al ataque físico de quienes les cayeran mal, o pensaran o dijeran cosas con las que estaban en desacuerdo, o tuvieran una sexualidad que los «ofendía», o fueran de otra raza o de otra religión o sin ella, o hinchas de otro club de fútbol. Claro que siempre ha habido alguna que otra tunda y algún que otro asesinato, pero han sido escasos en comparación con el número de individuos y de días, un goteo casi inevitable. Desde hace unos años, sin embargo, se empezó a hacer uso de la coacción y de la fuerza. Se dio poca importancia al hecho de que en Universidades catalanas y madrileñas destacamentos de «independentistas» o «izquierdistas» (alumnos y profesores mezclados, no todos imberbes) impidieran hablar o pronunciar conferencias a personalidades que les resultaban ingratas. Y no se ha dado suficiente importancia al hecho grave de que entre esos reventadores se encontraran destacados miembros de Podemos, si no me equivoco. Con esa lenidad empezó a «normalizarse» algo que nunca puede ser normal, a saber: vetar, censurar, arrebatar la palabra, prohibírsela por las bravas a quienes sostienen posturas contrarias.

Este verano... Bueno, ojalá haya sido sólo producto del infernal calor continuado, que, como sabe todo el mundo menos nuestros gobernantes (que nos lo incrementan con el demencial cambio horario que hace eternas las tardes, sin apenas ahorro), desquicia y exalta los ánimos. Lo cierto es que ha habido días en que uno abría el periódico y se enteraba de una agresión tras otra, no individuales —que también—, sino de la modalidad «pandilla». Se ha pegado a homosexuales, absolutamente aceptados por el conjunto de la sociedad; se ha apaleado a indigentes, aunque eso sea repulsivo entretenimiento de señoritos en todas las estaciones; se ha zumbado a inmigrantes; se ha grabado la esvástica a navaja en el brazo de un chico; y, como lamentable novedad que debería hacer saltar todas las alarmas, se ha enviado al hospital a una joven con la mayoría de edad recién cumplida, representante del partido Vox en Cuenca. Cuando escribo esto, los agresores aún no han sido detenidos, y ya han pasado bastantes fechas. Se sabe que fueron tres, una mujer y dos varones; que atacaron a la muchacha por la espalda y se ensañaron con ella hasta dejarla inconsciente en el suelo; que la llamaron «fascista» y que la tenían en el punto de mira: «Es ella, a ver si ahora es tan valiente», les oyó decir la víctima justo antes de los valientes puñetazos y patadas colectivos. En algún momento se especuló con que el motivo de la paliza pudiera haber sido que esa joven había osado defender las corridas la víspera en las redes sociales. La mera especulación es para echarse a temblar: defensores de los animales prestos a tundir a los de su propia especie con aficiones que les desagraden. Pero no parece que sea el caso: más bien se ha tratado de violencia —esta sí— fascista, semejante a la que practicaban los falangistas antes de la Guerra Civil (y también sus equivalentes de izquierdas). Es un suceso gravísimo que pueda actuarse así por diferencias políticas.

Desde que esas redes sociales se han masificado, demasiada gente se ha acostumbrado a *escribir* salvajadas de todo tipo, amparándose en el anonimato. Si subrayo el verbo es porque, como sabemos los plumillas, no es lo mismo decir que escribir. La lengua es rápida, casi tanto como el pensamiento, pero lo que sale de ella se esfuma y no perdura un instante, y siempre se puede negar haberlo soltado, o retractarse de inmediato. La escritura requiere «composición», por irreflexiva y veloz que sea. La frase más tosca y peor redactada ha debido pensarse mínimamente antes de darle a la tecla. Ha debido construirse. Por seguir con la rabia antitaurina, si un torero es cogido gravemente, el comentario en el bar sería más o menos: «Ojalá el toro lo hubiera matado». Un tuit, se quiera o no, es siempre un poco más elaborado: «Lo único que lamento es que no te reventara la femoral y te desangraras como un cerdo, hijo de puta asesino», por ejemplo. Esto queda, se retuitea y se propaga, a diferencia del comentario oral. Guste o no, hay ahora un lugar plagado de frases deseándoles la muerte a otros, o amenazándolos con ella. Frases que flotan indefinidamente, que permanecen, que no se las lleva el viento, como se decía tradicionalmente que ocurría con las palabras. Pasar a la realización de los deseos es tanto más tentador y fácil cuanto menos efímera es la expresión de esos deseos, o cuanto es más persistente. En lo escrito no se suele matizar con el tono, sea de exageración, de guasa, de ganas de provocar y escandalizar... sin ir del todo en serio. Cabe la literalidad en mucha mayor medida que en lo dicho. A todo esto tampoco se le concede importancia, o apenas. El paso siguiente a la literalidad, sin embargo, el que jamás debería darse, es cumplir las amenazas y los deseos... eso, al pie de la letra, como si aún fueran sólo frases.

27-IX-15

Contra el acoquinamiento

Estamos en época de matones. No sólo físicos, de los que hablé la semana pasada y que van propinando palizas por ahí. No sólo lo son los del Daesh o Estado Islámico, los de Boko Haram y demás, que matan, violan y esclavizan a quienes no comparten su puntillosa fe o hacen algo que les cae mal (jugar al fútbol, oír música, afeitarse, fumar), y destruyen ruinas romanas por considerarlas «preislámicas» (claro) y sobre todo para escandalizar un poco más al mundo occidental. No, hay también un matonismo incruento —en principio—, que no cesa de propagarse y que ejercen grandes porciones de la sociedad desde los teclados de sus ordenadores. Son individuos que ponen el grito en el cielo por cualquier cosa, que se contagian y azuzan entre sí, que linchan verbalmente al que hace, opina o dice algo que no les gusta; que no «se cargan de razón» porque la razón suele estar ausente de sus cabezas, y que simplemente *exigen y condenan*. Al taurino, al fumador, al que se queja de las bicicletas y de esos artilugios con dos ruedas gordas que invaden las aceras y arrollan a los peatones, al que juzgan machista o sexista, al que usa un vocabulario extenso, al que no aguanta a Mourinho, al que les lleva la contraria, al que no aplaude a Mas y Junqueras, al que se atreve a hacer algo o a destacar mínimamente. Hace poco Julio Llamazares mostraba su perplejidad ante la cantidad de insultos recibidos en las redes a raíz de su serie sobre la ruta de Don Quijote publicada este agosto, asunto «poco conflictivo» *a priori*, como decía él. Da lo mismo: cualquier escrito y cualquier acción irritarán a los airados profesionales, a los que consideran necesaria la permanente indignación.

Para que triunfe y se imponga el matonismo es requisito indispensable el acoquinamiento de los demás, es decir, que los acusados e increpados se asusten y se amilanen. Nada peor que rectificar y disculparse cuando no habría motivo para ello. Pero estamos en una época en que la cólera o la estupidez o la locura o la maldad de los majaderos alarman excesivamente. Muchas veces he lamentado aquí que casi nadie se plante ante las imbecilidades inquisitoriales, ante las exageradas susceptibilidades, ante las moralinas de púlpito que se nos inyectan a diario. Los famosos piden perdón por chorradas, o por los cuernos que han puesto y que sólo deberían incumbir a su pareja, o por la broma que han gastado y que ha sido tomada al pie de la letra por los matones de turno, o hasta por beber alcohol. Todo el mundo se achanta ante ellos, nadie responde «No me sean cretinos, déjenme en paz». Se entra (iba a escribir «en la lógica», pero esa palabra no tiene cabida aquí) en el juego de los histéricos y resentidos, se responde a lo que no merece respuesta, o si acaso un despectivo «Bah».

Este verano la alcaldesa de Madrid, Carmena, no escapó a la regla y se acoquinó de mala manera. Un periódico de extrema derecha la «acusó» de gastarse 4.000 euros en veranear en la provincia de Cádiz. ¿Era dinero público? No, era suyo, luego la acusación era mero disparate y maldad. Hace meses publiqué aquí una columna titulada, creo, «Tiene dinero, es intolerable», en la que señalaba cómo iba arraigando en mucha gente la indistinción entre el dinero estafado o robado y el ganado honradamente, o la absurda idea de que este último no existe... «con la excepción del mío, claro está». Carmena ha sido juez un montón de años, habrá recibido un buen sueldo, tendrá sus ahorros o habrá heredado, tanto da. Puede hacer lo que le dé la gana con su dinero, gastarse 12.000 euros si quiere, en el casino o en veranear. Lo último que debía hacer fue lo que hizo: avenirse a «defenderse», entrar a dar explicaciones, no habiendo motivo para lo uno ni para lo otro. Que si se repartían el alquiler de la casa entre cuatro matrimonios amigos y en realidad su marido y ella apoquinaban sólo 800 euros, cosas así. También ella cedió ante los matones, uno de los cuales (un miembro del PP) acentuó su descerebramiento teñido de malevolencia al clamar que la alcaldesa, en realidad, no podía irse de vacaciones ni un día mientras hubiera un niño madrileño hambriento. Según esa sandez (imposible llamarlo «razonamiento»), nadie podría irse de vacaciones nunca: ni Rajoy mientras hubiera un niño español, etc.; ni ningún presidente autonómico, ni alcalde, ni consejero, ni concejal, ni diputado, ni senador, ni militar, ni juez, ni profesor, ni funcionario, nadie que perciba su salario del Estado. Ni, por supuesto, el memo miembro del PP que soltó la frase en cuestión.

Sí, no hay nada peor que el acoquinamiento, porque da alas a los malvados, a los locos y a los idiotas (en España va todo junto a menudo). Nada peor que ser medroso, timorato, pusilánime o como lo quieran llamar. Nada más peligroso que agachar la cabeza ante las injurias gratuitas y las acusaciones arbitrarias, que pedir perdón por lo que no lo requiere más que en la imaginación intolerante de los fanáticos y los matones. Todavía estoy esperando a que la gente alce la cabeza y conteste alguna vez (hay excepciones, pero son poquísimas): «No tengo por qué defenderme de semejante estupidez. Son ustedes los que se lo tienen que hacer mirar».

4-X-15

Retrato-fantasía

Lo conté alguna vez, me disculpo con los memoriosos. Hace ya muchos años vi como anomalía personal lo que ahora me parece, por desgracia, normalidad colectiva. Una joven me pidió que le leyera un manuscrito. Como siempre hago en estas ocasiones, le dije que no leía inéditos, entre otras razones porque no deseo que nadie dé a mi opinión más importancia de la que tiene, y que es exactamente la misma que la de cualquier otra persona; y tampoco me gusta cargar con la responsabilidad —de ser mi juicio negativo— de desanimar a quien busca ser publicado por vez primera. La joven no se dio por contenta, e insistió más allá de lo razonable y educado. Le aduje más motivos, y ninguno le hacía mella. Seguía insistiendo, y aun pasó a hacerlo en persona, en la Feria. Su argumento último —y para ella inapelable— era este: «Pero es que *a mí* me hace mucha ilusión que usted lo lea». Intenté hacerle ver que, para que se produzca algo entre dos, no basta con la desmesurada ilusión de uno, sino que hace falta el acuerdo del otro. Nunca acabó de entenderlo, de estar convencida: su voluntad estaba por encima de todo, hasta el punto de que la mía contaba poco o nada. Las cosas habían de ser como ella quería, o como se las había figurado ideal y puerilmente. ¿Cómo no iba a cumplirse lo que había soñado?

Achaqué tal actitud a la edad, a las dificultades de muchos jóvenes para ir aceptando los contratiempos de la vida cuando empiezan a aparecérseles, por lo general tras una infancia mimada y en la que los padres les han evitado todas las «frustraciones». Pero creo que me equivocaba, y que aquello no era más que un síntoma de la evolución de nuestras sociedades, que además afecta a gente de cualquier edad. Muchos ciudadanos de nuestro país (pero no sólo del nuestro) se han dibujado un retrato-fantasía de sí mismos. Cuando se miran al espejo sólo admiten ver esa composición idealizada, y con frecuencia necesitan o exigen que sus gobernantes y compatriotas se amolden también a ese retrato y sean armónicos con él, para que «el cuento acabe bien» y su ideal salga triunfante; y de ahí que a menudo no consientan la discrepancia, ni la objeción ni la pega. Un prototipo de retrato-fantasía (bastante predominante, o por lo menos extendido) es el que obliga a ser amante de los animales por encima de todo (y a tener perro o gato); defensor a ultranza de la naturaleza (como si ésta, no contenida, no fuera causante de catástrofes sin cuento); fanático de la bici (aun en perjuicio de los peatones, que son quienes menos contaminan); enemigo de la tauromaquia (esto por fuerza), y del tabaco y del alcohol y de la carne (aunque no tanto de las drogas); vagamente «antisistema» y vagamente republicano; respetuoso del «derecho a decidir» (lo que sea, excepto para los que deciden fumar, usar el coche en el centro o ir a los toros, claro); y, sobre todo, mostrarse compasivo, solidario y humanitario. Si el espejo no devuelve esa imagen —la conciencia bien limpia—, el que se mira en él no lo soporta. En los últimos meses se ha añadido otro requisito: dar la bienvenida indiscriminada a los refugiados, no importa el número ni su carácter ni su procedencia. Y claro que hay que ayudarlos *en lo posible*, y dar asilo a quienes en verdad lo precisen, y claro que hay que compadecerse de las víctimas de guerras y persecuciones.

Leí, sin embargo, una carta en este diario que me llevó a acordarme de aquella joven literata de hace unos veinte años. Se quejaba de unas palabras del Ministro del Interior, que por una vez me habían parecido sensatas (quién iba a decírmelo): «Se tomarán las medidas adecuadas para evitar la posible infiltración de yihadistas» (entre las masas de asilados, se entendía). A los pocos días, el líder del PSOE —que ganaría votos si se abstuviera de simplezas y tergiversaciones— venía a decir que, según el Ministro, los refugiados eran terroristas, algo que éste jamás dijo. Cualquier analista está al tanto: no es que se sospeche, es que *se sabe* que entre las estrategias del Daesh o Estado Islámico está la de introducir yihadistas en Europa aprovechando estos éxodos a la vez organizados (por mafias) y caóticos. Serán pocos, sin duda, y la mayoría de los refugiados serán gente desesperada e inofensiva, que sólo aspira a sobrevivir, quizá al propio Daesh tiránico que toma sus territorios. Pero, sabiéndose lo que se sabe *a ciencia cierta*, no veo nada reprobable, sino más bien la obligación de un Ministro, en «evitar la posible infiltración de yihadistas». Creer que cuantos llegan a Europa han de ser buenas personas es tan ingenuo como creer que «las víctimas siempre tienen razón», uno de nuestros estúpidos mantras contemporáneos. Los refugiados y las víctimas son dignos de lástima y de apoyo, pero entre los primeros habrá pésimas personas —como en todo colectivo— y entre las segundas individuos malvados o errados o idiotas, que en modo alguno tendrán razón. La remitente de esa carta no soportaba que el Ministro aguafiestas, con su advertencia, le empañara el retrato-fantasía de su espejo: «No pongamos trabas, por favor, y hagamos lo que toca, ayudar», le recriminaba. «No seamos otra patada a este drama humanitario», y lo asimilaba a la periodista húngara histérica, la de las zancadillas. Es decir, ni consideremos que pueda haber terroristas camuflados en la riada. Y si los hubiera, que tampoco a ellos se les impida la entrada.

11-X-15

La invasión del neoespañol

En pocos días he oído o leído, en prensa o en libros, las siguientes expresiones inexistentes y por tanto difícilmente comprensibles: «Le echaron el pato encima»; «Se desvivía en elogios de ella»; «Le dio a la sin lengua»; «Es una mujer-bandera». Uno trata de «traducir», y supone que en la primera hay una mezcla de «pagar el pato» y «cargarle el muerto»; en la segunda, de «desvivirse por ella» y «deshacerse en elogios»; en la tercera, una metamorfosis (a la lengua se la llama castizamente «la sin hueso»); en la cuarta, lo que siempre se dijo «una mujer de bandera» ha quedado comprimido en una extraña figura: mujeres que se llevan en un asta, para dolor de ellas. Escribí bastantes artículos comentando estas corrupciones y absurdos, hasta que di la batalla por clamorosamente perdida. Alertar de los imparables maltrato y deterioro del castellano, en España como en Latinoamérica (hay la fama de que allí se habla mejor que aquí, pero es falsa: cada lado del Atlántico, simplemente, destruye a su manera), carecía de sentido cuando los embates son constantes y sañudos y además contradictorios entre sí, no obedecen a un plan ni a un esquema. Los anglicismos superfluos, por supuesto, campan a sus anchas (hoy muchos dicen «campean»). Las concordancias han saltado por los aires: «Quiero decirle a los españoles», se oye en boca del Presidente del Gobierno y también del último mono, ya que a nadie le importa que el plural «españoles» exija «les» en esa frase. Los modismos son «creativos» y no hay dos personas que coincidan en ellos: el antiguo e invariable «poner la carne de gallina» admite todas las variantes, desde «la piel» hasta «los vellos» hasta «la carne de punta».

Hice bien en abandonar la lucha, porque la magnitud del desastre es aún mayor de lo que creía, según compruebo en un libro que me llega, *Guía práctica de neoespañol*, de Ana Durante, veterana profesional de la edición que se ha pasado años observando anomalías, analizándolas y recopilándolas, para llegar a la conclusión de que, sin que nos percatemos mucho, hay una «neolengua» o «Idioma Aproximado» (de ambas formas lo llama) que está suplantando al español tradicional que todavía muchos hablamos y escribimos. Esto no sería demasiado grave si no fuera porque este «neoespañol» no está organizado ni hay acuerdo alguno entre sus usuarios: cada cual dice o escribe lo que le parece; todo vale con tal de que sea incorrecto o inexistente o inventado; cada uno se expresa —en solitario— como le viene en gana. Y aunque la autora se abstiene de identificar sus ejemplos con títulos, nombres y apellidos, para no perjudicar a nadie, tiene razón cuando señala que «bajo ninguna circunstancia tendría imaginación suficiente como para inventar algo ni remotamente parecido» a dichos ejemplos. (Nadie la tendría, en efecto.) Al recorrerlos uno, además, a menudo los reconoce: los ha visto u oído antes, o cosas muy similares. Pero probablemente los ha visto u oído sueltos, sin calibrar la dimensión del destrozo. Al encontrárselos agrupados en los diferentes capítulos de esta *Guía de neoespañol*, la carcajada es casi continua (para los que aún empleamos el idioma «no aproximado») y también la desolación (de nuevo para los que preferimos que la lengua sea algo sólido y firme y comprensible para todos, y no una especie de papilla que salpica de diversas maneras a cuantos meten la cuchara en ella).

Sus delirantes, tronchantes y a la vez tristísimos ejemplos están sacados de prensa escrita y hablada, pero también de obras literarias, tanto originales como traducidas. Uno va leyendo, y casi a cada página le da la risa y se lleva las manos a la cabeza, desesperado: «Esa camisa le profería un aire chulesco», o «Dijo el rey propiciándole un beso en la frente», o «El religioso ahorcó los hábitos», o «Habían fletado todo el hotel» son muestras de cómo los verbos se permutan alegremente y de que cualquiera les sirve hoy a muchos hablantes y escritores. Claro que esto no es nada al lado de las «creaciones» enigmáticas: «Su trato a veces puede aminorarse difícil», o «Lo miró atusando las pestañas», o «La oyó desertar hondos suspiros», o «Pifió ella, mirándolo a los ojos». Hay que ser muy sagaz para traducir todo eso. La autora no pretende serlo. Trata de descifrar lo indescifrable, y reconoce a veces su fracaso, es incapaz de «traducir» de una neolengua cuyos códigos desconocemos, seguramente porque se caracteriza por no tenerlos. Tampoco se rasga las vestiduras, no dice que esta extraña suplantación del español sea en sí buena ni mala, tan sólo da cuenta de ella. Lo hace con resignación y humor: ante la frase «Tan pronto le quitó el ojo, la joven salió corriendo», se limita a apostillar: «Lo que no es de extrañar, cualquiera de nosotros habría hecho lo mismo». Apenas se inmuta al leer: «El viento cambió de dirección sin cita previa» o «Intentó besarle los labios de él con los suyos». Yo maldije, en cambio. Para mí el conjunto es aterrador, pese a lo mucho que me he divertido. Es demasiada la gente (incluidos renombrados autores y traductores) que ya no domina la lengua, sino que la zarandea y avanza por ella a tientas y es zarandeada por ella. Hubo un tiempo en el que podía uno fiarse de lo que alcanzaba la imprenta. Ya no: es tan inseguro y deleznable como lo que se oye en la calle. El problema de esta *Guía de neoespañol* es que sólo puede ser descriptiva, porque ¿cómo puede aprenderse a manejar lo que en modo alguno es manejable?

18-X-15

No me atrevo

Pasé un par de días con cuatro periodistas holandeses. A lo largo de las conversaciones fueron apareciendo nombres de colegas novelistas españoles que ellos habían leído, y en alguna ocasión me preguntaron mi opinión al respecto. No tuve reparo —al contrario— en elogiar a los que me gustan o me parecen buenos, a los que admiro, y que no siempre coinciden con los tenidos por mejores en nuestro país hoy en día. Me di cuenta, en cambio, de que me costaba, o directamente *no me atrevía* a expresar mi sincero parecer sobre los que encuentro muy malos o flojos, falsos valores alabados por casi todo el mundo, a menudo de manera sistemática y rutinaria. (Ojo, no descarto ser yo uno de ellos, sólo que mi juicio sobre mis obras no cuenta, o es sencillamente imposible.) Ahí me mostré cauteloso, desvié la cuestión o guardé silencio. En un caso concreto, al verme apremiado, contesté: «Mejor será que no indague usted». ¿Mejor para quién? No tuve más remedio que responderme que mejor para mí, no para el autor o autora sobre los que se me había interrogado.

Y así, me percato de que desde hace bastantes años está «mal visto» que un escritor opine negativamente sobre otro. El que lo hace es tachado en seguida de envidioso, o de inelegante, o de resentido, o cuando menos de competitivo. No es que el ataque no se dé en absoluto. Hay excepciones, pero son sobre todo jóvenes a los que, por así decir, «toca» rebelarse contra la generación anterior o fingir que ésta no ha existido, o «matar al padre», o intentar hacerse sitio expulsando a quienes ellos creen que lo acaparan. O bien son escritores con vocación «transgre-

111

sora», y la mayoría sufren la maldición terrible de que sus denuestos y provocaciones pasen inadvertidos. Lo que parece «prohibido» es que uno opine sincera y críticamente sobre sus iguales. Yo mismo noto esa presión, que en cambio no siento cuando hablo de un arte que no practico. Quizá algunos lectores recuerden con qué libertad y contundencia he echado pestes de «genios oficiales» del cine como Haneke, Von Trier, Iñárritu o Sorrentino, o de series televisivas ensalzadas por público y críticos, como *The Wire, Breaking Bad* o *True Detective*. Puesto que yo no me dedico a eso, expreso mi parecer sin la menor cortapisa. En cambio, ay, me muerdo la lengua cuando se trata de literatura, aún más de novela. Y observo que lo mismo hacen mis colegas contemporáneos. Y lo mismo, me temo, los cineastas respecto a los suyos. Es como si todos hubiéramos interiorizado aquel viejo consejo, «Si uno no tiene nada agradable que decir, mejor callarse».

No siempre fue así, en modo alguno. Si uno se asoma a la historia de la literatura, verá que está llena de impertinencias y desdenes de unos autores hacia otros, sin que por ello se tildara a los primeros de resentidos y envidiosos. Conrad detestaba a Dostoyevsky, Nabokov despreciaba a Faulkner y a bastantes más, Faulkner no estimaba mucho a sus pares con la excepción de Thomas Wolfe, Capote lanzaba dardos contra casi todo el mundo. Eso por no remontarnos a otros siglos. ¿Qué ha sucedido para que nos hayamos vuelto todos remilgados, cuando no insinceros y versallescos? A uno de esos holandeses le manifesté mi extrañeza al respecto, y sugirió una posible explicación: la literatura está tan amenazada que cuantos participamos de ella tendemos a crear la ilusión de que en la producción actual hay mucho buenísimo, o incluso de que todo lo es; censurar a un colega casi supone tirar piedras contra el propio tejado. No sé si llevaba razón, pero, si así fuera, me pregunto hasta qué punto esta balsa de aceite no perjudica más bien a la literatura. Si la falta de disensión, de discusión; si los modales corteses o prudentes que nos gastamos todos no acaban por dar la impresión de que la literatura es algo plano y mortecino, más languideciente de lo que está. Si yo fuera sincero sobre algún celebrado novelista, no sería menos contundente y negativo que cuando hablo de cineastas. Pero ya digo, no me atrevo. También porque en España todo se toma como un agravio personal, aunque lo que se critique sean obras. Juan Benet, no mucho antes de su muerte, me dijo un día (tal vez porque intuía que le quedaba poco tiempo): «Estoy harto y voy a decir públicamente lo que pienso». (Y eso que él se había distinguido siempre por sus «impertinencias».) Su último artículo se tituló «Wojtysolo», mezclando con gracia los apellidos de Juan Pablo II y del Premio Cervantes; se ha excluido cuidadosamente de sus recopilaciones periodísticas. No debo despedirme hoy sin aportar yo algo (claro que sobre un autor extranjero es menos arriesgado). El universo literario ha lanzado las campanas al vuelo ante los seis tomos de *Mi lucha*, autobiografía o semificción del noruego Karl Ove Knausgård. Tras leer 300 páginas (pocas, de un conjunto de 3.000 o más), me he quedado desconcertado. No me resultan odiosas ni mucho menos, pero hacía tiempo que no leía páginas tan simplonas y bobas. Será defecto mío, o impaciencia (relativa), pero no comprendo el entusiasmo global despertado en críticos y escritores. Pero he aquí que de nuevo soy cobarde: no es verdad que hiciera tiempo. Alguna novela he leído reciente, de colega español contemporáneo, que me ha parecido igual de simplona y de boba. Y aquí, lógicamente, me siento impelido a callarme.

25-X-15

Cuando pesa lo ligero

Muchos de los que leemos el periódico en papel estamos acostumbrados a empezar por lo malo: política nacional e internacional, opinión pesimista o peregrina o (qué alivio) a veces balsámica; economía, sucesos, salud (casi siempre mala y desalentadora, cuando no alarmante). Luego aparecen las secciones más amables o sosegadas, o menos indignantes, aquellas que no nos suelen dar sobresaltos ni disgustos: sociedad, cultura, espectáculos, deportes, algún cotilleo o curiosidad. Uno agradecía asomarse a esas esferas de relativa armonía, o por lo menos de inocuidad, tras pasar por las atrocidades cotidianas, las sandeces, corrupciones e irresponsabilidades de demasiados políticos, los amenazantes vaivenes laborales y financieros y la ristra de asesinatos individuales, cometidos cada uno en un lugar. Por eso, a mí, me dice más sobre el estado del mundo lo que traen y reflejan esos ámbitos «ligeros» que las noticias «de peso», que siempre han sido preocupantes o directamente horribles y lo seguirán siendo siempre.

Lo que me hace ver nuestra época como particularmente tenebrosa no son las salvajadas del Daesh (que también), ni la crisis de los refugiados, ni que Donald Trump y Putin cosechen más entusiastas cuanto más rebuznan, ni la furia sádica de los cárteles mexicanos, ni la dictadura chavista ni el auge de Le Pen, ni la *tabula rasa* que Rajoy parece tener por cerebro, ni la posesión de Artur Mas (que cada vez se cree más Napoleón, como si fuera un loco de chiste anticuado; sólo que éstos acostumbraban a estar encerrados), ni la tontuna parvularia de sus cerrajeros de la CUP (de ellos depende que pueda utilizar su llave). Con todo esto uno ya cuenta. Con que los países a menudo los rigen deficientes, sanguinarios o no, y aspiran a regirlos otros deficientes, elegidos en las urnas o no. Lo que me indica la gravedad de la situación es comprobar que las irritaciones y estupefacciones no terminan donde deberían sino que se extienden hasta esas secciones inofensivas y las invaden, normalmente de estupidez, con ocasionales gotas de envilecimiento. Llega uno a Cultura y con frecuencia se encuentra a palmarios farsantes a los que se dedican páginas injustificables. Llega a Deportes y lo que allí lo aguarda son los amaños del nefasto Blatter y sus acólitos, o la enésima pitada a Piqué por parte de cenutrios que ni siquiera saben por qué le pitan, como antes se abucheaba a Casillas por ser sobresaliente y haber rendido incomparables servicios a su club y a su selección. Llega a Espectáculos y se topa con noticias como esta: en pocas horas se han recogido 95.000 firmas en «la Red» protestando porque en una nueva película relacionada con Peter Pan se ha encomendado la encarnación de la Princesa Tigrilla a una actriz blanca y no a una «nativo-americana» —india piel roja, para entendernos—, puesto que ese personaje de fantasía pertenece a dicha raza. No es el primer caso de «ofensa», cuenta Irene Crespo: la pecosa actriz Emma Stone pidió disculpas (!) por haber interpretado a una piloto mitad asiática y mitad hawaiana. Ridley Scott se la cargó por no contar con actores árabes para *Éxodo*, que transcurría en Egipto... en los tiempos de Moisés. ¿Y cómo se atrevió Johnny Depp con el papel del amigo indio del Llanero Solitario, siendo él caucásico a más no poder? Según esto, Macbeth sólo lo podrían hacer actores escoceses y Hamlet, daneses. Y Don Quijote, manchegos. Y Don Juan, sevillanos. Y Quasimodo, jorobados de verdad. No quiero ni pensar la que le habría caído hoy a Marlon Brando, que en 1956 hizo de japonés en *La casa de té de la luna de agosto*. (Cierto que estaba para darle de bofetadas durante todo el metraje, como alguna vez más, pero esa es otra cuestión.)

Uno se pregunta qué ha pasado para que parte de la humanidad ya no distinga entre realidad y ficción, algo que la especie sabía hacer desde siglos antes de Cristo. O cuándo optó por el «realismo» a pie juntillas y decidió inmiscuirse en los criterios de los artistas y protestar por lo que éstos inventen. También cuándo dejó de entender que las instituciones y clubs *privados* tienen sus reglas y que nadie está obligado a pertenecer a ellos. Si para la Iglesia Católica abortar lleva o llevaba aparejada la excomunión, la opción es clara: si se forma parte de esa fe religiosa, o no se aborta o se expone uno a las consecuencias; lo que no tiene sentido es ingresar en ella, conociendo sus castigos, y pretender que éstos se modifiquen a conveniencia de cada interesado. Y sin embargo eso es hoy lo habitual. En la Real Academia Española es preceptivo llevar corbata, y yo lo sabía antes de entrar en ella. Si un día aparezco sin esa prenda, supongo que no me permitirán pasar y no armaré un escándalo por ello. Sabía a qué me atenía al aceptar.

Uno se pregunta por qué grandes porciones del mundo han dejado de entender lo que era fácilmente comprensible hasta hace cuatro días. Por qué ha habido un retroceso generalizado del entendimiento y del sentido común. Por qué no hay mayor placer que el de quejarse y protestar por todo, más cuanto más inexistente el motivo. Cuando la estupidez se apodera de las secciones amables del periódico; cuando éstas prolongan la irritación, en vez de apaciguar, es síntoma de que todo es ominoso y anda fatal. No es de extrañar que luego la gente vote o ensalce a idiotas, pirados o malvados, y que las secciones «de peso» nos hundan cada mañana el ánimo.

1-XI-15

¿Pueden no fotografiar algo?

Estaba unos días en Fráncfort y me acerqué a ver la Casa-Museo de Goethe. Ya saben ustedes lo que pasa a menudo en esos recorridos por los museos, exposiciones y demás: uno empieza más o menos a la vez que otro u otros visitantes y ya no hay forma de quitárselos de encima, o de que ellos se lo quiten a uno, que a lo mejor es el que molesta y estorba. Aquí me tocó coincidir con un individuo menudo, con bigotito y aspecto vagamente árabe. La casa familiar de Goethe no está nada mal (un abuelo burgomaestre ayuda, supongo): cuatro pisos de planta generosa, con pequeño salón de baile incluido y un agradabilísimo jardincito en el que hay un par de bancos y —oh milagro de tolerancia— un par de ceniceros. No sé hasta qué punto se corresponde con la original (casi todos los carteles figuran sólo en alemán), pero en todo caso está muy cuidada y se siente uno a gusto en ella. O yo podría haberme sentido así, porque, nada más iniciar el paso, el sujeto mencionado me pidió que le hiciera una foto con su móvil delante de unos cacharros, es decir, en la cocina de Goethe. Accedí, claro; el hombre comprobó que había salido bien y a continuación me pidió que le hiciera otra delante del fogón. Bueno, foto bigotito con fogón. Salí de allí y pasé a otra habitación, no recuerdo cuál, sólo que en ella había muebles anodinos, una alacena, qué sé yo. Al poco el hombre apareció y me pidió foto ante la alacena. Bueno, en fin. «Santo cielo», pensé, «cuando lleguemos a las zonas más nobles —el estudio, la biblioteca, el salón—, no me lo quiero ni imaginar». Así que, en vez de seguir en la planta baja, me salté varias estancias y subí a la primera, para despistarlo. Pero el hombre se las ingenió para acoplarse a mi ritmo, no había forma de darle esquinazo, y quería tener un retrato de sí mismo no ya en todas las habitaciones, sino delante de cada mueble, cuadro u objeto. Me había tomado por su fotógrafo particular. Mi recorrido enloqueció, se hizo zigzagueante, lleno de subidas y bajadas absurdas: visitaba un cuarto del segundo piso, luego uno del tercero, luego me iba otra vez al segundo y entonces ascendía al último, desde donde regresaba a la cocina, el individuo ya había sido inmortalizado allí hasta la saciedad. Daba lo mismo: apenas me creía liberado de él, reaparecía con su móvil y su insistencia. Aunque quizá no lo crean, soy enormemente paciente en el trato personal, sobre todo cuando se me piden cosas por favor. El árabe (o lo que fuera, hablaba un rudimentario inglés con fuerte acento) se acercaba cada vez con la misma sonrisa amable e ilusionada de la primera, de hecho como si fuera la primerísima que me hacía su petición, aunque fuera la enésima y todo resultara abusivo. Sólo me libré gracias al cigarrillo que salí a fumarme al jardincito: quizá espantado por mi vicio, hasta allí no me siguió. Me aguardaban quehaceres, no pude repetir la visita en su orden, me quedó una idea de casa caótica, en la que la cocina albergaba la pinacoteca y el dormitorio la biblioteca, y el escritorio estaba en el salón de baile.

Nada se ha hecho más sagrado que las fotos obsesivas que todo el mundo hace todo el rato de todo. Si uno va por la calle y alguien está en trance de sacar una de algo, ese alguien lo fulmina con la mirada o le chilla si uno sigue adelante y no se detiene hasta que el fotógrafo decida darle al botón (lo cual puede llevar medio minuto). Si entre él y su presa hay cinco metros, pretende que ese espacio se mantenga libre y despejado hasta que haya dado con el encuadre justo, que la circulación se paralice y nadie le estropee su «creación». El problema es que hoy todo transeúnte anda con móvil-cámara en mano, y que fotografía cuanto se le ofrece, tenga o no interés, y como además no hay límite, todos tiran diez instantáneas de cada capricho, luego ya las borrarán. He visto a gentes retratando no ya a un músico callejero o a una estatua humana, no ya un edificio o un cartel, no ya a sus niños o amistades, sino una pared vacía o una baldosa como las demás. Uno se pregunta qué diablos les habrá llamado la atención de un suelo repugnante como los del centro de Madrid. Quizá los churretones de meadas (o vaya usted a saber de qué) que los jalonan, lo mismo en época de Manzano que de Gallardón que de Botella que de Carmena, alcaldes y alcaldesas sucísimos por igual. Caminar por mi ciudad siempre ha sido imposible: las aceras tomadas por bicis y motos, dueños de perros con largas correas, contenedores, pivotes, escombros, andamios, manteros, procesionarios, manifestantes, puestos de feria municipales, escenarios con altavoces, maratones, «perrotones», ovejas, chiringuitos y terrazas invasoras, bloques de granito que figuran ser bancos, grupos de cuarenta turistas o más. Sólo faltaba añadir esta moda, por lo demás universal. ¿Para qué fotografían ustedes tanto, lo que ni siquiera ven con sus ojos, sólo a través de sus pantallas? ¿Miran alguna vez las fotos que han hecho? ¿Se las envían a sus conocidos sin más? ¿Para qué, para molestarlos? Detesto en particular las de platos, costumbre espantosamente extendida. «Mira lo que me voy a comer», dicen. Al parecer nadie responde lo debido: «¿Y a mí qué?». La comida, eso además, en foto se ve siempre asquerosa. ¿Pueden *no* fotografiar algo? Por favor.

8-XI-15

Cuentas que no salen y ojos que no ven

Cuántas veces no hemos dicho todos, en medio de una discusión: «Ojalá tuviera grabada aquella conversación para demostrarte que esas fueron tus palabras, o que dije lo que te digo que dije». A veces ni siquiera se trata de conversaciones lejanas en el tiempo, sino que tuvieron lugar ayer, y aun hoy mismo. «No he dicho eso», protestamos. «Sí que lo has dicho», nos desmienten, y desearíamos tener una cinta que probara nuestra veracidad o la capacidad de tergiversación de nuestro interlocutor. Bien, hasta cierto punto ese anhelo se cumple hoy en día. No en los diálogos privados, por lo general, pero sí en lo que es público: nunca ha habido tantos registros y archivos —no ya auditivos, sino a menudo visuales— de lo dicho y de lo sucedido, de lo afirmado y negado, de lo defendido y atacado, de las promesas y de los «nunca» anunciados. Nunca las matemáticas han sido más irrefutables, nunca ha habido semejante acopio de datos, cómputos, cifras y porcentajes. En suma, nunca las cosas han sido más demostrables que ahora y a los embusteros les ha resultado más difícil sostener sus mentiras y falsedades.

Por eso es tan curioso y llamativo que, al mismo tiempo, vivamos la época de mayor y más estupefaciente negación de la realidad. Es como si casi todo el mundo hubiera abrazado el comportamiento que se recomendaba a los adúlteros pillados *in fraganti*: «Da lo mismo que tu mujer te encuentre en el dormitorio en plena faena con una amante; a ésta le dices que se vista y se vaya a toda velocidad, y, una vez que haya desaparecido de la escena, podrás siempre negar que jamás haya estado ahí;

podrás argüir que todo ha sido una alucinación de tu mujer». Como saben los más osados, es algo que, inverosímilmente, en ocasiones ha funcionado, por lo menos en novelas y películas. ¿Qué se puede hacer ante eso, cuando la tendencia actual es que nadie reconozca nada y las evidencias se nieguen con desparpajo? Lo hemos visto tras las elecciones catalanas, que sus organizadores presentaron como «plebiscitarias» sobre la independencia de su país. Fue patente que, si bien en escaños (método injusto y dudoso donde los haya), los partidos secesionistas ganaban por mayoría absoluta, en votos perdían con un 47 % aproximado contra un 52 % aproximado. Sin embargo los señores Mas, Junqueras, Romeva, Forcadell y luego Baños proclamaron su victoria, y se han hartado de repetir la siguiente falacia: «Hemos recibido un mandato claro y democrático» para la «desconexión» de España. Si algo no era ese mandato es «claro». Si algo no era ese mandato es «democrático». En concreto, el cazurro señor Baños, que había anunciado que si no había una sólida mayoría *en votos* no se podría iniciar la separación, demostró ser un mentiroso del calibre de Rajoy nada más verse como árbitro de la situación y con injustificado y desmesurado poder: han sido él y sus correligionarios de la CUP quienes han metido al resto de parlamentarios toda la prisa del mundo para hacer efectiva una declaración de independencia ilegítima y antidemocrática. Para una cuestión tan trascendente y grave como la escisión de un territorio que lleva quinientos años unido al resto de España, se han falseado las matemáticas, se las ha negado. Es como si la Liga la ganara el Barcelona con 90 puntos, el Madrid tuviera 88, y este segundo club proclamara que es «claro» que el vencedor ha sido él, pues ha decidido, por ejemplo, contar los tiros a los palos como goles y *de ese modo* ha ganado más partidos y más puntos. Es obvio que nadie haría caso al Madrid.

Cataluña, en cambio, está siendo secuestrada por un grupo de dirigentes cínicos, dispuestos a saltarse todas las reglas y a imponer su voluntad al conjunto de sus ciudadanos. Lo que es una actitud autoritaria y tramposa, si es que no totalitaria, tienen además la cara dura de presentarla como «impecablemente democrática». Pero no son sólo ellos, en modo alguno: se ha visto a una Esperanza Aguirre fuera de sí gritar y repetir: «No estuvimos, no estuvimos, no estuvimos»... en la Guerra de Irak. Después de la jactanciosa foto de Aznar en las Azores, de la bochornosa ovación de los diputados del PP en el Congreso cuando aprobaron participar en esa guerra, de que hubiera allí soldados españoles y españoles muertos allí. Convergència actúa como si Pujol y su familia fueran meros «conocimientos del taller», y no tuviera nada que ver con el *caso Palau* ni con el 3 %. El PP, como si Bárcenas, y los de la *trama Gürtel*, y los de la *Púnica*, y los incontables políticos corruptos de las Comunidades de Valencia y Madrid, y Fabra de Castellón, y Matas de Mallorca, y tantos otros, fueran «infiltrados» que se hubieran nombrado o contratado a sí mismos sin que nadie interviniera. Hasta el motorista Valentino Rossi niega que diera una patadita en plena carrera a un rival y lo derribara con riesgo para su vida. Lo niega mientras las televisiones pasan una y otra vez imágenes del episodio, de lo más elocuentes. ¿Se puede hacer algo en un mundo en el que contamos con grabaciones, con sonido e imágenes, con máquinas calculadoras más fiables que nunca, y todo ello se refuta con desfachatez? ¿Estamos adormilados, hipnotizados o simplemente idiotizados para creer más a los distorsionadores que a nuestros ojos y oídos, y aun que a la aritmética? Si es así, rindámonos.

15-XI-15

En favor del pasado

He comentado otras veces cómo no es infrecuente, desde hace años, encontrar en traducciones españolas del inglés nombres propios que pasan invariados a nuestra lengua. Si se mantienen, tal cual, «Noah», «Sodom», «Calvin», «Aesop», «Cicero» o «Nero», no es ya que los traductores ignoren que la versión española tradicional y consagrada de estas figuras y lugar sea «Noé», «Sodoma», «Calvino», «Esopo», «Cicerón» y «Nerón», sino que tampoco tienen idea de quiénes fueron estos individuos ni de qué ocurrió en la antigua ciudad siempre asociada a Gomorra (la cual, probablemente, creen que es una organización mafiosa napolitana actual). Aún más frívolamente: hace poco, durante una sesión de firmas en Alemania, al decirme una joven su nombre, Romy, y preguntarle yo si «como Romy Schneider», se quedó estupefacta: «Qué raro», exclamó, «aquí ya nadie sabe quién es». Romy Schneider murió en 1982, cierto, pero fue una de las más famosas actrices europeas (por sus películas de *Sissi* y por otras muchas de su excelente madurez), sobre todo en el ámbito germánico. Que ya nadie sepa quién fue da que pensar.

Me temo que estas leves anécdotas revelan algo muy grave y que obedece a un propósito: la abolición del pasado, por decirlo con brevedad y exageración. Da la impresión de que éste —su pervivencia— moleste a los contemporáneos como nunca había sucedido antes. En las artes, por ejemplo, el pasado parece ser un engorro y un fastidio, porque a menudo subraya la inanidad, la simpleza, incluso la falta de originalidad de mucho de lo que se hace hoy, sea en literatura, cine, pintura, arquitectura o música. Numerosos creadores actuales quisieran ver desaparecer a Proust y a Shakespeare, a Flaubert y a Eliot, a John Ford y a Hitchcock, porque la lectura o la visión de sus obras no hace sino disminuir las de ellos, que no suelen soportar la comparación. No me cabe duda de que esa es una de las razones por las que, cada vez que se adapta a los clásicos, se los adultera y «moderniza» con absoluta desfachatez, y se traslada su acción a nuestro presente o —ya un lugar común— a tiempos vagamente nazis. Lo que en el fondo se intenta es hacerlos peores de lo que son, trivializarlos y abaratarlos, «acercarlos» a nuestras pobres capacidades, asimilarlos a nuestra —comparativamente— mediocre producción dominante.

Pero la cosa va más lejos. El pasado, incluso el reciente, se trata con una mezcla de desdén, hostilidad y utilitarismo ocasional, hasta por parte de quienes tienen por tarea ocuparse de él. Hoy hay demasiados «historiadores» indignos del nombre, que no dudan en tergiversar los hechos para adecuarlos a su conveniencia o a la de los políticos que les pagan: hemos visto casos conspicuos aquí y ahora, en la confección de una «historia catalana», por ejemplo, según la cual ese pueblo estuvo siempre sojuzgado y no dio un solo franquista, cuando buena parte de su burguesía abrazó la dictadura y prosperó bajo su manto durante decenios. Y hace ya tiempo que la Historia, la Literatura, ahora la Filosofía, se van considerando prescindibles en la educación de los jóvenes, y su enseñanza se adelgaza o se borra. Parece que el objetivo sea que las nuevas generaciones sólo tengan información (más que conocimientos) sobre su presente y su mundo; que desconozcan lo que ha llevado a cabo, pensado y escrito la humanidad con anterioridad, lo que ha descubierto e inventado. «Conocer todo eso es inútil», se afirma; «no ayuda a encontrar trabajo, no sirve para ganarse la vida ni aporta nada práctico a la sociedad. Lo pasado es inerte, una rémora, un lastre. Acabemos pues con ello y dejemos de perder el tiempo».

¿De veras se cree así? No sé, para mí el pasado siempre ha sido tranquilizador. Entre otras cosas, porque ya es pasado y no nos puede causar zozobra, o sólo al modo de las ficciones; porque, pese a las dificultades y catástrofes, no nos ha impedido llegar hasta aquí, lo cual nos ayuda a pensar que de todo se sale y que casi todo se supera, antes o después. Con incontables bajas y estropicios, desde luego, pero también con supervivientes que permiten la continuidad. En aquello a lo que dedico mis horas, saber que antes de mí estuvo una pléyade de autores mejores, que perfeccionaron las lenguas, que se afanaron por contar lo mismo que se ha contado siempre, pero de maneras innovadoras y adecuadas a sus respectivas épocas, me sirve para tener un asidero y cierta justificación, para ver cierto sentido a lo que hago; para pensar, vana y optimistamente, que alguien puede entender mejor el funcionamiento del mundo y la condición humana, complejos y contradictorios, como los he entendido yo en Cervantes y Montaigne, en Conrad y Rilke, en Darwin y Freud, en Nietzsche y en Runciman y en Tácito y Tucídides y Platón. Imaginar que mis educadores me hubieran privado de ello, que me hubieran transmitido la idea de que «eso no importa ni nos va a valer de nada en nuestras vidas», me crea una sensación de desamparo y angustia y radical empobrecimiento, de falta de suelo bajo mis pies, que a nadie le desearía. Y aún menos a los niños y jóvenes, cuyos pasos son siempre frágiles y titubeantes. Y sin embargo es a eso, a ese brutal desamparo, a lo que los están condenando los crueles zopencos que hoy diseñan y dictan nuestra educación.

22-XI-15

Laberintos y trampas y arcanos

La vida de hotel ya no es lo que era, con alguna excepción rara. Hablé de ello hace unos años, coincidiendo con una racha de viajes que había tenido. Antiguamente, si uno iba a un hotel bueno, esperaba estar mejor que en su casa y gozar de ventajas y comodidades de las que normalmente carecemos. Pero ya casi nunca es así. Para los fumadores se han convertido en lugares peligrosos y restrictivos. La mayoría, en muchos países, han decidido ser espacios «libres de humo», y ni siquiera ofrecen unos pocos cuartos —los peores— para que una considerable parte de la población mundial consuma su tabaco sin trabas. (Nadie impide que se pinche uno heroína o que viole a un niño, pero sí que se eche un pitillo.) En una reciente estancia en Colonia, se me dijo que en el hotel asignado podría fumar «en el balcón». Menos mal que, como suelo, contesté que ni hablar y pedí que me trasladaran a otro, porque cuando llegué a la ciudad hacía un frío invernal y diluviaba, y en el balcón permisivo habría pillado una pulmonía. En el segundo establecimiento pude fumar, pero me encontré —como también empieza a ser costumbre— con que no había bañera, sino tan sólo una extraña ducha, compuesta de una baldosa a ras de suelo y limitada por unas rendijas por las que supuse que se iría el agua según fuera cayendo. Es decir, ni siquiera cabía la posibilidad de «llenar» un poco aquello y darme un simulacro de baño, lo único que me hace revivir por las mañanas. Busqué en todo caso los grifos, pero no había, ni ninguna palanca que pudiera hacer sus funciones. Largo rato, como un imbécil, miré aquella «alcachofa» colgada que no había manera de poner en marcha. Hasta que por fin, muy oculto y enigmático, vi un panel metálico con unas chapas también metálicas y unos dibujitos incomprensibles. Tal vez el uso generalizado de «emoticonos» ha convencido a los hoteleros de que nadie necesita letras ni iniciales: antes, en los honrados grifos, solía haber una *C* para caliente y una *F* para frío, o lo que tocara en cada lengua; claro que cada vez es más infrecuente la existencia de *dos* grifos. Bien, apreté un botón y salió agua hirviente. Apreté otro y salió helada. Apreté un tercero y no era templada. Había dos o tres más, pero preferí no averiguar, porque tal vez la baldosa se habría hundido bajo mis pies, quién sabe, como si fuera una trampilla. Ducha escocesa, a eso me obligó la brutal alternancia, aunque estuviera en Alemania.

Fechas antes, en Berlín, también el baño me jugó malas pasadas. Había un pitorro (llamémoslo así) que parecía poder regular la modalidad de ducha o de baño, pero no funcionaba, y estaba fijo en la primera. Llamé a intendencia por si era torpeza mía (nunca descartable), pero cuando vino el técnico comprobó con perplejidad que tampoco él sabía activar aquel pitorro. Acumular un poco de agua con la «alcachofa», descolgada para no empapar, no es tarea fácil, pero no me quedó sino recurrir a ello. Una semana después estaba en Turín, y en Italia no han sucumbido enteramente a las «modernidades» incómodas o arcanas, todo parecía comprensible y en su sitio. Pero allí, como en España, hay otra plaga: cuando aún aturdido me dispuse a llenar la bañera, descubrí que no había tapón. Busqué por doquier, no fuera a salir como un resorte al apretar un azulejo, algo «contemporáneo» o «egipcio», pero nada. Llamé pues a intendencia y el mecánico apareció con un cajón lleno de tapones de diferentes tamaños, en la esperanza de que alguno encajara. Pero el desaparecido era metálico y con pitorro (ya ven qué palabra más socorrida), y los que él traía eran de goma. Unos demasiado grandes y otros pequeños, y sólo uno valía a medias. «Va a perder agua», dictaminó, «pero mejor perder algo que perderla toda. Luego, con más tiempo, buscaré uno adecuado». Y al mostrar yo mi extrañeza por la desaparición de *esa* pieza, el hombre añadió: «La gente lo roba todo». «¿Un tapón metálico con pitorro?», dije yo. «Es casi imposible que encaje en ninguna casa.» «Da lo mismo», respondió. «No es tanto la utilidad como el gusto de hurtar algo. Hasta roban el papel higiénico, y las perchas, no digamos los calzadores y las bolsas de lona para la ropa sucia; albornoces y toallas no queda ni uno.» La verdad es que era un hotel agradabilísimo y nada barato, y eso me hizo acordarme de lo que me contaba una amiga que trabajó varios años en el Ritz de Madrid, donde los huéspedes se gastaban fortunas pero luego arramblaban hasta con las bombillas y las alfombras. Uno se pregunta por qué roba gente a la que los billetes le salen por las orejas, y sólo llega a la vieja conclusión archisabida de que algunos muy ricos lo son por eso: porque rapiñan todo lo que pueden a la vez que hacen sus gastos. Y el que venga detrás, que arree. (¿Por qué Rato necesitaba más dinero del que ya tenía, según parece? ¿Por qué meterse en problemas? Y quien dice Rato dice Pujol u otros mil nombres.) En suma, cuando hoy va uno a un hotel, no importa lo bueno que sea, ya no sabe qué carencias y expolios y jeroglíficos lo esperan, a diferencia de lo que sucedía en el pasado. Entre los diseñadores «originales» y los ladrones masivos o globales, los han convertido en laberintos y trampas abominables. Conviene llevar de todo en la maleta, hasta un surtido de tapones variados.

29-XI-15

Regreso a Brigadoon

Llevado por la actualidad, la otra noche me pareció oportuno volver a ver *Brigadoon*. Como hoy las generaciones jóvenes sienten poca curiosidad por lo que no es estrictamente coetáneo de ellas, y lo último que hacen es asomarse a películas clásicas (quizá con la excepción de *Psicosis* y alguna otra), no estará de más que explique qué es *Brigadoon*. Es un musical de Vincente Minnelli de 1954, año en el que transcurre la acción. Dos improbables cazadores neoyorquinos (Gene Kelly y Van Johnson) se pierden por los montes y bosques de Escocia. De pronto ven surgir entre las brumas un pueblo que no figura en los mapas, y hacia él se dirigen. Es un sitio extraño, en el que la gente viste anticuadamente (bueno, más bien como escoceses de opereta, que es lo que la película es). Son recibidos con sorpresa pero no mal, y entre las jóvenes del lugar está Fiona (la elegante bailarina Cyd Charisse). La población es idílica, apacible y feliz. Todo el mundo se lleva bien, no hay conflictos, la plaza del mercado es simpática y animada y los habitantes tienen fuerte propensión a cantar y bailar (danzas escocesas estilizadas, claro está). Las mujeres llevan favorecedores vestidos pseudo-campesinos y los hombres *kilts*, pantalones estrechos a cuadros e indefectibles plumas en sus gorros. Todo es armónico, pero los cazadores descubren una Biblia familiar según la cual están en 1754, dos siglos atrás. Escamados, preguntan. El único autorizado a contarles la verdad es Mr Lundie, una especie de beatífico prócer del lugar.

Mr Lundie vive apartado, como es de rigor, y mientras narra su «increíble historia» suenan de fondo unos cánticos cuasi celestiales. En 1754, relata, un gran peligro se cernió sobre Brigadoon, y el párroco imploró a Dios que obrara el milagro de hacer desaparecer el pueblo de la vista de todos para que las amenazantes «brujas» pasaran de largo y no lo pudieran invadir. Dios (o no sé si uno de sus múltiples intercesores) aceptó, y dictaminó que, para que no se evaporara del todo y para siempre, Brigadoon podría emerger y hacerse visible un día cada cien años. Eso sí, la condición para preservarlo sería que ninguno de sus habitantes lo abandonara nunca. Así, si alguien cruzaba el puente, por ejemplo, se desvanecería definitivamente sin dejar rastro. Según el relato, para los brigadoonenses sólo han transcurrido dos días desde el milagro (ellos se acuestan y levantan con normalidad), pero para el resto del globo han pasado doscientos. Eso no casa bien con el hartazgo que manifiesta algún lugareño, para el que en efecto parece que llevaran dos siglos en ese plan. Pero la mayoría está feliz: invisibles, indetectables, aislados de todo lo exterior, sin aparecer en los mapas, una sociedad encerrada en sí misma, armoniosa, amable, bondadosa y autosuficiente, conservada en almíbar, inmune al espacio y al tiempo del mundo que sigue su atormentado curso.

No es el único lugar de estas o parecidas características en la ficción, sobre todo en la cinematográfica. Están el valle de *Siete novias para siete hermanos* de Donen, la mítica Shangri-La de *Horizontes perdidos* de Capra, donde nadie envejecía aunque hubiera cumplido trescientos años (eso sí, de nuevo, si no salía de la ciudad), o la Comarca de Tolkien. No muy distinto, aunque menos pacífico, era Kafiristán, donde el sargento Daniel Dravot fue convertido en rey en el cuento de Kipling (y en la película de Huston basada en él) *El hombre que pudo reinar*. Son estupendas y encantadoras historias, y todos hacemos bien en disfrutarlas y en añorar mundos así... mientras duran la lectura o la proyección. Y aunque los jóvenes no las conozcan directamente, estas ensoñaciones se transmiten —se transmite su idea— de generación en generación. En todas partes hay gente lista y tonta, buena y mala, razonable e irracional, escéptica e ingenua, pero hace unos años habría apostado a que en Cataluña había menos tontos y pueriles y cerriles que en muchos otros sitios. No ha sido la catalana la sociedad más elemental, ni la menos formada, ni la menos próspera, ni la más inculta, ni la menos viajada, ni la más oprimida (en contra de lo que opina a través de su impenetrable flequillo la diputada de la CUP Anna Gabriel, según la cual «bajo la opresión española vivimos una vida que no vale la pena ser vivida»; habría que preguntar cuál es su idea de la opresión a quienes sufren la tiranía del Daesh, por ejemplo). Por eso es tanto más sorprendente que una parte considerable haya creído en la fábula de *Brigadoon*: una Cataluña independiente y enajenada (lo estaría del mundo, no sólo de España) sería un paraíso de riqueza y bienestar, de sentimientos puros y solidarios, de personas en armonía dedicadas al baile y a los *castellers*, sin corrupción ni delitos, con justicia social y protección de los débiles, entregada al estudio y a las artes, y en perpetua comunión de intereses. ¿Cómo puede haberse persuadido al 47 % de una sociedad evolucionada del siglo xxi de creer en los cuentos de hadas? Y además se olvida que, *en la realidad*, esos ideales y fantasías benéficos de pueblos aislados e impermeables al exterior suelen adoptar la forma de pesadillas infernales, como la Albania de hace treinta años o algunos países asiáticos que, dicho sea de paso, también gustan mucho de las coreografías a la Forcadell. No a la Minnelli, ay, ni a la Gene Kelly con Cyd Charisse.

6-XII-15

Casi cualquier prueba

Escribo esto cuando aún faltan varias semanas para las elecciones generales, pero ustedes lo leerán cuando ya sólo nos separe una del 20 de diciembre. Esa fecha ya delata la desesperación y la trapacería del Gobierno de Rajoy: cuando la gente está pensando más en la Navidad que en ninguna otra cosa, y algunos han iniciado viajes familiares o de vacaciones; cuando los que la cobren habrán percibido su paga extra y muchos estarán soñando con el *gordo*. Ignoro lo que habrá ocurrido en estas semanas que faltan, pero hoy no parece que estemos cerca de ocasión tan trascendental y señalada. Entre los atentados de París y la jaula de grillos catalana, la atención está desviada. Si uno lee los periódicos o ve los telediarios, las noticias relativas a esta votación no aparecen hasta la mitad, si no más tarde, y son bien escuetas. De momento no da la impresión de que nos estemos jugando lo que nos estamos jugando: nada menos que nuestra vida durante los próximos cuatro años, quién sabe si durante ocho. Todas estas amenazas (la descerebrada brutalidad yihadista, la tediosa y peligrosa tontuna catalana) me temo que puedan beneficiar al PP, más que perjudicarlo. En épocas de fragilidad las personas tienden a quedarse quietas, a no cambiar de gobernantes, a no hacer probaturas. Si esto no sucedió en 2004, justo después de la mayor matanza terrorista de nuestro país y europea, fue por la aparatosa torpeza del gabinete de Aznar y por sus inauditas mentiras sobre una tragedia de la que quiso sacar provecho. Si hubiera contado la verdad desde el primer instante, tengo para mí que Zapatero jamás habría sido Presidente.

La mentira compulsiva es lo que pierde a ese partido, el PP, aunque no tantas veces como sería esperable. ¿Qué valor tiene hoy la palabra de Rajoy, tras haber incumplido todas sus promesas de 2011? El país fue rescatado a través de sus bancos, a los que no se puso ninguna condición ni control, y así éstos se permitieron denegar créditos vitales a la ciudadanía que los había salvado. La crisis económica sigue tan dañina como hace cuatro años. Si hay seis o siete parados menos no es porque se hayan creado numerosos empleos, sino porque muchos de aquéllos han emigrado o se han dado de baja en el INEM, han arrojado la toalla, y ya no computan como desempleados en busca de trabajo. El salario medio (unos 18.000 euros anuales) permanece a niveles de 2007, e incontables comercios y empresas han cerrado. Ha habido un incremento de los impuestos como jamás se había visto, lo cual no es por fuerza malo, pero Rajoy juró que lo último que haría sería subirlos. Los casos de corrupción en sus filas (también en las de otras formaciones, pero sin comparación posible) no han hecho sino crecer, hasta el punto de preguntarse si no es el entero organismo el que está putrefacto (el organismo *pepero*). La sanidad, la educación, la justicia, todo ha ido a peor o se nos ha obligado a pagar más por menos. La cultura ha sido perseguida, con total desdén no ya por sus creadores, sino por los millares de trabajadores de un sector beneficioso en todos los sentidos. Hacienda ha cambiado las reglas y las ha hecho retroactivas, algo insólito y de feroz injusticia, y además ha utilizado su información confidencial para amedrentar a individuos y colectivos críticos con el Gobierno. Se ha impuesto una Ley de Seguridad que ha privado de derechos a los españoles, la llamada «Ley Mordaza», que sólo proporciona seguridad y blinda contra las protestas a las autoridades y a las fuerzas a sus órdenes. Ha habido una «reforma laboral» que sobre todo ha consistido en facilitar el despido libre y dejar aún más a la intemperie a quienes pierden sus empleos.

Se ha dejado infectar la herida catalana. Y en todo lo demás se ha titubeado, y se ha optado luego por la inoperancia: no sabemos qué postura tiene este Gobierno acerca de los refugiados ni qué propone para combatir —ni siquiera para contrarrestar— al Daesh o Estado Islámico. TVE se ha convertido en un bochorno sectario plagado de ineptos (¿a quién se le ocurre colocar al frente de los informativos del fin de semana a un incompetente, ignorante y rancio llamado Carreño?). Y la desigualdad siempre en aumento.

Han sido cuatro años de desastre absoluto en todos los frentes. Quienes pueden sustituir a este Gobierno no son muy de fiar, cierto, o resultan una incógnita. El PSOE no es seguro que haya abandonado la idiotez generalizada que lo dominó durante la época de Zapatero, y también lleva sus corrupciones a cuestas. Esa idiotez, pero agravada, la ha heredado IU (o como hoy se llame) bajo el liderazgo de Alberto Garzón; y en cuanto a Podemos, una necedad similar compite con resabios de autoritarismo temible. Los de Ciudadanos parecen algo más listos y mejor organizados, pero tan neoliberales en lo económico que podrían acabar apoyando un nuevo Gobierno del PP (deberían aclararlo, y así ganarían o perderían muchos votos). De la antigua Convergència no hablemos, convertida en ruina por sus propios jefes, y aún menos de ERC, un partido congénitamente taimado. Pues bien, yo no sé ustedes, pero para mí, con todo y con eso, casi cualquier prueba, casi cualquier riesgo, me parecen preferibles a continuar en la ciénaga de los últimos cuatro años. No se puede chapotear en ella indefinidamente.

13-XII-15

Pésimos madridistas

Solía escribir un artículo futbolístico cada seis meses o así (más no, para no abusar), pero creo haber dejado pasar varios años desde el último. No estoy seguro, pero incluso puede que no haya reincidido desde febrero de 2012, con un título que era exagerado y que luego se ha convertido en exacto: «De cómo M y F me han quitado del fútbol». No está de más recordar —han pasado casi cuatro años— que M era Mourinho y F Florentino Pérez. Sobre el primero aún me acaban de preguntar en una entrevista portuguesa: «Creo que no le gustó el paso de Mourinho por el Madrid. ¿Qué opina de lo que le está sucediendo ahora en el Chelsea?». Contesté más o menos: «Naturalmente no tengo pruebas, pero me da la impresión de que los jugadores del equipo londinense, que la temporada pasada ganaron la Premier League, están perdiendo a propósito para zafarse de su entrenador. Ningún futbolista puede soportar mucho tiempo a un jefe que se apropia de las victorias y en cambio culpa de las derrotas a sus jugadores, a los árbitros, a la prensa, al calendario, a la afición o al influjo de la luna».

No sería tan extraño. Estoy convencido de que eso se ha dado en numerosas ocasiones. La única manera que tiene una plantilla para deshacerse de quien le amarga la vida o la aburre hasta la náusea es perder y perder y perder. Sabido es que los presidentes de los clubs, antes de que las protestas se vuelvan contra ellos, sacrifican al entrenador, no pueden echar de golpe a veintitantos jugadores, sobre todo a mitad de campeonato. Y no otra cosa explica el viejo dicho «A nuevo míster, victoria segura». A ese nuevo míster a menudo no le ha dado tiempo ni de decidir una alineación, luego lo más lógico es pensar que los futbolistas, una vez librados de su torturador, procuran de nuevo esmerarse y ganar. A nadie le cabría duda (a nadie menos a F) de que lo más beneficioso para un equipo es que los pueriles jugadores (la mayoría lo son) estén contentos con quien los dirige en el campo; es más, se afanen por complacerlo y recibir su felicitación. Esto, como nadie ignora, es muy difícil en el Real Madrid: casi todos sus integrantes son millonarios, muchos son caprichosos y están envanecidos, bastantes creen que no tienen nada que aprender ni mejorar, unos cuantos miran siempre por encima del hombro al desgraciado que la directiva les pone al frente. O bien lo detestan con motivo, como fue el caso de Mourinho. Ancelotti, que vino justo después, obró un milagro: pacificó los encrespados ánimos del vestuario, hizo equilibrios para no despertar la cólera de F, intentó ser justo con sus pupilos y educado con los periodistas, resultó simpático y con sentido del humor. Los jugadores lo adoraban y deseaban su continuidad. Resultado: consiguieron la décima Copa de Europa en 2013, título que al club se le resistía desde 2002. Me costó, pero empezaba a congraciarme un poco con mi equipo de toda la vida. De nuevo quería que ganara, porque, al igual que los actuales jugadores del Chelsea según mi sospecha, recuerdo haber preferido que una Final de Copa se la llevara el Atleti (como así fue) antes que ver a Mourinho chulearse de haber logrado *él* un trofeo. Nunca llegué a cuestionarme si me había convertido en un «mal madridista»: tenía claro que no, que los pésimos madridistas eran F y M, dos traidores a Di Stéfano, a Puskas, a Gento, a Velázquez, a Raúl, a Zidane, a Casillas y al espíritu tradicional.

Mourinho por fin se fue, pero Florentino sigue y seguirá: promovió unos cambios en los estatutos legales que, por injustos y abusivos que parezcan, acaban de ser ratificados por una avispada fiscal: sólo puede optar a la presidencia quien tenga veinte o más años de antigüedad como socio y aporte como aval personal el 15 % del presupuesto, unos 86 millones de euros. ¿Y a quién le sobra ese dinero, aparte de a F? Salvando las distancias (el Madrid es una entidad privada), es como si sólo pudieran aspirar a La Moncloa registradores de la propiedad muy desabridos y que pronuncien la *s* como si fuera el sonido inglés *sh*, por ejemplo en «*shit*». F expulsó a Ancelotti. Como recordaba hace poco Óscar Sanz, al preguntársele por qué, balbuceó inconexo: «Pues mire usted, realmente no lo sé». Si no lo sabía él, ¿por qué diablos se empeña en presidir?

No se le ocurrió otra genialidad (a él o a su consejero Sánchez, una especie de Yago destructor) que sustituir al obrador del milagro por Benítez, entrenador espeso, soporífero y tosco. «No creo que dure la temporada entera», le dije a mi amigo Alexis, escocés del Liverpool que le está agradecido por la vieja proeza de remontarle un 0-3 al Milán en una Final de Copa de Europa, tras lo cual sólo ha vulgarizado y amazacotado a los muchos equipos por los que ha pasado sin gloria. Los jugadores del Madrid se aburren con él, como era de prever, y no le quieren agradar. Ante el Barça (0-4) jugaron tan ridículamente que uno se malicia si no les pareció el día adecuado para hacer saltar por los aires a su entrenador. Quizá debieron dejarse meter dos o tres goles más, y a fe mía que el Barça los mereció. Acaso fue el Barça el que no quiso meterlos, justamente para que Benítez y Florentino no peligraran en exceso y permanecieran convenientemente en sus puestos (convenientemente para el Barça, claro está). Ese partido lo vi casi con indiferencia. Si M y F me quitaron del fútbol, desde luego F y B no me van a hacer volver.

20-XII-15

Soldados sin riesgo

Desde las matanzas de noviembre en París, en España ha habido una abundante ración de reacciones y declaraciones pintorescas por parte de políticos, tertulianos ramplones (si es que esto no es una redundancia) y particulares que envían sus mensajes a la prensa o a las redes sociales. Lo raro es que aquí alguien guarde silencio, por falta de opinión formada, por perplejidad, por prudencia, por dudas, por no tener nada que aportar. Lo habitual es que a todo el mundo se le llene la boca en seguida y, con gran contundencia, empiece así: «Lo que hay que hacer es...», o bien: «Lo que en ningún caso hay que hacer es...». La ufanía con que los españoles dictaminan es aún más llamativa si uno escucha a los dirigentes extranjeros mejor informados o lee a los analistas (también casi siempre extranjeros) que parecen tener alguna idea fundamentada sobre el problema: no se ponen de acuerdo, no ven con claridad qué es conveniente y qué contraproducente, un día recomiendan una alianza y al siguiente se retractan, o proponen una estrategia que dos semanas después han desechado. Me imagino que los jefes del Daesh o Estado Islámico se deben de estar frotando las manos al contemplar el desconcierto.

No seré yo, por tanto, quien lance otra opinión. No tengo ni idea de qué es lo más adecuado para combatir y derrotar a esa organización terrorista que, a diferencia de las anteriormente conocidas, ha ocupado territorios, gobierna en ellos con puño de hierro, somete a millares de personas que no han podido huir de sus garras y les cobra impuestos, posee instalaciones petroleras con las que comercia, un ejército en regla y un aparato propagandístico que ya quisieran para sí muchas multinacionales y que sería la envidia de Goebbels si éste levantara cabeza para admirarlo. Si los nazis lograron lo que lograron en los años treinta, cuando no había ni televisión, da escalofríos pensar lo que pueden conseguir hoy las campañas de captación y persuasión eficaces y bien organizadas. Y si éstas, hace ochenta años, convirtieron en asesinos o en cómplices de asesinato a la gran mayoría de los pueblos alemán y austriaco, y a buenas porciones del húngaro, el croata, el italiano, el español, el polaco y demás, no cabe descartar que el Daesh siga reclutando militantes y simpatizantes: hay que aceptar que las atrocidades atraen y tientan a numerosos individuos y que así ha sido siempre, al menos durante los periodos de fanatismo, enloquecimiento e irracionalidad colectivos, muy difíciles de frenar. Las intenciones del Daesh están anunciadas desde el principio y son meridianas: si por sus miembros fuera, llevarían a cabo el mayor genocidio de la historia, y acabarían no sólo con los «cruzados» (es decir, todos los occidentales), sino con los judíos, los yazidíes, los kurdos, los chiíes, los ateos, los laicos, los variados cristianos, los demócratas, los que fuman, oyen música, juegan al fútbol... En fin, sobre la tierra sólo quedarían ellos, con los pocos que sobrevivieran a su carnicería como esclavos, las mujeres no digamos. Punto. Así que ignoro qué hay que hacer, y aún más cómo. Pero de lo que no me cabe duda es de que han de ser combatidos y derrotados, antes o después.

Entre las declaraciones pintorescas de nuestros compatriotas algunas destacan por su cretinismo, antigua enfermedad que misteriosamente, y desde hace ya lustros, se ha hecho epidémica entre la falsa izquierda que nos rodea. Hay quienes exigen a los occidentales que no entren en guerra, lo cual resulta imposible de cumplir cuando alguien nos la ha declarado y empezado ya. Otros proponen «diálogo y empatía» con los terroristas, como si éstos estuvieran dispuestos no ya a hablar de nada, sino ni tan siquiera a escuchar, o pudieran aceptar pactos de ningún tipo. El genocida declarado, se debería saber a estas alturas, sólo admite aniquilar. Finalmente Pablo Iglesias, ante la posibilidad de que España enviara más tropas a Malí para ayudar allí a Francia, lo ha desaconsejado con la siguiente y preclara advertencia: «Ojo, que nuestros soldados podrían volver en cajas de madera». ¿Ah sí? Es como si el susodicho recomendara no llevar a los bomberos a sofocar un incendio porque pueden volver quemados; ni a los policías a impedir un atraco o un secuestro porque pueden ser tiroteados; ni a los pilotos a volar en helicópteros y aviones porque se pueden estrellar. Nadie desea que les ocurra nada a soldados, bomberos, policías y pilotos (y además merecerían mejor remuneración), pero la única manera de asegurarse de ello es que no existan, que no los haya. Lo que carece de sentido es tener un Ejército para que nunca intervenga ni corra riesgos, como disponer de una policía y unos bomberos que permanezcan acuartelados en las emergencias. En España ha llegado a creerse que las tropas están para labores humanitarias y nada más. Si así fuera, nada impediría que el Daesh desembarcara en la península como si estuviéramos en el siglo VIII. Me pregunto qué haría entonces Iglesias si fuera Presidente. Es probable que ordenara a los soldados no hacer frente a los invasores, no fuera a ser que regresaran de sus misiones en ataúdes. Claro que, en este caso, lo más seguro es que la población entera quedara decapitada y sin sepultura en los amenos campos de España. Porque desde antiguo es sabido que los sarracenos (nada peyorativo en este término: consúltese el diccionario) se han cuidado poco o nada de los cadáveres de sus enemigos infieles.

27-XII-15

El éxito de la antipatía

De vez en cuando ocurre. La mayoría de las personas con una dimensión pública, sobre todo políticos en campaña (pero no sólo), tratan de ser simpáticos y agradables por encima de todo. Sonríen forzadamente, procuran tener buenas palabras para todo el mundo, incluidos sus contrincantes y aquellos a quienes detestan; estrechan manos, acarician a los desheredados y a los niños, se prestan a hacer el imbécil en televisión y no osan rechazar un solo gorro o sombrero ridículos que les tienda alguien para vejarlos; intentan parecer «normales» y «buena gente», uno como los demás, y su idea de eso es jugar al futbolín, berrear en público con una guitarra, tomarse unas cervezas o bailotear. Supongo que están en lo cierto, y que a las masas les caen bien esos gestos, o si no no serían una constante desde hace décadas, en casi todos los países conocidos. Y no veríamos a la pobre Michelle Obama cada dos por tres canturreando un *rap*, haciendo flexiones o participando en una carrera de dueños de perros por los jardines de la Casa Blanca. Pero hay algo que no se compadece con estas manifestaciones de campechanía y «naturalidad», que las más de las veces resultan todo menos naturales. (De hecho la simpatía verdadera no se suele percibir más que en alguna ocasión extraordinaria; en casi todos los personajes públicos se ve impostada, mero fingimiento, artificial.) Y la contradicción es esta: un número gigantesco de los tuits y mensajes que se lanzan a diario en las redes son todo lo contrario de esto. Comentarios bordes o insolentes, críticas despiadadas a lo que se tercie, denuestos e insultos sin cuento, maldiciones, deseos de que se muera este o aquel, linchamientos verbales de cualquiera —famoso o no— que haya dicho o hecho algo susceptible de irritar a los vigilantes del ciberespacio o como se llame el peligroso limbo.

Eso indica que hay millones de individuos que no profesan la menor simpatía a la simpatía, ni a los buenos sentimientos, ni a la tolerancia ni a la comprensión. Millones con mala uva, iracundos, frustrados, resentidos, en perpetua guerra con el universo. Millones de indignados con causa o sin ella, de sujetos belicosos a los que todo parece abominable y fatal por sistema: lo mismo execrarán a una cantante que a un torero (a éstos sin cesar), a un futbolista que a un escritor, a una estudiante desconocida objeto de su furia que al Presidente de la nación, tanto da. Cierto que la inmensa mayoría de estos airados vocacionales sueltan sus venenos o burradas sin dar la cara, anónima o pseudónimamente, lo cual es de una gran comodidad. Su indudable existencia explica tal vez, sin embargo, el «incomprensible» éxito que de vez en cuando tiene la antipatía, cuando alguien se decide a encarnarla.

Puede que al final el fenómeno quede en anécdota, pero ya han transcurrido muchos meses desde que el multimillonario Donald Trump inició su carrera para ser elegido candidato republicano a la Presidencia de los Estados Unidos, precisamente el país más devoto de la simpatía pública, posiblemente el que la inventó y exigió. Si se mira a Trump con un mínimo de desapasionamiento, no hay por dónde cogerlo. Su aspecto es grotesco, con su pelo inverosímil y unos ojos que denotan todo menos inteligencia, ni siquiera capacidad de entender. Su sonrisa es inexistente, y si la ensaya le sale una mueca de mala leche caballar (ay, esos incisivos inferiores). Sus maneras son displicentes sin más motivo que el de su dinero, pues no resulta ni distinguido ni culto ni «aristocrático», sino hortera y tosco hasta asustar. En el pasado hizo el oso en un programa televisivo en el que su papel principal consistía en escupirles a los concursantes, con desprecio y malos modos: «¡Estás despedido!», para regocijo de la canalla que lo contemplaba. El resto ya lo saben: como precandidato, ha denigrado a los hispanos sin distinción; a los musulmanes les quiere prohibir la entrada en su país, hasta como turistas; se ha mofado de un veterano de Vietnam por haber caído prisionero del enemigo; ha llamado fea a una rival, ha ofendido a la policía británica y ha lanzado groserías a una entrevistadora en televisión, y no cabe duda de que seguirá. Lejos de desinflarse y perder popularidad, ésta le va en aumento. Las nominaciones no están tan lejos, y hoy nadie puede jurar que el candidato republicano no será Trump. Si así ocurriera, y aunque después fuera barrido por Hillary Clinton o quien sea, la advertencia y el síntoma son para tomárselos en serio. Hay épocas en las que se venera lo desagradable, lo antipático, lo faltón y lo farruco, la zafiedad y la brutalidad, el desdén, el desabrimiento, el trazo grueso y la arbitrariedad. En las que el razonamiento está mal visto, no digamos la complejidad, la sutileza y el matiz. Hemos tenido ya prueba de ello en los duraderos éxitos de Berlusconi y Chávez, y aun del imitamonas Maduro en menor grado. También en el de Putin, aunque éste sea más disimulado. La penúltima vez que alguien no disimuló en el mundo occidental, que se permitió no ser hipócrita y esparcir ponzoña y anatemas contra quienes quería exterminar, bueno, casi los exterminó. El exceso de empalago trae a veces estas reacciones ásperas, y entonces los furibundos —son millones y ahí están, no haciéndose ver pero sí oír, y a diario— aplauden con fervor y votan al que se atreve a prestarles su rostro y a representarlos. Al energúmeno que por fin da la estulta cara por ellos.

3-I-16

Mandato y arrepentimiento

Escribo esto cuando aún no ha transcurrido una semana desde las elecciones, por lo que no sé si cuando se lea el panorama se habrá aclarado; si los partidos habrán acordado algo para la gobernación o estaremos vislumbrando otra convocatoria a las urnas para dentro de unos meses. No obstante, en estos pocos días —bien pocos— he percibido un fenómeno no sorprendente pero sí inquietante: son numerosas las personas medio o totalmente arrepentidas del voto por el que se inclinaron. Si me parece esperable es por lo siguiente: según las encuestas, había un 40 % de indecisos en vísperas del 20 de diciembre, y mucha gente oscilaba cada semana de una opción a otra y volvía atrás. Nada tiene de particular que, después de haber elegido, el día que no quedaba más remedio, se siga vacilando, se siga cambiando de opinión y se lamente el circunstancial impulso que nos llevó a coger una papeleta. Yo mismo me cuento entre los semiarrepentidos, sin por ello saber tampoco qué haría si pudiera retroceder. (Abstenerme o votar en blanco me ha parecido siempre la peor solución: que decidan otros por uno.)

Pero aparte de ese factor natural y esperable (la indecisión permanece tras decidir), creo que se ha producido una enorme decepción general. Se suponía que estas elecciones iban a ser distintas; que, por primera vez en décadas, habría más de dos partidos con posibilidad de triunfo, o al menos en condiciones de influir en la gobernación; que habría «maneras» frescas y jamás vistas. Sin embargo, la reacción de todos los partidos ha sido la consabida, sólo que agravada, y en eso no se han distinguido los tradicionales de los recién estrenados. Lo clásico era que casi nadie admitiera haber perdido, ni siquiera haber hecho un mal papel; que todos buscaran el ángulo más favorable, que les permitiera consolarse y salvar la cara, por ficticiamente que fuera. En esta ocasión los partidos han ido más allá: la mayoría se han conducido como si hubieran sido los vencedores incontestables y sus respectivas cabezas de lista pudieran ponerse a exigir. La paternidad de esta actitud hay que reconocérsela a la CUP catalana, que así lleva comportándose desde las autonómicas de septiembre (claro que con el servil beneplácito de Mas y Junqueras, Romeva y Forcadell). Con diez diputados, actúan como si tuvieran la sartén por el mango (en parte porque los susodichos se lo han entregado con abyección). Toda postura antidemocrática y chantajista prospera y encuentra imitadores, y en eso ha destacado Podemos, cuyo ensoberbecido Pablo Iglesias se ha apresurado a imponer condiciones a los demás cuando todavía nadie le había pedido su colaboración. Pero también Sánchez del PSOE, y en menor medida Rivera de Ciudadanos, y no digamos el más votado Rajoy. Quizá ver esa actitud engreída e irrealista es lo que ya lleva a muchos votantes al arrepentimiento. ¿No hay nadie capaz de saber cuál es su verdadera dimensión? Quizá el origen esté asimismo en esas autonómicas «plebiscitarias» de hace escasos meses: si quienes han obtenido un 47 % proclaman con desfachatez su victoria, ¿por qué no proclamar lo mismo con un 20 %? Si cuela, cuela, y lo asombroso es que aquí cuelan y convencen las mayores inverosimilitudes, las mayores negaciones de la aritmética y de la realidad.

También los políticos catalanes han sido pioneros en el uso y abuso de una palabra que solía estar ausente de la política de nuestro país y que delata como peligroso y autoritario a quien se vale de ella, del mismo modo que la fórmula «compañeros y compañeras», «españoles y españolas», etc., delata sin excepción a un farsante. La palabra es «mandato». «Hemos recibido un mandato claro y democrático», se han hartado de repetir Mas, Junqueras y compañía... para referirse a ese 47 % que era todo menos claro y democrático. Pues bien, el detestable vocablo está ya en boca de todos, con notable predilección por parte de Iglesias y Sánchez. ¿Y quién emite ese «mandato»? El pueblo, claro está, que todo lo santifica. Precisamente en las elecciones democráticas no hay «mandatos» homogéneos, término dictador y temible donde los haya. La gente suele votar lo que le parece menos malo, nada más; con mediano o nulo entusiasmo, con el ánimo dividido y con fisuras, aprobando algunas medidas y desaprobando otras, dispuesta a vigilar a los gobernantes elegidos. La utilización de esa palabra es una burda forma de dotarse de manos libres y decir: «Lo que queremos hacer, el pueblo nos lo ha mandado; sólo somos el instrumento de una voluntad superior que, eso sí, nos toca a nosotros interpretar; luego haremos lo que nos venga en gana, porque en realidad nos limitamos a cumplir órdenes de la mayoría o de nuestra minoría particular (que es la que cuenta), tanto da». En el caso de la CUP y de Podemos la cosa va aún más lejos: son asambleístas o proponen hacer referéndums continuos (bien teledirigidos, claro ʃ está), para reafirmar y reclamar ese «mandato» cada dos por tres. Uno se pregunta para qué quieren entonces gobernar, ya que esto siempre ha consistido en tomar decisiones, a veces impopulares si hace falta, y en tener mayor visión que el común de los ciudadanos, a los que no se puede «consultar» sin cesar. No les quepa duda: la apelación al «mandato» no es sino el anuncio de que quien emplea el término va a mandar «sin complejos», como gustaba de decir Aznar por «sin escrúpulos», con imposición y arbitrariedad.

10-I-16

Que no sigan hablándonos

La cosa no es nueva en absoluto, pero nunca había adquirido las proporciones actuales en España, quizá el país que tiene más a gala la indiferencia por sus mejores hombres y mujeres, cuando no el desdén y la ingratitud hacia ellos. Pero el fenómeno va a más, y alcanza también a lo regulares y malos: en realidad alcanza a cuantos no están vivos, y éstos son legión y siempre más numerosos que los que aún pisan la tierra. Los que nos dedicamos a actividades públicas deberíamos notarlo, y, lejos de sentirnos halagados por vernos solicitados o porque se nos otorguen ocasionales premios, nos tocaría preocuparnos por el hecho de que nuestra presencia —física las más de las veces, en todo caso incesante— se haya convertido en requisito indispensable para la visibilidad de nuestras obras. Como si éstas no se bastaran, ni tuvieran carta de existencia, a menos que las arrope con su rostro, sus declaraciones triviales, sus sesiones de firmas y sus apariciones en insoportables «festivales» literarios el desgraciado autor convertido en vendedor puerta a puerta, o por lo menos en viajante de comercio. Si uno no da entrevistas acerca de lo que ha escrito (o de lo que ha rodado: los cineastas emplean un año entero en promocionar su nueva película hasta en el último rincón en que se estrene), si no se desplaza a cada país al que se le traduce, no ocupa páginas de prensa ni se habla de él en las redes sociales, es casi como si no hubiera hecho nada. Hay excepciones meritorias, como Elena Ferrante, pseudónimo de alguien italiano cuyos rostro e identidad se desconocen, pero que no por ello renuncia a expresarse por *email* en público. Aún tiene la suerte de estar viva o vivo.

Los muertos no pueden resumir y banalizar sus escritos, no están en disposición de defenderlos ni de «venderlos», y a fe mía que lo pagan caro en esta España a la que sólo interesa el presente. Dejemos la calidad de lado; centrémonos en la fama tan sólo. Pocos autores han vivido más dedicados a su autobombo y a la preparación de su posteridad que Cela; este año se volverá a hablar de él por cumplirse el centenario de su nacimiento, pero desde que murió, ¿cuán vigente está en la sociedad española, y cuánto es leído? Uno tiene la impresión de que poco, al no poder seguir dando espectáculo. Lo mismo sucede con Umbral, que cultivó su figura con enorme denuedo, o con Vázquez Montalbán, mucho más tímido y menos presumido, pero cuya presencia en los medios era continua, o con Terenci Moix, que además poseía el talento de un *showman* y caía en gracia. No soy quién para decir si las novelas de estos autores (popularísimos hace escasos años) merecen perdurar, pero lo que asombra es que los españoles parecen haber decidido: «El que no está vivo no nos concierne». Estremece esta despiadada capacidad para sentirse ajenos a cuanto *es pasado*. Para mí es propia de desalmados, de gente que va tachando con despreocupación (con breves lágrimas de cocodrilo al principio, después probablemente con alivio, si es que no con alegría) a quienes dejan de «ocupar un sitio», a quienes ya no pueden conseguir ni otorgar nada, a quienes ya carecen de poder e influencia. No en balde uno de nuestros dichos más característicos es «El muerto al hoyo...».

Lo grave y lo embrutecedor no es, sin embargo, lo que sucede con los muertos recientes, de los que se decía que atravesaban un purgatorio de olvido de unos diez años, y que hoy, me temo, se alarga indefinidamente. Si miramos a los muertos antiguos (y por seguir con los escritores, que son los más frecuentables), no creo que más de tres permanezcan «presentes» en nuestra imaginación colectiva: Lorca, pero tal vez en gran medida por su trágico asesinato y por la tabarra que sus devotos dan con el paradero de sus huesos; Cervantes, que quizá lo estaría menos de no haberse cumplido en estos años varios centenarios a él relativos y no haberse inventado una búsqueda de sus restos desmenuzados en la Iglesia de las Trinitarias; y Machado, que asoma a veces, me temo que en parte por su triste fin y el lugar extranjero en que reposa. Estudiosos aparte, ¿cree hoy algún español que debería leer a Lope de Vega, al magnífico Bernal Díaz del Castillo, a Quevedo más allá de un par de célebres sonetos, a Manrique, a Ausiàs March, a Garcilaso, a Aldana? ¿O a Baroja y Valle-Inclán y Clarín, a Aleixandre y Cernuda, a Blanco White y Jovellanos, ni siquiera a Galdós y Zorrilla, tan populares? Para qué, si hace mucho que no andan por aquí haciendo ni diciendo gracias. A mí me cuesta imaginar un Reino Unido que no mantuviera vivísimos a Shakespeare y Dickens, Austen y Stevenson y Lewis Carroll, Conan Doyle y Conrad. Una Francia que no conviviera permanentemente —y dialogara— con Montaigne y Flaubert y Baudelaire y Proust, con Balzac y Chateaubriand. Una Alemania en la que Hölderlin y Goethe, Rilke y Thomas Mann, fueran meros nombres. Una Austria que hubiera olvidado a Bernhard, y eso que éste se despidió de ella echando pestes. Unos Estados Unidos que no juzgaran contemporáneos a Melville y Dickinson y Twain, a James y Whitman y Faulkner. Aquí, en cambio, no hay plan de estudios que no procure borrar, suprimir, aniquilar el pasado, cercenarnos. En las elecciones recién celebradas, ¿algún político ha lamentado esta amputación, este empobrecimiento, esta ignorancia deliberada, este desprecio, la espalda vuelta hacia lo que, pese a morir, nunca muere y sigue hablándonos?

17-I-16

La imparable mengua de mi reputación

Quienes siguen estas columnas ya saben que suele haber una anual sobre la imparable escalada armamentística a que me somete con sus regalos de Reyes mi colega Pérez-Reverte. Ya conté que en los anteriores había ascendido un peldaño, y, tras varios de cuchillos, revólveres y pistolas, se había inclinado por un arma larga, un fusil desmontable o pistola ametralladora Sten, según los pedantes términos de mi amiga y colaboradora Mercedes, que por un azar se convirtió en experta y no perdona un vocablo inexacto. Tanto ella como Aurora como Carme, las personas que más me ven en mi casa, se mofaron de lo lindo y me anunciaron un bazuca o un cañón para los siguientes Reyes. Este año Pérez-Reverte, muy generoso, me amenazó con un incremento de potencia y tamaño, en efecto. (Como siempre, y para que los puritanos no pongan el grito en el cielo, conviene advertir que son *réplicas* perfectas, y que no disparan.) Le rogué que se abstuviera: los subfusiles y rifles ocupan un sitio del que carezco en mi casa, y además apelé a su ejemplo: hace unos meses AP-R me invitó por fin a su domicilio, junto con nuestro amigo Tano y el excelente periodista y poeta Antonio Lucas. Y, en contra de lo que yo suponía, descubrí que no le cuelgan de los techos aviones Messerschmitt ni vi la piscina invadida por submarinos. Es más, ni siquiera vi armas de fuego, tan sólo blancas. Eso sí, imponentes. Aparte de una vitrina con dagas y puñales varios, el Capitán Alatriste posee una fantástica colección de unos sesenta sables de caballería auténticos, en perfectos estado y orden. Como los tres convidados apreciamos los objetos que no callan enteramente su pasado, AP-R tuvo a bien mostrarnos unos cuantos. No sé por qué, insistía en que fuera yo quien desenvainara las piezas (quizá porque soy zurdo), y cada vez que sacaba una espada veía cómo Tano y Lucas retrocedían un par de pasos, temerosos de que mi brazo calculara mal las distancias y cometiera un estropicio. Una colección fantástica, ya digo.

Así que se avino a limitarse a las pistolas. Quedamos temprano en un restaurante que él frecuenta, para que no hubiera comensales que pudieran atragantarse cuando me entregara su joya, una pistola automática Colt M1911. Yo le correspondí, como siempre, con algo más civil, el libro *The British Spy Manual*, un facsímil de la guía que destinó el Ministerio de la Guerra a los comandos secretos de la Segunda Guerra Mundial, con fotos e ilustraciones de los ingeniosos utensilios de que se valían aquéllos en sus arriesgadas misiones, incluidas las herramientas mortales. Pero a la pistola de Reyes: fue un modelo inventado por el famoso diseñador mormón John Moses Browning, con un fin en verdad mortífero: tras la toma de las Filipinas a España en 1898, no pasaron demasiados años antes de que los líderes religiosos musulmanes del archipiélago declararan la guerra santa (la *yihad*, vamos) a sus «libertadores», con la consiguiente y consabida promesa del paraíso inmediato para cuantos cayesen en combate. Y así surgieron los llamados «Moros de Filipinas» o «Juramentados», guerreros tan feroces y suicidas que, armados sólo con machetes, se abalanzaban a la carrera contra los soldados estadounidenses. No sólo los animaba su fe, me explicó Arturo, sino sustancias alucinógenas que los hacían creerse invulnerables. Y en parte lo eran momentáneamente, en efecto. El revólver reglamentario que utilizaban las tropas americanas era del calibre .38 *long colt*, cuyo «poder de parada» era escaso. Por «poder de parada» se entiende capacidad para frenar en el acto y dejar seco al atacante. Aquellos «Juramentados» lograban llegar con sus machetazos hasta los soldados aunque éstos les hubieran descargado las seis balas de su revólver, tal era su ímpetu. El ejército observó que algunos afortunados que aún poseían el viejo Colt M1873 (el clásico del Oeste, también regalo de AP-R hace unos años), de calibre .45, conseguían parar al fanático al primer tiro. Así que el nuevo Colt M1911 adoptó dicho calibre. El arma resultó tan eficaz que no fue jubilada hasta 1985, y fue empleada en las dos Guerras Mundiales, en la de Corea y en la de Vietnam, nada menos. Y, claro, también la usaron numerosos *gangsters*.

Llegó el momento de que Arturo me enseñara su funcionamiento, y el restaurante estaba a rebosar, no era cuestión de provocar una estampida. Nos acercamos hasta el portal de mi casa, y allí estábamos amartillando y apretando el gatillo como dos críos de antaño o quizá dos idiotas, cuando salió del ascensor una joven que nos miró aterrorizada (ya digo que las réplicas son perfectas: de haber sido ella un policía de Ferguson o Chicago nos habría acribillado allí mismo sin preguntar, a buen seguro). Nos apresuramos a apuntar hacia el suelo y decirle: «No se asuste, es de mentira, no dispara». «Menos mal», contestó ella con nerviosismo y apretando el paso hacia la salvadora calle, casi espantada. En fin, no hay año en que, gracias a la generosidad de mi colega AP-R, mi reputación no mengüe. Es fácil que la joven haya alertado a todo el vecindario de que vive un majadero belicista en la escalera. No sé si son imaginaciones mías, pero empiezo a notar que alguna gente del barrio, que antes me saludaba con amistosidad, murmura un apresurado «Buenos días, caballero» y pasa a toda velocidad a mi lado. (Lo de «caballero» debe de ser irónico.) Me preocuparé muy en serio cuando alguno me ofrezca su cartera y levante los brazos rindiéndose, antes de mediar palabra.

24-I-16

Sofistas de museo

La noticia mereció portada en este diario: «La corrección política asalta el museo», rezaba el titular, y el reportaje de Isabel Ferrer se iniciaba con una cita falseadora y sofista de la responsable del Departamento de Historia del célebre Rijksmuseum de Ámsterdam. «Imagínese un cuadro titulado *Franchute vestido de gala*. O, si no, *Gabacho montado a caballo*. Sonaría ofensivo, ¿no?», decía Martine Gosselink, y añadía: «Pues lo que intentamos es evitar términos de este tipo, que ya no encajan en nuestra sociedad». Gosselink y su equipo han decidido, por tanto, desterrar de los rótulos de los cuadros nada menos que veintitrés vocablos, entre ellos «negro», «cafre», «indio», «enano», «esquimal», «moro» o «mahometano», «considerados despectivos». (¿Cuáles serán los otros dieciséis?)

La pregunta no se me hace esperar: ¿considerados por quiénes? Si he tachado de sofistas las declaraciones de esta señora es porque empieza por equiparar términos que sí tienen voluntad ofensiva por parte de quien los emplea con otros que son meramente descriptivos y que, si acaso, sirven a la economía del lenguaje y a la comprensión entre las personas. En todos los idiomas, supongo, existen acuñaciones hechas con ánimo denigratorio, como —en español— las mencionadas «franchute» y «gabacho», o en francés *«boche»* para menospreciar a un alemán. En el inglés de los Estados Unidos lo son *«Polack»* para referirse a un polaco (en vez de la neutra *«Pole»*) o *«Spic»* para denominar a un hispano, *«Wop»* y *«Dago»* para un italiano o *«Limey»* para un británico. *«Nigger»* para un negro tenía la misma intención, no así *«Negro»* en su origen, que no era sino la trasposición del vocablo español, por tanto un extranjerismo con función más bien eufemística. Quien utiliza esas expresiones lo suele hacer a mala idea, para provocar o humillar. Pero este no es el caso de las que Gosselink se dispone a suprimir. Se han usado siempre, como digo, para entenderse, porque no se puede pretender que el conjunto de la población sepa distinguir con precisión entre las distintas tribus nativas de América o entre los miembros de los diferentes países árabes, entre las etnias del África o entre los nacionales de lo que solía conocerse por «Lejano Oriente». Por eso, durante mucho tiempo, a estos últimos se los llamó «orientales» en Occidente y todo el mundo se entendía, hasta que en los Estados Unidos (pioneros de todas las quisquillosidades y bobadas) se dictaminó que eso era «ofensivo» y se sustituyó por «asiáticos». Nunca he comprendido por qué esta denominación les parece mejor y aceptable, cuando tan asiáticos son, además, los indios de la India y los pakistaníes como los japoneses y los chinos, y me temo que los dos primeros grupos quedan excluidos del término, al menos en el habla normal y común a todos.

Uno de los ejemplos que aparecen en el reportaje da idea de la ridiculez del asunto. «Esquimal», señala Isabel Ferrer, «es el nombre genérico para los distintos pueblos indígenas de zonas árticas y de Siberia. En cuanto se identifique el grupo étnico al que pertenecen» (los esquimales pintados en cuadros, deduzco), «se puede cambiar por inuit, yupik, kalaallit, inuvialuit, inupiat, aluutiq, chaplinos, naucanos o sireniki, sus diversas comunidades». Y explica Gosselink muy ufana: «Primero hay que encontrar la rama concreta del poblador. No nos podemos equivocar...». Si mi entendimiento no me engaña, me imagino la surrealista y conmovedora escena: un grupo de expertos y fisonomistas escrutando el cuadro en el que aparece un esquimal y tratando de discernirlo (eso en el supuesto de que el pintor fuera bueno, y realista, y fidedigno, y no inventara ni adornara nada). «Yo me inclino por un aluutiq», diría uno. «No sé yo», respondería otro, «le veo rasgos de inuvialuit, aunque la zamarra es más propia de chaplino». Jamás he oído como negativo el término «esquimal», ni «moro» tiene nada malo en sí (otra cosa sería «moraco»), ni «enano». ¿Quiénes han pasado a considerarlos despectivos? Tal vez los propios interesados, no sé. Es sabido que desde hace decenios hay gordos que exigen ser llamados cosas tan antieconómicas e incomprensibles como «personas de tamaño distinto», entre las que cabrían también los gigantes, los niños, por supuesto los enanos y acaso los anoréxicos. Hay sordos que detestan ser conocidos por ese nombre y ciegos que por el suyo, y hace siglos que fueron condenados vocablos como «tullido», «lisiado», «paralítico» o «minusválido». Supongo que «discapacitado» correrá la misma suerte, y que pronto serán desterrados «cojo», «manco», «miope» y «bizco». Creo que quienes demonizan estas palabras son los verdaderos racistas, xenófobos y discriminadores, porque lo que en verdad demonizan es lo que significan (el significado y no el significante, dicho con pedantería). Si yo digo «ese negro» para referirme a alguien no tiene peor intención que si digo «ese rubio» o «ese con pecas», es una manera de identificar, nada más. Y si se me habla del cuadro *Cabeza de hombre*, me será más difícil reconocer la pintura en cuestión que si se siguiera titulando *Cabeza de negro*, como hasta hace poco. Si nos atenemos y plegamos a la subjetividad y el capricho de cada uno, y a la extrema susceptibilidad de nuestros días, pronto no habrá nombre que no esté estigmatizado y prohibido, y entonces no nos entenderemos. «Te veo con tamaño distinto», me esforzaré en decirle al próximo amigo al que vea muy engordado.

31-I-16

¿Peccata minuta?

Justo antes de Navidad, una editorial extranjera que próximamente me publicará una novela me envió 1.055 portadillas del libro para que las firmara, con vistas a satisfacer a los clientes de su país que gustan de ejemplares autografiados por los autores. Y ante la inminencia de las vacaciones, además me metieron prisa. Lo interrumpí todo y dediqué un montón de horas a la tarea (una, dos, tres, y así hasta 1.055, aquello no se acababa nunca). Las tuve listas a tiempo y fueron enviadas, pero la persona que me había hecho la petición ni se dignó poner una línea diciendo «Recibidas, gracias», con eso habría bastado. Ante la grosería, me dieron ganas de cancelar el viaje promocional previsto para dentro de poco. Pero claro, me abstuve de tomar tal medida, porque se habría considerado «desproporcionada», o tal vez «divismo» o algo por el estilo. Hoy mismo veo que una actriz americana se permitió sugerirle a un periodista, en medio de la rueda de prensa que ella estaba ofreciendo, que dejara de teclear en su móvil y tuviera la delicadeza de atender a sus respuestas. El comentario de esa actriz ha sido calificado en seguida de «salida de tono» y de otras cosas peores. Bien, todo leve.

En otro sitio, y hace más de veinte años, escribí una columna defendiendo al futbolista Cantona, que había sido suspendido por su club, por la federación inglesa y no sé si por el Papa de Roma (amén de anatematizado por la prensa internacional en pleno), tras propinarle un puntapié a un hincha del equipo rival que se había pasado el partido soltándole barbaridades sin cuento. Sin duda la reacción de Cantona fue excesiva, pero *moralmente* —que era como más se le condenaba— yo argüía que la razón estaba de su parte. En contra de lo que se piensa, un jugador no tiene por qué soportar estoica o cristianamente los brutales insultos de la masa, o lo hace tan sólo porque los insultadores son eso, masa: es difícil individualizarlos e imposible enfrentarse a todos ellos. Ahora bien, si *uno* descuella, si *uno* se singulariza, ¿qué ley le impide a cualquiera plantarle cara y defenderse?

Esta pretensión de impunidad se ha implantado en todos los órdenes de la vida. Parece normal y aceptable —la «libertad de expresión», señor mío— que la gente injurie, provoque, zahiera y suelte atrocidades sin que pase nada. Y en cambio, si el injuriado, provocado o zaherido responde, o retira el saludo, o se niega a recibir a quien lo ha puesto o pone verde, caen sobre él todos los reproches. «Tampoco es para reaccionar así, hay que ver», se dice. «Qué borde y qué resentido», se añade. «Qué intolerancia la suya», se continúa; «al fin y al cabo los otros ejercían su derecho a opinar y ahora le estaban tendiendo la mano». Se ha extendido la extrañísima idea no ya de que se puede decir —e incluso hacer— lo que se quiera, sino de que eso no debe tener consecuencias. Y si el ofendido obra en consecuencia, entonces es un intransigente y un exagerado.

Si hay políticos catalanes que llevan años clamando contra la «opresión borbónica» o la «ladrona España», y asegurando que nada tienen ni quieren tener que ver con este país (al que nunca llamarán por su nombre), esos mismos políticos se sorprenden y enfadan si un Borbón, o un español corriente, rehúsan estrecharles la mano. Fernando Savater y otros perseguidos de ETA lo han experimentado largos años. Savater ha vivido lustros amenazado y ultrajado, sin poder dar un paso sin escolta, insultado y vejado por los aliados políticos y simpatizantes de los terroristas. Y si ahora no le sale «perdonar» a sus aspirantes a verdugos y jaleadores, hay que ver, es él el rencoroso, el vengativo, el crispador y el desalmado. Se puede ser violento, se puede agraviar y ser grosero, se puede impedir hablar a alguien en una Universidad, se puede poner a caldo a cualquiera. Bueno. Lo que ya es inexplicable es que además se pretenda que todo eso se olvide cuando el ofensor cesa, o cuando a éste le interesa, y que carezca de toda repercusión y consecuencia. En una palabra, se exige impunidad para los propios dichos y hechos. *Peccata minuta.*

Yo he hablado aquí acerbamente de figuras como Aznar, Rajoy o Esperanza Aguirre. Bien, estoy en mi derecho. Pero lo que nunca se me ocurriría sería pedirles audiencia; si, llegado el caso (improbable), ellos me negaran el saludo o me respondieran con un bufido o desaire, me parecería lógico: desde *su* punto de vista, me los tendría bien ganados. Y si un día me arrepintiera de cuanto he vertido sobre ellos (aún más improbable), y quisiera «hacer las paces», no me sorprendería que me contestaran de malos modos o con una impertinencia. Lo manifestado y lo sucedido no dejan de existir porque cesen a partir de un momento determinado; lo que ya no se prolonga no queda borrado por su mera interrupción. El sufrimiento padecido no se olvida porque «ahora esté en el pasado». Los años de pena, de dolor, de miedo, de afrenta y hostilidad no desaparecen porque así lo decreten o les convenga a los que los causaron. Sin embargo, nuestras absurdas sociedades pretenden no sólo eso, sino que además el aguante sea ilimitado y el «perdón» simultáneo al agravio. A Cantona o a cualquiera se les puede provocar y maldecir sin medida; se puede ser grosero o agresivo, o humillar hasta el infinito. Pero ay del que se lo tenga en cuenta a los agresores y a los humilladores. Será un intransigente, y su conducta la más censurable de todas.

7-II-16

Esto no estuvo aquí siempre

Si ha habido en tiempos recientes una engañifa injusta, despreciable y en el fondo muy burda, ha sido la autopropaganda de algunos partidos saltados hace poco a la palestra. La base de su publicidad ha sido presentarse como «nuevos» frente a las formaciones «viejas», proclamarse «más representativos» pese a no haber pasado apenas por las urnas, vociferar que «la gente» (concepto vago y delicuescente) está con ellos, mientras que los demás son «una casta» (término no original, sino copiado del tonto italiano Grillo) al servicio de «los de arriba» (otro concepto tan demagógico y facilón como difuso), y brincar por el tablero con la misma facilidad que los caballos de ajedrez: ahora somos de extrema izquierda, ahora socialdemócratas, ahora de centro, ahora estamos con «los de abajo» como Perón, ahora creemos en la democracia, ahora en el asambleísmo, ahora queremos arrumbar la Constitución, ahora preservarla y reformarla, ahora defendemos el «derecho a decidir», ahora a medias, ahora tenemos por modelo a Venezuela, o no, mejor a Dinamarca... Si algo parece claro, y sin embargo dista de estarlo para un gran número de votantes, es que ni Podemos ni la CUP, por mencionar a los más conspicuos, son de fiar en absoluto y nada tienen de «nuevos». Al contrario, su oportunismo y su desfachatez se asemejan enormemente a los del PP, sobre todo cuando éste se siente acorralado; con la diferencia sustancial de que, hasta ahora, ninguno de esos dos partidos se ha sentido acorralado, lo cual equivale a decir que su oportunismo y su desfachatez son vocacionales. Están en su naturaleza, que en modo alguno desdeña engañar a la gente, ni tratarla como a idiota, si eso vale para sus propósitos.

Lo único en lo que no han variado su discurso es en la condena general de lo que han dado en llamar «el régimen del 78» (a la capciosa definición también se han apuntado ERC, IU y otros). La palabra «régimen» está muy connotada: así se calificaba a sí mismo el franquismo. Al aplicar el término al largo periodo democrático que hemos vivido, se intenta asimilarlo a la dictadura, lo cual, como he dicho antes, es injusto, burdo y despreciable, y supone ponerse en contra no sólo de los actuales políticos a menudo corruptos y sin escrúpulos, sino también de los que llevaron a cabo la Transición, todo lo imperfecta que se quiera, e instauraron la democracia sin apenas derramamiento de sangre. Es decir, se ponen del lado de quienes la combatieron en su día. ¿Y quiénes eran esos? Los residuos más recalcitrantes del franquismo, que detestaban al Rey, a Suárez, a su necesario colaborador Carrillo, al General Gutiérrez Mellado y a Felipe González; la extrema derecha terrorista, autora de la matanza de Atocha; una parte considerable del Ejército, muchos de cuyos mandos aún eran leales a Franco, y de ahí que en aquellos años se rumoreara cada poco que había «ruido de sables», los cuales se convirtieron en estruendo con el golpe fallido de Tejero; la policía, que costó Dios y ayuda que se amoldara a los nuevos tiempos (aquellos sí que eran nuevos de verdad, y no de pacotilla) y comprendiera que su función era proteger a los ciudadanos y no controlarlos y amenazarlos; y ETA, claro, que incrementó su actividad y llegó a asesinar a ochenta personas en un solo año.

Se ha perdido de vista con qué se hubieron de enfrentar los políticos de la época, alegremente denostados ahora por muchos jóvenes y no jóvenes que reclaman para sí un heroísmo que, para su bendición, no está a su alcance. Se han encontrado un país plagado de defectos y carencias e injusticias, pero no intrínsecamente anómalo, como aún lo era el de 1976. Se han encontrado con un Ejército profesional y sometido al poder civil, del que nadie teme que se pueda levantar en armas contra sus políticos y su propia gente; con una policía que, como todas, comete excesos, pero que no representa un peligro para la población ni detiene a capricho; con un país sin censura, con libertad de expresión, en el que se admite cualquier postura (incluida la disgregación) siempre que no la acompañe violencia; con divorcio (no lo hubo hasta 1981), sin sumisión legal de la mujer, con libertad religiosa, con matrimonio homosexual, sin juicios de farsa, con sindicatos (¿o es que ignoran que estaban prohibidos en el franquismo, lo mismo que los partidos y las elecciones?). Quienes han nacido ya con esto no saben o no quieren saber que *esto* no estuvo aquí siempre; que costó mucho esfuerzo, mucha mano izquierda, mucha habilidad conseguirlo sin casi sangre, así como buenas dosis de renuncia y contemporización necesarias. La prueba del éxito de la operación en su conjunto es la propia existencia de esos partidos «nuevos» pero nada novedosos, dedicados a echar pestes de quienes la llevaron a cabo. Aquellos políticos y aquella sociedad civil sí que tuvieron dificultades, sí que inauguraron una era e hicieron una revolución en sordina, sí que se la jugaron de veras. Hasta la vida, algunos. Lo hicieron regular o mal en algunos aspectos, qué menos. Podría haberse hecho mejor, como toda empresa humana. Pero lo que desde luego no merecen es el vituperio a que se los lleva sometiendo algún tiempo, a ellos y a sus logros. Por parte, además, de ventajistas y megalómanos, de los que la política ha estado llena desde su prehistoria. Nada tan viejo como los caudillos «carismáticos» y con labia. Lo que hoy presume de «nuevo» es en realidad de una ancianidad, qué digo: de una decrepitud pavorosa.

14-II-16

Sin exigencias

La medida ha causado considerable y merecido revuelo en casi todo el mundo, tanto por el hecho en sí como por lo que significa. Como ya sabrán, durante una reciente visita a Roma del Presidente de Irán, Hasan Rohaní, las autoridades italianas decidieron cubrir —más bien ocultar— las estatuas antiguas de los Museos Capitolinos, para que sus desnudos no ofendieran al alto dignatario, o tal vez no lo incitaran a pecar de pensamiento, algo que también juzgaba frecuentísimo (y tan grave como el pecado de obra o de palabra) el Catecismo católico que muchos hubimos de memorizar de niños. En vista de la reacción justamente indignada de numerosos ciudadanos, el Gobierno de Matteo Renzi (católico practicante, me temo que más que socialista) se ha desentendido y ha echado balones fuera: la idea no fue nuestra, no se sabe de quién partió, quizá lo exigió la propia delegación iraní. Pero ésta, por boca del propio Rohaní en rueda de prensa, desmintió la imposición, aunque se mostró complacida con la deferencia, más bien servidumbre: «No pedí nada», dijo el Presidente, «pero sé que los italianos son muy hospitalarios e intentan hacer de todo para que uno se encuentre a gusto. Les doy las gracias por ello».

Poco después este hombre se desplazó a París, y allí lo que se procuró fue que no viera una gota de vino, que su fe también prohíbe. ¿Qué hacemos?, se preguntaron los franceses; porque aquí son inconcebibles una cena o almuerzo en los que no se ofrezca vino a los comensales. Démosle una merienda, en la que nos podemos arreglar con té, café y refrescos sin que nadie ponga el grito en el cielo. Y así se hizo. No hace falta recordar que el objetivo primordial de ambas visitas eran negocios, tras el levantamiento de las sanciones al régimen ayatólico. El anciano politólogo Giovanni Sartori, de noventa y dos años, ha sido uno de los que han hablado más claro (la gente vieja tiene la ventaja de decir lo que piensa sin miedo): «Cubrir las estatuas es ridículo, absurdo. Es el reflejo de un mundo imbécil que hace sólo lo que encuentra útil y conveniente en cada momento. Uno tiene derecho a que respeten sus principios y tradiciones. Si Irán lo tiene, también nosotros. Se podía haber hallado otra solución, con un recorrido distinto o un sitio diverso a un museo con desnudos, pero jamás se debió llegar a esta payasada inadmisible». Y sugirió, con gracia, que se hubiera recibido a Rohaní entre Ferraris, dada la índole comercial de su embajada, con un séquito de seis ministros y un centenar de empresarios.

El episodio es chusco, en efecto, como lo es el de la merienda parisina, que ha provocado menos alboroto pero resulta igual de abyecto. Y los dos son sintomáticos de la cobardía y la indignidad que hoy recorren Europa. Es éste un continente con un ilimitado complejo de culpa y una fuerte tendencia a flagelarse, sin demasiado motivo. Siempre me ha parecido irritante y engreído «pedir perdón» por lo que hicieron nuestros antepasados. Ni somos ellos ni podemos arrogarnos la capacidad de hablar en su nombre. No podemos atribuirnos sus virtudes ni su defectos, sus heroicidades ni sus crímenes. Pensar que todo eso se hereda de generación en generación, indefinidamente y hasta el fin de los tiempos, es tan arrogante como injusto y se asemeja peligrosamente al concepto de «pecado original». Parece haberse olvidado la máxima «Responda cada cual de sus actos», y no de los del abuelo, el padre o el hermano. Está bien, sin embargo, que no queramos ser como otros más intolerantes. Sería abominable que, con tanto ciudadano musulmán, nos opusiéramos a que se erigieran mezquitas en nuestro suelo, aunque en los países de esa religión no suela haber contrapartida, porque en ellos raramente se consiente la libertad de culto o el ateísmo. Es de cajón que la gente islámica que vive aquí observe sus preceptos, costumbres y prohibiciones, siempre que no infrinjan las leyes de todos ni atenten contra los derechos de nadie. Nada más lógico que no tomar por desaire que Rohaní desdeñe el vino, pero de ahí a que nadie lo tome en su presencia, a que desaparezca de las mesas porque él lo desaprueba, va un inmenso trecho. Y lo mismo para las estatuas romanas. Si un musulmán estricto viene a nuestros países, debe saber que aquí se representa el cuerpo desnudo —bien que intermitentemente— desde hace unos 2.500 años. Puede por tanto renunciar a su visita o cerrar los ojos, pero no esperar ni exigir que vayamos cubriendo esculturas a su paso con pleitesía. Recordaba Savater hace semanas que el imán de la mezquita de Colonia se mostró comprensivo con quienes en Nochevieja manosearon y en algún caso violaron a mujeres locales: «Iban perfumadas..., casi desnudas», dijo, ¿y qué iban a hacer los pobres varones recién llegados? Con el habitual complejo de culpa, ya hay quien recomienda a nuestras mujeres que se recaten en el vestir, en otro gesto de sometimiento. Los países europeos deben ser firmes y razonables. La cuestión es tan sencilla como la siguiente: ahora que fumar tanto espanta, yo he declinado invitaciones a casas en las que se me advertía que allí no podría hacerlo. Respeto a mis anfitriones, no acepto una invitación condicionada, no voy y punto. Lo que sería inadmisible es que yo obligara a fumar a quienes vinieran a la mía o que ellos me impusieran a mí abstenerme en ella, por su presencia. La solución sensata es tan fácil que causa rubor que aún se discuta: el que venga con exigencias, que no venga.

21-II-16

Entusiasmo por la censura

Franco estaría encantado, y todos los dictadores que en el mundo han sido, como lo estarán los actuales. Si algo caracteriza a nuestra época, es la pasión censora que domina a las sociedades: el afán de prohibir, de regularlo todo, de eliminar el pasado enojoso de la misma manera que Stalin hacía borrar de las antiguas fotografías a sus colaboradores caídos en desgracia, que fueron centenares. En esas fotos, una vez amañadas, se percibían inexplicables huecos, pero eso era preferible a que se viera al jefe soviético en compañías súbitamente indeseadas. Hay que recordar que, al menos en España, la censura es inconstitucional desde 1978, pero eso le trae sin cuidado a demasiada gente. Carmena ya ha arremetido alguna vez contra la prensa, culpándola de impedirle llevar a cabo sus torpes y estrafalarios planes municipales. Podemos ya ha avisado que convendría ponerle freno y controlarla, como viene haciéndolo desde hace lustros el régimen chavista en Venezuela. El PP se ha quejado de la propaganda existente contra él en unos pocos periódicos y televisiones, mientras que nunca protesta de los muchísimos más medios que tiene a su favor, si no a sus pies y quién sabe si a sueldo. En Rusia, los periodistas críticos con el Gobierno caen a menudo abatidos por balas o acaban en una prisión más o menos siberiana, a la vieja usanza. En la Argentina kirchnerista, hasta hace tres días, la prensa insumisa se veía hostigada y amenazada. Y no hablemos de Arabia Saudí y otros países árabes, en los que a un bloguero le pueden caer mil latigazos. Ni de México, donde los reporteros que no son el complaciente y fatuo Sean Penn pierden la vida.

Pero todos estos son formaciones, Gobiernos o mafias con clara vocación represora y totalitaria. El problema mayor son las sociedades, el ánimo censor que se va adueñando del planeta. Ya escribí aquí hace tiempo sobre la pretensión de muchos estudiantes estadounidenses de suprimir en sus universidades toda opinión o discurso que a cada cual desazone u ofenda. Quieren que unos lugares que siempre fueron de cuestionamiento y debate, de confrontación de ideas, se conviertan en lo que llaman *«safety spaces»* o algo así, «espacios seguros» en los que nadie altere sus convicciones con inquietantes pareceres, y la única forma de conseguir eso es que nadie diga nada que pueda molestar a alguien, es decir, nada de nada. Hace unas semanas hablé del destierro al que el Rijksmuseum ha condenado a veintitrés vocablos, desaparecidos de los rótulos de sus cuadros. En la Real Academia Española recibimos sin cesar peticiones airadas para que se borre del *Diccionario* tal o cual acepción o término que al remitente le parecen reprobables. Lejos de abstenerse de usarlos o recomendar la abstención a sus conciudadanos, exige su ostracismo y que no quede rastro. Recientemente un alto cargo de la Compañía de Jesús ha solicitado la supresión de «jesuita» como «hipócrita, taimado», y un representante del Gobierno del Japón lo mismo respecto a «kamikaze» como «terrorista suicida». Ni estos señores ni tantos otros entienden que la gente es libre de utilizar las palabras como le venga en gana y que, si un uso se extiende, la Academia está obligada a consignarlo. Demasiadas personas no entienden ya la libertad, o no la desean para los demás.

Ahora la Organización Mundial de la Salud propone que *todas* las películas pasadas o presentes en que aparezcan personajes fumando sean «no recomendadas para menores» (eso incluiría *Siete novias para siete hermanos*), igual que Franco y su Iglesia calificaban «para mayores» todas aquellas en las que se vieran un escote semigeneroso o besos apasionados. La OMS, en cambio, no toma medidas contra los millones de imágenes que muestran muertes violentas. Según ella, el consumo de tabaco en la pantalla incita a la emulación, pero no los cuchillos, las pistolas, los fusiles de asalto ni los drones. Que lo pregunten en los Estados Unidos, donde no es difícil adquirir estas armas. ¿Y el alcohol, las drogas, el maltrato, las torturas y las violaciones? A este paso todas las películas y series deberían ser para adultos maduros, porque ya ven lo pusilánimes que son los universitarios.

Hoy hay demasiados individuos a los que no les basta con no hacer esto o aquello: aspiran a que *nadie* lo haga. Los términos que nos hieren, sean prohibidos; los hábitos que desaprobamos, tórnense ilegales; las ideas que nos perturban, no sean emitidas; las escenas que juzgamos perjudiciales, no existan, no las vea nadie. (Quizá se hayan fijado en que ya no se ven caer caballos en las batallas cinematográficas: no basta con que se jure que ningún animal ha sido dañado en ningún rodaje, está vetada hasta la simulación de ese daño.) La libertad está hoy rodeada de enemigos, y no son los únicos los miembros del Daesh y los talibanes. Poco a poco, y con subterfugios, se compite con ellos en nuestras sociedades. Las libertades arduamente conseguidas en ellas van cayendo, en abominable connivencia entre la derecha y la izquierda o lo que así se llamaba (claro que las actuales «izquierdas» suelen ser falsas, impostoras). Hasta *Playboy* ha renunciado a sacar desnudos en sus páginas, para acoplarse a la omnipresente censura, con frecuencia disfrazada: los desnudos están prohibidos para menores de trece años en Instagram y otras redes. Si los suprime, *Playboy* podrá colgar sus fotos en estos sitios y hacer más caja. Castigar con la pérdida de ingresos es una de las formas más viejas y eficaces de imponer las prohibiciones. Franco y los demás dictadores estarían extasiados, al ver cómo sus enseñanzas han prosperado.

28-II-16

No hay que imitarlos en nada

Al final unos y otros se han echado las culpas, como sucede siempre que alguien mete la pata en este país. Y, por supuesto, nadie dimite jamás de su cargo, un rasgo más, entre muchos, que el autoproclamado «nuevo» partido Podemos comparte sobre todo con el PP. Pero lo cierto es que el Ayuntamiento de Carmena hizo el encargo: contrató y pagó a la Cátedra de la Memoria Histórica (?) de la Universidad Complutense, formada por cinco historiadores muy raros y dirigida por Mirta Núñez, la elaboración de un *primer* listado de «calles franquistas», para cambiarlas. Si he subrayado «primer» es porque eso indica que por lo menos tendría que venir un segundo, y eso que el inicial computa nada menos que 256, número que en principio parece excesivo teniendo en cuenta que, ya hacia 1980, algunos de los más conspicuos nombres franquistas desaparecieron, por fortuna, de nuestro callejero: la Gran Vía dejó de llamarse José Antonio; la Castellana, Generalísimo; Príncipe de Vergara, General Mola; la glorieta de San Vicente, Ramiro Ledesma, etc. Aun así, es obvio que algunos quedan, y, en efecto, es pertinente que en cualquier sitio de España se deje de rendir homenaje a militares y políticos que participaron en la sublevación de Franco y en la criminal represión desatada a partir de entonces. Como tampoco sería admisible la celebración de individuos «republicanos» que se mancharon las manos de sangre en las zonas que controlaron durante la Guerra. Si he entrecomillado «republicanos» es porque entre los presuntos defensores de la República hubo muchos que pretendieron cargársela con el mismo ahínco que los sublevados, sólo que desde el otro extremo.

Pero ese «primer» listado no se ha limitado a señalar a los Generales Varela, Yagüe, Aranda, Dávila o Fanjul, todos merecedores de castigo y no de premio, sino a numerosos escritores, artistas y personalidades que en algún momento de la larguísima dictadura le mostraron su apoyo o no fueron combativos con ella. Gente a la que no era imputable ningún delito (o sólo de opinión) y que probablemente recibió una calle o una plaza por sus méritos artísticos o literarios y no por su adhesión al régimen o su tolerancia con él. Sus obras nos pueden gustar más o menos, y sus figuras caernos simpáticas o antipáticas, pero a estas alturas nadie que no sea cerril discute la valía de Pla, Dalí, D'Ors, Mihura, Jardiel Poncela, Cunqueiro, Manuel Machado o Gerardo Diego. Tampoco los logros, en sus respectivos campos, de Manolete, Bernabéu, Lázaro Galdiano, Turina, Juan de la Cierva o Marquina. La mentalidad y el tono con que se ha configurado esa lista son policiales e inquisitoriales: mentalidad de delator, o, si se prefiere, de «comisario del pueblo». Y en Madrid hay todo tipo de gente, no se olvide.

El 27 de mayo de 1937, en plena Guerra, mi padre publicó un artículo en el *Abc* madrileño (esto es, republicano), «La revolución de los nombres». Entonces era un joven de casi veintitrés años, soldado de la República. En esa pieza señalaba cómo «desde que estalló la rebelión ya no hay medio de saber cómo se llama nada. Cuando se lee algún periódico faccioso» (es decir, franquista) «de cualquier ciudad, se puede ver que cualquier desfile, procesión o manifestación sale de la plaza de Calvo Sotelo, pasa por las calles de Franco y Falange Española, luego por la Avenida de Queipo de Llano para seguir por la calle de Alemania y terminar en la alameda de José Antonio Primo de Rivera. El orden cambia según se trate de Salamanca, Zaragoza o Sevilla; pero los nombres permanecen». Y añadía:

«Y es de todo punto lamentable que imitemos en esto a los rebeldes, porque no hay que imitarlos en nada». Y así, cuenta cómo en Madrid la calle Mayor ha perdido su nombre en favor de Mateo Morral, anarquista que atentó contra Alfonso XIII... y mató a veinticinco personas, pero no al Rey; cómo el Prado, Recoletos y Castellana han pasado a llamarse Avenida de la Unión Proletaria; cómo Príncipe de Vergara (título de Espartero, general anticarlista y liberal) también ha caído por ignorancia. «Y lo más grave, lo intolerable», seguía mi padre, «es el nombre elegido para sustituirlo: Avenida del 18 de Julio. ¿Es que nosotros podemos celebrar esa fecha, en que empezó una de las más grandes tristezas de la historia española? ¿Podemos conmemorar el día en que el pueblo español, que se disponía a mejorar sus destinos en la paz de un Gobierno suyo como el del Frente Popular, se vio obligado a llenarse de sangre en una guerra tremenda?». También cuenta cómo en Valencia la calle de Caballeros ha pasado a ser Metalurgia (!), o cómo el pueblo de San Juan, en Alicante, se llama ahora Floreal... Todo esto suena de otro mundo, y sin embargo... Hace casi ochenta años que el joven que fue mi padre escribió este artículo. Lo hizo en un país en guerra, partido y lleno de odio, en el que un bando imitaba al otro, cuando «a los rebeldes no hay que imitarlos en nada». ¿Tiene algún sentido que volvamos a hablar del callejero al cabo de tanto tiempo, cuando además no hay guerra, ni hay dos bandos? Hay una parte de España, parece, nostálgica de nuestros peores tiempos y nuestras peores costumbres, desde luego de las más idiotas. Eso es siempre inevitable. Lo malo es que esos nostálgicos del encono y la animadversión tengan capacidad decisoria y mando en plaza, sean del lado que sean. Todavía está en nuestra mano no dárselos, ni la capacidad ni el mando.

6-III-16

¿Qué respuesta es más deprimente?

Uno se pregunta cómo es tan difícil de entender, o de aceptar y obrar en consecuencia. A lo largo de decenios hemos ido sabiendo que un gran número de políticos españoles con poder y autoridad colocaba en puestos de las diferentes administraciones (estatales, autonómicas, municipales) a parientes variados, amigos de pupitre, parejas o ex-parejas, o bien favorecía a las empresas y proyectos de éstos con sustanciosos contratos que no siempre salían a concurso, o lo hacían de manera amañada. Desde los lejanos tiempos de Juan Guerra (hermano del entonces vicepresidente Alfonso) hasta los más recientes: los que no somos valencianos acabamos de enterarnos de que, hasta hace nada, la jefa de gabinete de la alcaldesa Rita Barberá era... su propia hermana. Por muy funcionaria que fuera y sea esta señora, por «idónea» que resultara para el puesto, cualquiera con dos dedos de frente y cierto sentido de las apariencias se habría hecho este razonamiento: «No, mi hermana no puede ser, por mucho que valga y se merezca el cargo. Esto lo sé yo y lo sabe ella, pero, precisamente por serme tan próxima, hay que buscar a otra persona, porque el resto de la gente lo interpretará de otro modo y pensará que hay enchufismo, o nepotismo». Sobre todo porque así es: siempre hay *otra persona*; nunca nadie es tan imprescindible que no pueda ser sustituido por alguien de características similares; nunca hay un candidato único para desempeñar una función; nunca nadie es tan «idóneo» que excluya las demás opciones.

Pero no seamos en exceso puritanos. Cuando hemos de trabajar en equipo, todos tendemos a rodearnos de personas que ya conozcamos y de las que podamos fiarnos. Si yo dirijo una editorial, busco la colaboración de individuos que me garanticen competencia y eficacia, y lealtad en segundo término. Si esa editorial es un negocio privado, creado con mi capital, estoy en mi derecho. Yo me lo invento y me lo financio, no hay dinero del contribuyente, no he de rendir cuentas a nadie, cada cual hace con su peculio lo que le parece y contrata a quien le viene en gana. La cosa, sin embargo, cambia radicalmente si lo que ocupo es un cargo a mí preexistente, y pagado con los impuestos de todos: da lo mismo si soy Presidente del Gobierno o concejal de un Ayuntamiento. El puesto no lo he creado yo, ni el organismo, a diferencia de mi editorial. En él no he desembolsado un penique, sino que, por el contrario, recibo un sueldo de mis conciudadanos y dispongo de un presupuesto para llevar a cabo mi labor y cubrir los gastos de representación. He de ser por tanto escrupuloso al máximo a la hora de beneficiar a mis allegados con prebendas, de contratarlos o nombrarlos, y también en lo relativo a «cargar» gastos. He de medir exactamente qué está justificado y qué no, qué es estrictamente necesario para el desempeño de mis funciones, a qué me obligan éstas y qué son meros adornos o agasajos superfluos. Seguramente será de recibo que invite a almorzar o a cenar a unos visitantes, pero difícilmente lo será que además los lleve a una discoteca o los convide a excesos. Y en todo caso *no puedo* rodearme en mi trabajo de esposas, maridos, hermanos, cuñados, sobrinos, compañeros de infancia, parejas o ex-parejas con las que me siento en deuda o me llevo de maravilla.

Con razón han acusado los representantes de Podemos durante los últimos años; sobre todo ellos, los que más han denunciado la corrupción general y la implícita en estas prácticas; los que se han cargado de razón hablando de regeneración y limpieza. Sin embargo, leo en una reciente columna de Javier Ayuso que el concejal madrileño Zapata, célebre por su vileza tuitera cuando aún era un desconocido, acaba de contratar como asesora a su ex-pareja con un sueldo de 50.000 euros al año. Y que también Ada Colau y su lugarteniente Pisarello, en Barcelona, se han hecho con los servicios de sus respectivas parejas. Y que Iglesias y Errejón tienen novias o ex-novias bien colocadas «en los centros de poder ganados». Al parecer estos políticos no niegan los vínculos, pero aducen: «Sí, es verdad que es mi pareja o ex-pareja, pero no la hemos contratado por eso, sino por sus cualidades profesionales» (siempre según Ayuso). ¿Se puede ser tan torpe, o acaso tan jeta? ¿Cuál creen que ha sido el argumento de todos los responsables del PP, el PSOE o CiU que se han pasado décadas haciendo lo mismo? ¿Alguno ha reconocido que nombraba a su cuñado o su padre por ser eso, el cuñado o el padre? No, siempre se han amparado en los méritos de éstos (normalmente incomprobables por parte de la ciudadanía). ¿Tan difícil es entender que si alguien es un genio en algo, pero tiene la mala suerte de ser familia, ex-pareja o pareja de un representante público, no puede ocupar un cargo que dependa de este último, y cuyos emolumentos provengan del erario? ¿Ni tampoco obtener una concesión ni una contrata, por adecuada que sea su empresa? Resulta en verdad vergonzoso y desalentador que los sermoneadores se comporten con la misma desfachatez que aquellos a los que hasta ayer sermoneaban. Y de nuevo nos encontramos con la terrible pregunta de si es primero la gallina o el huevo: ¿se dedican a la política quienes buscan un medio para corromperse, o en cuanto los limpios entran en ella y manejan dinero ajeno, se corrompen en alto número? Las dos respuestas, me temo, son igual de deprimentes.

13-III-16

El azaroso talento

Los Óscars hace ya mucho que me parecen una de las mayores injusticias del año. Se suelen conceder a películas espantosas (a menudo pretenciosas); los de interpretación van a parar a alardes circenses que nada tienen que ver con el oficio de actuar: al actor histriónico y pasado de rosca; a la actriz que se afea o adelgaza o engorda hasta no parecer ella; al actor que hace de transexual o de disminuido físico o psíquico; a la actriz que logra una aceptable imitación de alguien real, un personaje histórico no muy antiguo para que el público pueda reconocerlo. Cosas así. Como he dicho alguna vez, hoy sería imposible que ganaran el Jack Lemmon de *El apartamento*, el James Stewart de *La ventana indiscreta* o el Henry Fonda de *Falso culpable*, que interpretaban a hombres corrientes. Tampoco es que ganaran en su día, por cierto; Cary Grant no fue premiado nunca y John Wayne sólo al final de su carrera, a modo de consolación, por un papel poco memorable. En fin, Hitchcock no se llevó ninguno como director, y con eso ya está dicho todo sobre el ojo de lince de los tradicionales votantes de estos galardones. Pero todo ha ido a peor: al menos John Ford consiguió cuatro en el pasado. La estupidez no ha hecho sino ir en aumento en este siglo XXI. Pero qué se le va a hacer, son los premios cinematográficos más famosos y a los que más atención se presta, y sólo por eso me ocupo del Asunto que ha dominado la edición de este año.

Como sabrán, la ceremonia ha sido boicoteada por numerosos representantes negros porque, por segunda vez consecutiva, no hubiera ningún nominado de su raza en las cuatro categorías de intérpretes, *ergo*: racismo. A continuación se han unido a la queja los latinos o hispanos, por el mismo motivo. Y supongo que no tardarán en levantar la voz los asiáticos, los árabes, los indios y los esquimales (ah no, que estos dos últimos términos están prohibidos). Y que llegará el momento en que se mire si un candidato «negro» lo es de veras o sólo a medias, como Halle Berry u Obama, uno de cuyos progenitores era sospechosamente blanco. Los hispanos protestarán si entre sus candidatos hay mayoría de origen mexicano o puertorriqueño (protestarán los que desciendan de cubanos o uruguayos, por ejemplo). Los asiáticos, a su vez, denunciarán discriminación si entre los nominados hay sólo chinos y japoneses, y no coreanos ni vietnamitas, y así hasta el infinito. En la furia anti-Óscars de este año se han hecho cálculos ridículos, que, según los calculadores, demuestran la injusticia y el racismo atávicos de la industria cinematográfica: mientras los actores blancos han ganado 309 estatuillas, los negros sólo 15, los latinos sólo 5, 2 los indios y 2 los asiáticos.

Es como decir que la música clásica es racista y machista porque en el elenco de compositores que han pasado a la historia y de los que se programan y graban obras, la inmensa mayoría son varones blancos. La pregunta obvia es esta: ¿acaso hubo negros, o gente de otras razas, que en la Europa de los siglos XVII, XVIII y XIX —el lugar y la época por excelencia de esa clase de música— se dedicaran a competir con Monteverdi, Vivaldi, Bach, Haendel, Mozart, Beethoven y Schubert? ¿Acaso a lo largo de la historia del cine hubo muchos cineastas negros? Sucede lo mismo con las mujeres. Es lamentable que a lo largo de centurias éstas fueran educadas para el matrimonio, los hijos y poco más, pero así ocurrió, luego es normal que el número de pintoras, escultoras, arquitectas, compositoras e incluso escritoras (en la literatura se aventuraron mucho antes que en otras artes) haya sido insignificante *en el con-*

junto de la historia. ¿Que el mundo ha sido injusto con su sexo? Sin duda alguna. ¿Que se les impidió dedicarse a lo que *quizá* muchas habrían querido? Desde luego. Es una pena y una desgracia, pero nunca sabremos cuántas grandes artistas se ha perdido la humanidad, porque lo cierto es que no las hubo, con unas pocas excepciones. ¿Clara Schumann, Artemisia Gentileschi, Vigée Le Brun? Claro que sí, pero son muy escasas las de calidad indiscutible. Muchas más en literatura: las Brontë, Jane Austen, Dickinson, George Eliot, Madame de Staël, Pardo Bazán, Mary Shelley, e innumerables en el siglo XX, cuando ya se incorporaron con normalidad absoluta. Pues lo mismo ha sucedido con los negros de las películas: durante décadas tuvieron papeles anecdóticos y apenas hubo directores de esa raza. Si hoy constituyen el 13 % de la población estadounidense, que se hayan llevado el 4,5 % de todos los Óscars otorgados no es tan infame teniendo en cuenta que el primero a actor principal (Sidney Poitier) no llegó hasta 1963. Pero dejo para el final la pregunta que hoy nadie se hace: en algo que supuestamente mide el talento, ¿por qué éste ha de ser proporcional? Jamás lo ha sido, ni por sexo ni por raza ni por países ni por lenguas. ¿Cabría la posibilidad de que los nominados al Óscar de un año fueran todos no-blancos? Sin duda. No veo por qué no la habría de que otro año todos fueran de raza blanca, si son los que han destacado. La única vez que un libro mío ha sido finalista de un importante premio estadounidense, compitió con cuatro novelas de mujeres, de las cuales dos eran blancas, una medio japonesa y otra africana. Ganó esta última, y, que yo sepa, nadie acusó de sexismo ni de racismo a los miembros del jurado.

20-III-16

La mezquindad que no falte

Una de las características más dañinas de nuestro tiempo y de nuestro país es la resistencia a aplaudir y a admirar nada. Sobre todo entre las nuevas generaciones, está tan extendida la idea de que *todo* debe ser puesto a caldo, que no hay logro ni acción noble que no despierten furibundas diatribas. Si alguien es generoso o se comporta ejemplarmente, en seguida se dice que es «postureo». Si un magnate como Bill Gates (u otros filántropos) entrega una inmensa porción de su fortuna para combatir enfermedades o paliar el hambre, casi nadie se lo agradece, y las reacciones oscilan entre frases del tipo «Con el dinero que tiene, eso carece de mérito» (olvidando que podría no haberse desprendido de un céntimo y nadie se lo habría reprochado), y del tipo «Eso lo hace para mejorar su imagen, así que de altruismo nada, es una inversión como otra cualquiera». Y, desde luego, lo que jamás existe es la unanimidad ante una buena reacción. Casi la consiguió Alejandro Sanz hace poco, cuando interrumpió un concierto suyo en México al observar que un hombre maltrataba a una mujer entre el público. Se fue hacia él, lo riñó, lo increpó, y el equipo de seguridad lo expulsó del recinto. Al parecer, el cantante fue ovacionado y las redes sociales se llenaron, con justicia, de parabienes. Pero leo que, inevitablemente, también ha habido comentarios censurando su conducta, incluido un artículo-editorial de este periódico, que le reprochaba lo que esos comentarios tuiteros, a saber: a) que «sus formas podrían haber sido igual de aleccionadoras pero menos musculosas: Sanz se fue hacia el tipejo en cuestión como quien se decide a cortar una

177

injusticia por las bravas ... El músico podría haber ordenado la expulsión del agresor desde el escenario...» (es probable que, de haber hecho eso, se lo acusara ahora de cobardía); y b) que, a lo dicho por Sanz una vez zanjado el incidente, «le sobraron las cinco últimas palabras, que arrastran un deje de la tradicional concepción de la mujer como sexo débil».

¿Y cuáles fueron esas palabras que, según los tuiteros y el comentarista de este diario, le sobraron? Lo que dijo el cantante al regresar a su sitio fue: «Yo no concibo que nadie toque a nadie, y menos a una mujer». Así que lo que se debería haber ahorrado, por machista o sexista, es «y menos a una mujer». Llama la atención, porque ¿en qué quedamos? La actual legislación española estipula una agravante, dentro de la mal llamada «violencia de género», cuando la agresión o el maltrato son de un varón a una mujer, y poco antes de las últimas elecciones una torpe representante de Ciudadanos estuvo a punto de hundir la campaña de su partido por defender, antipáticamente, la supresión de esta agravante. Si ésta existe, y la mayor parte de la sociedad está de acuerdo en que exista, es justamente porque, por lo general, en la paliza que le da un hombre a una mujer (o a un niño, o a un anciano) hay un abuso añadido. Con la salvedad de algunas mujeres entrenadas en artes marciales y de las señoras enormes que solía dibujar Mingote junto a maridos escuchimizados (existen esas parejas), a la hora de un enfrentamiento físico el varón acostumbra ser más fuerte y lleva las de ganar. La expresión «sexo débil», que por lo visto ahora ofende a quienes ansían ofenderse, no supone menosprecio hacia el femenino, ni alude a otra cosa que a la mencionada ventaja física. Cualquier mujer no susceptible o no soliviantada sabe, para su desgracia, que si tiene un mal encuentro en la calle o en su casa, lleva las de perder (con las excepciones ya apuntadas). Que si un varón se pone bestia, lo más probable es que ella sufra mucho más daño del que ella a él pueda infligirle. Por la misma razón, el 99 % de las violaciones que se dan en el mundo (y aún me quedo corto en el porcentaje) son de hombres a mujeres, y seguramente el 1 % restante se corresponda más con las de hombres a otros hombres que con las de mujeres a varones. Lejos de parecerme criticable, «y menos a una mujer» es una apostilla necesaria, más en un país como México, en cuya Ciudad Juárez se han producido incontables asesinatos de muchachas a lo largo de décadas, la mayoría premiados con la impunidad más absoluta.

Claro que la mujer es «el sexo débil», en ese exclusivo sentido, y precisamente por ello las leyes son como son y la sobreprotegen. No sé ahora, pero durante siglos se aprendía desde la niñez que en las peleas no podía abusarse. A eso responde la frase tantas veces oída en las películas, «Búscate a uno de tu tamaño», cuando el que pegaba era palmariamente más alto, grande y fornido que el pegado. Por eso resulta repugnante el adulto que se ensaña con un niño, que no puede defenderse. Por eso resulta también repugnante el hombre que pega a una mujer, la cual, aunque se defienda, sabe que las más de las veces llevará la peor parte. Nadie puede negar que las mujeres aún viven con un suplemento de miedo, y a menudo tienen que ir por el mundo con la vista y el oído alerta. Porque saben que es más fácil atacarlas a ellas con posibilidades de éxito. Los peros a la actuación de Sanz sólo demuestran lo que dije al principio: la mezquindad de nuestro tiempo y de nuestro país, incapaz de aplaudir, agradecer y admirar sin reservas... nada.

27-III-16

El *jockey* vienés y el sargento prusiano

De vez en cuando hay que darse una tregua y dársela a los lectores, y a mí suelen proporcionármelas los viajes. Puede que la última fuera mi relato de una frustrada visita a la casa natal de Goethe en Fráncfort, o acaso mis desventuras con los sistemas de grifos en los hoteles modernos. Ahora me ha tocado volver a Londres, y a diferencia de la anterior ocasión, hace ya casi tres años, en Heathrow no me sustrajeron nada. Debo decir que la columna que escribí entonces («Ladrones de Heathrow») tuvo una rápida respuesta de las autoridades del aeropuerto. Se justificaron con «las reglas» (ese cómodo comodín para todo), se disculparon y, al cabo de un tiempo, me devolvieron algunos de los objetos requisados por un celoso miembro de la seguridad: mi pequeño despertador Dalvey y una calculadora que no era la mía y que además estaba hecha un asco. Del cargador del móvil, ni rastro, y menos aún del botecito de agua oxigenada que el funcionario olisqueó insistentemente sin éxito («No huele», dijo, y eso le pareció aún más sospechoso). Pero algo fue algo y agradecí el tesón y el esfuerzo. No me imagino a Barajas rastreando semejantes menudencias entre todo lo confiscado a los pasajeros, facinerosos por definición y principio.

Esta vez mi estancia no tuvo tregua, así que no me quedó tiempo libre. Tan sólo veinte minutos un día: tenía que ir a una librería a firmar ejemplares, y me di tanta prisa en despacharlos que me encontré con ese regalo hasta la siguiente tarea. Quiso el azar que la librería estuviese en Cecil Court, callejón peatonal del que he hablado en varias oportunidades («Cuento de Cecil Court», «La bailarina reacia», «Cuento de Carolina y Mendonça», para quienes tengan curiosidad o memoria). Como quizá recuerden los lectores más pacientes con mis tonterías, en una diminuta tienda de allí, Sullivan, he ido adquiriendo algunas antiguas figuras de pequeño tamaño: primero un señorín con bastón y bigotillo, luego la bailarina que lo acompañaba y que me dio ridícula mala conciencia haber dejado atrás en el establecimiento; por último, hace cuatro años, en marfil, el personaje de Dickens Mr Jingle («El conveniente regreso de Mr Jingle»). Preveía yo entonces que, siendo éste un bribón y un seductor simpático, con numerosas conquistas en España según cuenta él mismo en *Los papeles de Pickwick*, traería alguna tensión a la pareja formada por Carolina y Mendonça, lo cual no me parecía mal para dar algo de aliciente a su silenciosa y estática existencia en mi casa. Pero la verdad es que Jingle, nacido de la pluma de su autor hace ya ciento ochenta años, se ha comportado de manera harto pasiva, en consonancia con su edad provecta. Así que aproveché aquellos veinte minutos para asomarme a Sullivan y echar un vistazo veloz. Y hubo dos figuras que me hicieron la suficiente gracia. Una de bronce policromado, vienesa de principios del xx, representa a un *jockey* extraño, porque, aunque su atuendo no deja lugar a dudas (chaleco a rayas rojas y amarillas, mangas negras, gorra negra y roja, como las botas altas, y ajustados pantalones de color canela), no está montado, sino graciosa e indolentemente apoyado en una valla que es parte de la pieza. Sostiene en las manos un látigo, más que una fusta, y la verdad es que su postura y su cara (boca de piñón, ojos soñadores, nariz fina y estrecha) lo hacen abiertamente afeminado, como se decía antes y supongo que ahora está prohibido, como casi todo. Sin que esto signifique otra cosa que una interpretación subjetiva, creo que ese *jockey* es un *gay* amanerado (lo cual sólo quiere decir que hay muchos *gays* que no lo son en absoluto). La otra figura que me llamó la atención no podía ofrecer mayor contraste: asimismo de bron-

181

ce, pero sin colores, fabricada a mediados del xix según el dependiente, yo diría que es un sargento prusiano, por el uniforme y el gorro; pero podría ser francés, por las largas patillas que casi se le unen con el bigotón poblado, por la nariz aguileña y la expresión muy severa, casi de permanente enfado. Lo curioso es que tiene una mano apoyada en el brazo contrario —como si lo tuviera herido— y no lleva ningún arma. La nuca se la cubre un pelo bastante largo recogido al final como coleta. Un tipo fiero en conjunto.

Los de Sullivan, que supieron de mis anteriores columnas, tuvieron la gentileza de ofrecerme un buen descuento, así que me llevé las dos sin pensármelo mucho. Y aquí están ahora, sin que haya decidido aún junto a quién colocarlas ni qué nombres darles. Esta apacible convivencia necesita un poco de conflicto, y ya que Mr Jingle está anciano, espero que el sargento arme bulla con sus patillas pendencieras: que se burle del señorín con su bastoncillo y su aire de petimetre; que azuce al veterano seductor dickensiano; que husmee el atractivo escote de la bailarina y provoque la reacción de los otros en su defensa; y en cuanto al compañero que ha venido con él, el jinete amanerado, confío en que su postura y sus delicados rasgos lo irriten sobremanera. Claro que las apariencias engañan, y quién sabe si el sargento de aspecto recio y aguerrido no acabará por fijarse en el *jockey* más que en Carolina, y si no habré aportado a mi grupo una pareja de hecho que se querrán con locura el uno al otro. De ser así, no habrá bronca ni conflicto. A menos que el anticuado Mr Jingle, con sus ciento ochenta años, los observe con censura y desagrado, poco acostumbrado en su época a las efusiones entre miembros del mismo sexo. Pero siempre fue un hombre tan jovial y desenfadado que no lo creo capaz de homofobia. Para eso hay que ser antipático, y él era la simpatía perpetua. Vuelvan a *Pickwick*, si no me creen.

3-IV-16

A ver si se muere Cervantes

Ya se han consumido tres meses del año y dentro de dos semanas será la fecha oficial del cuarto centenario de la muerte de Cervantes, y más o menos lo mismo respecto a Shakespeare. Se ha hablado mucho del contraste, del abismo existente entre la actitud de los dos países que vieron nacer a estos autores. Del entusiasmo inglés y la indiferencia española; de la implicación de Cameron y la dejadez de Rajoy el Plasmado; del enorme programa de fastos impulsado por las instituciones británicas y de las poco imaginativas y parvas celebraciones preparadas por nuestro Ministerio de Cultura. Si me guío por mí mismo, hace ya un par de años que la editorial Hogarth me tentó a «novelar» una obra de Shakespeare dentro de un amplísimo proyecto que incluía a una veintena de escritores, cuyas «adaptaciones» serían traducidas y publicadas en numerosas lenguas. También, desde el British Council, se me ha propuesto mantener un coloquio en Berlín con un autor inglés, sobre Shakespeare y Cervantes, en el marco de una exposición dedicada a los dos genios. Sobre el uno o el otro se me han solicitado textos desde diferentes países, y casi todas estas peticiones las he declinado (uno podría pasarse 2016 dedicado en exclusiva a estos menesteres, y soy de los que creen que las obras perfectas no hay que manosearlas ni menos aún «reescribirlas»). Alguna aportación he hecho en España, pero para el sector privado. La única propuesta que me ha venido del público, creo, era una majadería para Televisión Española, participar en la cual habría sido menos motivo de satisfacción que de sonrojo.

Al Gobierno le han llovido los reproches, con razón. Pero ¿qué se esperaba de una administración que, durante cuatro años, no ha hecho más que empobrecer y hostigar a los representantes de la cultura? Y Cervantes, aunque muerto y bien muerto, no deja de ser uno de ellos. Eso sí, el próximo 23 de abril veremos las consabidas colas de políticos, escritores y figurones para leer en voz alta un fragmento del *Quijote* (pésimamente y sin entonación, las más de las veces), esa chorrada ya institucionalizada. La mayoría se hará una foto, volverá a casa muy ufana y no abrirá de nuevo ese libro en su vida. En realidad no sé por qué nos escandalizamos. ¿Por qué habría de importarle Cervantes a una sociedad ahistórica y tirando a iletrada? En España pocos conocen nuestro pasado y además a casi todos nos trae al fresco. Ni siquiera hay curiosidad. Este año será el tricentenario del nacimiento de Carlos III, el mejor Rey que hemos tenido junto con Don Juan Carlos, pero la mayor parte de los españoles es incapaz de decir una palabra sobre su figura. El conjunto de la población, ¿sabe algo de las Guerras Carlistas, que fueron tres nada menos y no están tan lejanas? ¿Sabe que en 1898 estuvimos en guerra contra los Estados Unidos? Son sólo un par de ejemplos de la ignorancia brutal y deliberada que nos domina desde hace décadas. Hace poco, el grupo socialista del Ayuntamiento quiso quitar de la Plaza de la Villa madrileña la estatua de Don Álvaro de Bazán para colocar en su lugar una —la enésima en la capital— del alcalde Tierno Galván —muy llorado, eso sí, como todos los aduladores de jóvenes—. Eso denota visión histórica y sentido de las prioridades. Los cretinos municipales del PSOE probablemente ignoran que Don Álvaro intervino decisivamente en Lepanto y en otras hazañas militares; o quizá sea eso, que sus hazañas son hoy «condenables» por haber sido militares.

Hace no mucho dije en otra columna que la actitud general de los españoles respecto al pasado viene a ser esta:

«Los muertos no nos conciernen». La gente que no está aquí, que carece de poder e influencia, que no hace el memo para distraernos, que no suelta idioteces en las redes para que reaccionemos con furia; la gente a la que ya no podemos zaherir ni poner zancadillas ni hacer daño, la que no forma parte de la bufonada perpetua que nos alimenta, del jolgorio zafio y la chanza malintencionada, la gente que no puede indignarnos porque lleva mucho o poco criando malvas, ¿qué nos importa? A los políticos, desde luego, sólo les interesan aquellos que pueden ser utilizados, o arrojados a la cara del contrario: Lorca y Machado por razones obvias, un poco Hernández y Cernuda, y pare usted de contar o casi. Pero ¿Cervantes? Ni siquiera sabemos si sería de derechas o de izquierdas, para qué nos sirve. Al Gobierno le han caído regañinas justas por su desidia, y sin embargo, ¿han oído decir una palabra sobre el autor del *Quijote*, en estos meses transcurridos de *su* año, a los dirigentes del PSOE, Podemos o Ciudadanos, no digamos a los de Unidad Popular, PNV, ERC (y eso que hay dementes muy serios que insisten en que Cervantes era un catalán más, escamoteado)? En realidad, en España se procura matar a los muertos, ya es bastante molestia que haya vivos ocupando sitio («nuestro sitio») como para encima hacérselo a los difuntos. Shakespeare está vivo y omnipresente no sólo en la cultura y en la sociedad inglesas, sino en el mundo entero. Cervantes no tanto, por mucho que unos cuantos todavía adoremos su simpática figura y su obra. ¿Cómo podría estarlo al mismo nivel que su contemporáneo, si en su país lo que se pretende es que se hunda de una vez en el hoyo y en el mayor olvido posible? Aquí ese es el sino de cuantos «dan su espíritu» y ya no alientan, sea desde ayer o desde hace cuatro enteros siglos.

10-IV-16

Nos dan miedo y no lo damos

Es curioso lo que sucede con las matanzas del Daesh o Estado Islámico en Europa. Cuando escribo, la última ha sido la de Bruselas, con un saldo provisional de treinta y dos muertos y centenares de heridos. Nunca sabremos cómo quedan éstos, tal vez muchos lisiados de por vida. Lo que me llama la atención es que, como sucedió tras las de París, la estupidizada sociedad occidental reacciona —con excepciones— de tres principales maneras: la primera consiste en ponerse medallas compasivas, pues no otra cosa son las exhibicionistas muestras de dolor y los falaces *slogans* —*Je suis Paris, Je suis Bruxelles*, etc.— que sin duda les parecen «muy bonitos» a quienes los lanzan a las redes o los enarbolan en carteles. Estos individuos hacen llamamientos a la paz, sin darse cuenta de que lo último que interesa a los miembros del Daesh es eso, paz, y de que se deben de reír a mandíbula batiente de los bienintencionados, sus velas, flores y pegatinas. Y deben de pensar: «Si esta es toda la reacción, podemos seguir masacrándolos indefinidamente. Son tiernos como corderos. Lloran para ser vistos, enseñan sus fotomontajes, ponen a Tintín lleno de lágrimas, se sienten abstractamente solidarios con las víctimas, agachan la cabeza, tienen miedo y ni siquiera se indignan». Si algo me irrita, entre las cursilerías de nuestro tiempo, es el grito automático de «Todos somos...» en cuanto una persona o un colectivo sufren una injusticia o desgracia. «Todos somos Malala», «Todos somos belgas» o lo que se tercie. No falla y siempre es mentira. Si fuéramos Malala, nos habrían pegado un tiro en la cabeza, de niños, tan sólo por ir a la escuela. Si todos fuéramos belgas, podríamos estar despedazados en un metro o un aeropuerto, y por suerte no lo estamos. Pero hay que ver qué sensible queda decir eso.

La segunda reacción extraña es una variante del síndrome de Estocolmo. Parte de la población europea —con la falsa izquierda tontificada que padecemos al frente—, en vez de enfurecerse con quienes cometen los atentados, se da golpes de pecho, culpa a nuestros inicuos países y poco menos que «comprende» los asesinatos. «Claro, si no les hubiéramos hecho lo que les hemos hecho. Es que hemos sembrado el odio en sus corazones. Es que los hemos humillado.» La identidad de «nosotros» y «ellos» es vaga. Se sobreentiende que «nosotros» somos los europeos u occidentales en general, y que «ellos» son ¿los musulmanes? ¿los árabes? ¿los suníes? ¿los salafistas? ¿los wahabíes? ¿los iraquíes? No se dice, pero se parte siempre de la base de que nos hemos buscado las atrocidades y somos su causa última. ¿Se imaginan a los judíos sosteniendo algo parecido? ¿O a las víctimas de ETA? «Claro, si nos hubiéramos autoexpulsado de Alemania, Polonia, etc. Si no nos hubiéramos opuesto a una Euskadi independiente en la que mandaran ellos e impusieran su dictadura. La culpa de que nos maten es nuestra.» Difícil, ¿no? Pues es lo que ocurre a menudo con el terrorismo yihadista, y quienes así opinan no se dan cuenta de que las masacres nada tienen que ver con ofensas pasadas. No recuerdan que el Daesh ha declarado una «guerra santa» a casi todo el mundo: a los chiíes, a los yazidíes, a los judíos, a los cristianos en bloque, a los agnósticos, a los meramente demócratas y a los ateos. Sus miembros no se paran a mirar si un occidental es creyente o no, menos aún si es de derechas o izquierdas; para ellos todos somos «cruzados», y ven idénticos a Rajoy y a Pablo Iglesias (bueno, este último guarda con Aznar grandes semejanzas), a Valls y a Tsipras, a Trump y a Corbyn, a Bachelet, Maduro y Lula. Si los tuvieran a mano, los decapitarían a todos sin hacer distingos y con la misma alegría.

No estarán tan mal, ni serán tan criminales nuestras sociedades, si millones de perseguidos y desheredados anhelan incorporarse a ellas.

La tercera reacción es la que, en efecto, quiere convertirlas en criminales, la histérica e indiscriminada: la que culpa a los musulmanes en conjunto, sobre todo a los europeos. La que exige su expulsión masiva, la que prende fuego a albergues de refugiados y mezquitas, la de los presidentes húngaro y polaco, la de Le Pen y Wilders, la Liga Norte, los Auténticos Finlandeses, la Alternativa por Alemania y Aurora Dorada. Volviendo a los infinitos años en que ETA mataba, ninguno de estos líderes y partidos habría tolerado el lema de tantas manifestaciones —«¡Vascos sí, ETA no!»—, sino que habrían propuesto detener o desterrar a los vascos todos.

Si uno descarga la ira contra un colectivo, está errando el tiro y dando pseudoargumentos *a posteriori* a los asesinos. Si uno se culpa de las matanzas que sufre, está invitando a esos asesinos a que sigan. Si uno se limita a lamentarse, a pedir paz en el mundo y a encender velas para pensar «Qué bueno soy», se está comportando como los cristianos ante los gladiadores y leones del circo romano. La ira es obligada, es lo mínimo, pero no contra los pacíficos que comparten —si es que es así— religión con los verdugos. A la gente despiadada se la combate sólo con frialdad e infundiéndole miedo. Entre unas actitudes y otras, eso es lo que hace tiempo que no damos, y los miembros del Daesh lo saben: entre mensajitos y llanto blando, golpes de *mea culpa* y furia contra los indefensos, a los armados hasta los dientes, a los dispuestos a pasar a medio mundo a cuchillo, a esos precisamente nunca los asustamos.

17-IV-16

Menos mal que hay fantasmas

La muerte de Sara Torres hace trece meses, la mujer de Fernando Savater, ha tenido mi cabeza ocupada intermitentemente bastante más de lo que en principio habría imaginado. Porque lo cierto es que a él lo veo rara vez desde hace un lustro o quizá dos, pero hay afectos antiguos que permanecen vigentes, invariables en la distancia, y que ni siquiera precisan de la renovación periódica de la risa y la charla. Están ahí fijados, justamente como los que guardamos hacia los muertos queridos: no disminuyen porque ya no los veamos y sepamos que no vamos a volver a verlos. No dejamos de contar con ellos por la circunstancia accidental de que ya no habiten en nuestros mismos tiempo y espacio; lo hicieron durante un largo periodo, y no deja de parecernos un azar que no coincidamos últimamente con ellos. Aunque ese «últimamente» se prolongue y ya no pueda ser calificado así, estábamos tan acostumbrados a su presencia que ninguna ausencia —ni la definitiva— puede predominar sobre aquélla. No es descabellado decir que nos acompañan como el aire, o que «flotan» en el que respiramos. No es que los llevemos en la memoria: los llevamos en nuestro ser. Algunos de los que desaparecen van palideciendo a medida que los sobrevivimos, pero hay otros que jamás pierden la viveza ni el color.

No cometo indiscreción si digo que Savater, en esta primera fase, debe de sentirse impaciente por reunirse con Sara, por ir donde ella esté. Pero, dado que él no es religioso, el único lugar que pueden compartir es el pasado, esto es, *ser* ambos pasado y pertenecer ambos a él, ser ambos alguien que ha sido y ya no es. Él mismo lo ha hecho saber,

189

directamente o a través de otros. En una de las gratas columnas de Luis Alegre en este diario, éste contaba que Savater andaba atascado con el último libro que quería escribir, precisamente sobre Sara y su vida con ella, y que, lograra terminarlo o no, después no pensaba hacer más. «Para qué, si ya no los va a leer», era la conclusión. Todo esto me ha llevado a acordarme de cuando mi padre perdió a mi madre, en el lejano 1977. Tenía él entonces un año menos de los que tengo yo ahora, y no hace falta decir que, desde mis veintiséis, yo lo veía como un hombre más entrado en edad de lo que probablemente lo estaba y de como me veo a mí mismo hoy. Mis padres habían estado casados treinta y seis años, pero habían sido amigos o habían «salido» desde hacía muchos más. Al morir ella, Lolita, él, Julián, quedó tan desconsolado como pueda estarlo ahora Savater. Durante bastante tiempo mi padre expresó ese deseo de seguir a mi madre diciendo: «Estoy seguro de que no voy a durar, noto que mi tiempo también toca a su fin». Yo solía irritarlo con mis réplicas, que no buscaban otra cosa que hacerlo reaccionar y sacarlo de su abatimiento: «¿En qué lo notas?», le preguntaba. «¿Te sientes enfermo, te sientes mal?» «No», respondía, «no es eso, pero lo sé». «¿Entonces estás pensando en suicidarte?», insistía yo. «Claro que no», contestaba casi ofendido, pues él era religioso —católico reflexionante—, a diferencia de Savater. «Pues no augures cosas que no puedes saber», acababa yo, hasta la siguiente vez. Él vivió veintiocho años más que mi madre, es decir, tardó largo tiempo en reunirse con ella, sólo fuera como «pasado». Él creía que el reencuentro consistiría en mucho más; de hecho acostumbraba a decir que estaba convencido de que sería ella quien le abriera la puerta. A mí me daban ganas de preguntarle qué puerta, pero irritarlo en exceso no habría estado bien, y, por absurdo que me sonase aquello, sabía a qué puerta se refería. No hay por qué socavar las creencias de las personas, si las ayudan a sobreponerse a la tristeza o a la desolación.

Y acaso fueron esas creencias las que, al cabo de unos meses de la muerte de mi madre, lo indujeron a tener la actitud contraria a la de Savater. Se puso a escribir, un libro, dos, tres, yo qué sé cuántos más. Me imagino que sentarse ante la máquina era una de las pocas cosas que lo movían a levantarse tras noches de malos sueños o insomnio y atravesar la jornada, a pensar que no todo había acabado, que aún podía ser útil y productivo. Pero lo que más lo empujaba a escribir, decía, era la idea de que le «debía» a mi madre unos cuantos libros, de que a ella le habría gustado que los escribiese. Tal vez se figuraba que desde algún sitio ella lo sabría, se enteraría; es más, que «todavía» los podría leer. No me cabe duda de que Julián escribía en buena medida para Lolita. No sólo, desde luego, pero para ella en primer lugar. Cada vez que terminaba un artículo, desde la infancia lo veía perseguir por la casa a mi madre —ocupada en mil quehaceres, de un lado a otro— para leérselo con impaciencia; y hasta que ella no le aseguraba que le parecía bien, no lo enviaba. Necesitaba su aprobación pese a ser hombre muy confiado, incorregiblemente optimista y muy seguro de lo que hacía. Con esa ilusión, con la de su aprobación «póstuma» o fantasmal, tuvo veintiocho años de casi incesante actividad. Savater no es religioso pero le encantan las historias de fantasmas. Y como es persona tan optimista y confiada como mi padre, y probablemente más jovial, confío en que un día consiga convertir a Sara en fantasma literario, en acompañante de ficción —no merece menos—, y en que así se incumpla su presentimiento de no volver a escribir más.

24-IV-16

Un par de plagas

En la Real Academia Española se consideran continuamente nuevos vocablos para su posible inclusión en el *Diccionario*. Algunas son propuestas de la propia institución, otras de particulares que se dirigen a ella. Todas son vistas y ponderadas y, cada vez que yo pongo el grito en el cielo ante un neologismo que me parece innecesario, desafortunado o directamente horrendo —pero sobre todo cuando me parece esto último—, mi sabio compañero Pedro Álvarez de Miranda, con el que comparto comisión de trabajo, se solivianta ante mi reacción digamos «estética». Para la mayoría de filólogos, lingüistas y lexicógrafos, no existen palabras ni expresiones «feas» ni lo contrario, o al menos ese criterio lo juzgan irrelevante y acientífico. En parte hay que darles la razón, supongo: si los hablantes optan por decir de alguien bien plantado que «está como un queso» o que es un «yogurín», ya puedo opinar yo que el símil está mal traído (hay miles de quesos, y algunos de aspecto y olor nauseabundos) o que el segundo término es pueril y ñoño y quizá efímero, que no me queda sino aguantarme y aceptarlos. Estamos todos de acuerdo en que es la gente la que manda en la lengua y que nosotros nos debemos limitar a recoger y registrar lo que aquélla dice y escribe (siempre que no sea una tontada completa y que su uso esté asentado). Hay incluso colegas para los que tiene el mismo valor una página de Cervantes que el prospecto de una medicina (exagero un poco, pero sólo un poco).

Los literatos, en cambio, nos permitimos juzgar cosas como la eufonía y la cacofonía, nos provocan sarpullidos adverbios como «poblacionalmente» o disparates como «echar sangre en la herida» (que carece de sentido), en vez de «sal en la herida», que es lo que se ha dicho siempre; y verbos como «implementar», «posicionarse», «visionar» o «museizar» nos sacan de quicio. Soy de la creencia de que la manera de hablar de un país o de un pueblo indica en buena medida cómo son y piensan, y lo mismo respecto a los individuos. Como he dicho otras veces, si un político emplea la ya gastada fórmula «los ciudadanos y las ciudadanas», sé que es un farsante, un demagogo y un ignorante de la gramática. Si escribe «amig@s» o «camarad@s», lo tengo además por idiota. Todo apreciaciones personales mías, desde luego. Pues bien, el habla actual de mis compatriotas me lleva a albergar poca o nula esperanza. No se trata ya sólo de la falta de dominio de la lengua, del insólito «neoespañol» invasor del que hablé hace meses a raíz del libro de Ana Durante *Guía práctica de neoespañol*, de los sinsentidos y demencias que se escriben y dicen sin cesar y que han llevado al ex-director de la RAE García de la Concha a calificar hace poco de «zarrapastroso» el estado de nuestro idioma (y aún creo que fue benévolo). Eso es un proceso imparable, una batalla perdida. Lo que vengo observando, aparte, son dos tendencias deprimentes: la pedantería inculta o llana horterada, y la cursilería espontánea.

Los pedantes solían serlo por exceso de saber, pero ahora hay un gran número que además no tienen ni idea. Son los que abrazan con papanatismo cualquier término inglés como si fuera una novedad absoluta, y como si antes de que ellos descubrieran el vocablo en esa lengua, lo denominado por él jamás hubiera existido en ningún sitio. Así, hace años que nos machacan con *«bullying»* para lo que aquí siempre fue «matonismo» o «matoneo» (y un *«school bully»* es exactamente lo mismo que lo que se llamó toda la vida un «matón de colegio»). Cada vez que oigo o leo *«backstage»* me dan ganas de abofetear a quien lo usa, porque eso se corresponde con «bastidores» o «entre bastidores». Me subo por las paredes con los «*haters*», que no significa otra cosa que «odiadores». Y dejo de leer cualquier texto en el que aparezcan «*mainstream*», «*flagship*» (el antiquísimo «buque insignia»), «*break*», «*deadline*», «*trending topic*», «*prime time*», «*spoiler*», «*background*», «*target*», «*share*» o «*vintage*». Amén de que la mitad de las veces estos inglesajos estén mal utilizados (o pronunciados), su uso delata indefectiblemente a un hortera. Y lo lamentable es que España está hoy plagada de horteras.

La otra tendencia que vengo observando hace ya mucho es el insoportable abuso de los diminutivos, sobre todo cuando a la gente se le pone una cámara delante y se le pregunta por las vacaciones que se dispone a emprender. Raro será el español que no conteste: «Nada, unos diitas a la playita, en plan bañito por la mañana, luego una cervecita y unos aperitivitos, después una paellita con su cigalita y sus mejilloncitos, una buena siestecita, y a la noche nada, picar unos boqueroncitos y unas aceitunitas, regados con un buen vinito; y para rematar un whiskecito». Lo reconozco: cada vez que los oigo (no fallan), me dan arcadas. Que todo lo «bueno» deba ser diminutivizado y convertido en cursilería extrema me hace ser pesimista respecto al nivel intelectual y al espíritu de mis compatriotas. Pero, como me reprocharía mi sabio compañero Álvarez de Miranda, quién soy yo para criticar nada. Aún menos para oponerme al *mainstream* y ejercer de *hater*; mejor que me mantenga en el *backstage*, le dé a todo el mundo un *break*, no me ponga en plan *bully* lingüístico y acepte que, en el mejor de los casos, soy un producto muy *vintage* destinado a pronto desaparecer con mis anticuados *targets*.

1-V-16

La tremenda

Una de las cosas más agotadoras de nuestro país —aunque no sólo de él— es que, de un largo tiempo a esta parte, todo se tome a la tremenda y con enormes dosis de exageración. Hechos, declaraciones, bromas, opiniones que hace unos años habrían pasado casi inadvertidos son hoy pretexto para que los periodistas, tertulianos, tuiteros y demás, se mesen los cabellos y se rasguen las vestiduras. Bueno, ojalá fuera eso. En realidad sus camisas y sus cabelleras permanecen intactas, y los que quedan andrajosos y despeinados son los objetos de su ira, y cualquiera lo podemos ser. Basta con que alguien meta la pata (poco o mucho), con que se muestre guasón respecto a un colectivo o individuo «blindados» por la corrección política actual, con que diga que está harto de los dueños de perros y de la ridícula adoración que les profesan, o de los ciclistas imbuidos de superioridad moral respecto a los peatones; con que no condene abiertamente los toros, con que tenga dinero fuera del municipio en el que vive, con que critique a *una* mujer (insisto, a una, no al conjunto de ellas), con que desdramatice la derrota de su equipo de fútbol, para que sobre ese alguien caiga un alud de reproches, censuras, anatemas e insultos, cuando no amenazas de muerte y mutilación. Los españoles vivimos, de nuevo, en constante indignación. Pero, dado que no nos faltan motivos para ella, lo que resulta difícil de explicar es por qué los seguimos buscando donde no los hay. Es como una adicción: cada día tiene que haber algo nuevo que nos solivante y escandalice, que suscite nuestra condena y haga salir de nuestra boca las reconfortantes palabras «Es intolerable», o bien «Hay que castigar a esta persona, o a esta empresa, o a esta institución». Hace poco, el autor de un libro crítico con muchos de los que escribimos en prensa sin ser «expertos», declaraba que con su denuncia no pretendía que se pusieran límites a la libertad de expresión, pero a la vez pedía que se «despidiera», «expulsara» o «eliminara» (sus verbos) a los opinadores que le desagradan tanto. Me temo que esa es la hipócrita actitud de buena parte de nuestra sociedad: que cada cual diga lo que quiera, pero ay del que diga lo que a mí me parezca mal, porque entonces procuraremos su linchamiento virtual, su despido, su expulsión y su eliminación.

Lo peor es que la mayoría de los «linchados» se achanta. Hay algo muy semejante al terror a ser señalado por la jauría de tertulianos, tuiteros y locutores justicieros que aguardan con avidez la aparición de un nuevo reo. La gente tiene pánico a ser tachada de sexista, machista, racista, antianimalista, imperialista, colonialista, eurocéntrica (no sé qué se espera de un europeo: ¿que adopte una mirada china, argentina o pakistaní? Lo veo un tanto forzado, la verdad). Poco a poco ese temor conduce a la autocensura y a andarse con pies de plomo, porque esos pecados no sólo se atribuyen a quienes en efecto los hayan cometido, sino a cualquiera que no se una, siempre y en toda ocasión, a la vociferación condenatoria. A mí me parece muy preocupante una sociedad que cada vez se parece más a esas personas que merodean a las puertas de los juzgados para insultar y lanzar maldiciones al detenido de turno, normalmente esposado y por lo tanto indefenso en esos momentos, por grave que sea el delito del que se lo acusa. Se trata de una sociedad ávida de sangre (hasta ahora sólo metafórica, por suerte), que cada mañana da la impresión de levantarse con la siguiente ilusión: «A ver quién cae hoy». Tan grande es la ilusión que si no cae nadie con motivo, se inventa o se magnifica alguno para no quedarnos sin nuestra ración.

Claro está que no toda la sociedad es así. Entre nosotros sigue habiendo gente ecuánime, razonante, proporcionada, que sabe restar importancia a lo que no la tiene. Pero lo propio de esta gente es permanecer callada, o al menos no alzar la voz, de tal manera que lo que predomina y se oye es el griterío incesante de los airados, de los furibundos, de los que desean despedir, expulsar y eliminar. Estamos en una peligrosa época en la que se consienten y admiten hasta la más peregrina susceptibilidad y la más arbitraria subjetividad. «Si *yo* me siento ofendido, hay que escarmentar al ofensor», es el lema universalmente aceptado, sin que casi nunca se pongan en cuestión las excesivas suspicacia o sensibilidad o intolerancia de los supuestamente ofendidos. La prueba es que muchos de los anatematizados se disculpan mediante la siguiente fórmula: «Si he ofendido a *alguien* con mis palabras o mi comportamiento, le pido perdón». Siempre habrá «alguien» en el mundo a quien agravie nuestra mera existencia. Ya va siendo hora de que algunos contestemos de vez en cuando: «Si he ofendido a alguien, me temo que es problema suyo y de su delicada piel. Quizá convendría que acudiera al dermatólogo».

8-V-16

A mí no

En 2014 salió en inglés una antología de empalago-
so título en la que se me había invitado a colaborar.
Como la causa era buena (conseguir fondos para una
ONG muy antigua y estimular la lectura de poesía), me
presté de buen grado pese al dichoso título —*Poems
That Make Grown Men Cry*, o *Poemas que hacen llorar a
hombres adultos*—, elegí el mío y expliqué brevemente
por qué me conmovía al cabo de unos siglos. Entre los
participantes, numerosos escritores (Ashbery, Harold
Bloom, Richard Ford, Franzen, Follett, Heaney, Le Carré,
McEwan, Rushdie y Tóibín entre ellos), pero también
cineastas (J. J. Abrams, Bonneville —el padre de *Down-
ton Abbey*—, Branagh, Colin Firth, Jeremy Irons, Loach
o el admirable Stanley Tucci). Ahora me llega el volumen complementario —*Poemas que hacen llorar a mujeres adultas*—, con la misma mezcla y buen número de
cantantes y actrices (Joan Baez, Claire Bloom, Julie
Christie, Judi Dench, Annie Lennox, Emily Mortimer,
Vanessa Redgrave, Joss Stone y la inevitable Yoko Ono,
que, oh sorpresa, escoge unos versos de John Lennon,
en fin). La antología se abre con la elección de la actriz
Natascha McElhone, un poema escrito en el siglo VIII en
Irlanda y que había oído, incompleto, en una de mis películas favoritas, *The Dead* o *Dublineses*, de Huston, pero
había olvidado. Allí lo recita el personaje Mr Grace, interpretado por Seán McClory, un habitual de John
Ford, y lo titula «Promesas rotas», que no sé si se corresponde con el irlandés «Donal Og», como se lo llama en el libro. Tanto en él como en la película está en

198

la versión inglesa que de la pieza hizo Lady Gregory
(1852-1932), amiga de Yeats, y en español vendría a decir así:

Es anoche tarde cuando el perro hablaba de ti;
de ti hablaba la agachadiza en su marisma profunda.
Eres tú el pájaro solitario que recorre los bosques;
y ojalá carezcas de compañera hasta que me encuentres.

Me prometiste, y me dijiste una mentira,
que te me aparecerías donde las ovejas se juntan;
te lancé un silbido y trescientas voces,
y no encontré allí nada más que un cordero balando.

Me prometiste algo que para ti era difícil,
un barco de oro bajo un mástil de plata;
doce villas cada una con su mercado,
y un magnífico patio blanco a la orilla del mar.

Me prometiste algo que no es posible,
que me regalarías guantes de piel de pez;
que me regalarías zapatos de piel de pájaro;
y un vestido de la seda más cara de Irlanda.

Cuando voy a solas al Pozo de la Soledad,
allí me siento y sufro mi pesar;
cuando veo el mundo y no veo a mi mozo,
el que tiene un tono ambarino en el pelo.

Fue aquel domingo cuando te di mi amor;
el domingo anterior al Domingo de Pascua
y yo de rodillas leyendo la Pasión;
y mis dos ojos te daban amor para siempre.

Mi madre me ha dicho que no te hable hoy,
ni mañana, ni el domingo tampoco;

escogió mal momento para decirme eso;
fue cerrar la puerta tras el robo en la casa.

Mi corazón está tan negro como el negror del endrino,
o como el negro carbón del herrero en la fragua;
o como la suela de un zapato que holló salas blancas;
fuiste tú quien cubrió mi vida de esa oscuridad.

Me has arrebatado el este, me has arrebatado el oeste;
me has quitado lo que está ante mí y lo que está tras de mí;
me has quitado la luna, me has quitado el sol;
y mi temor es grande a que me hayas quitado a Dios.

No sé. Pensé que valía la pena darlo a conocer en mi
lengua, si es que no se ha traducido ya en alguna ocasión
y yo lo ignoro, este poema, «Donal Og». Aunque sólo
sea porque es del siglo VIII, del que nuestra imaginación
poco sabe, como del VII o del IX, esos siglos oscuros en
los que parece que casi nada hubo ni se escribió casi
nada. Al menos alguien escribió estos versos sencillos y
misteriosos, que no sé si «hacen llorar», pero que no dejan
indiferente. A mí no.

15-V-16

Distintos y discriminados

Dentro de unos días se iniciará la Feria del Libro de Madrid, última oportunidad del curso para que los escritores, editores y libreros hagan un poco de caja tras una temporada —una más— mala para el sector. A los autores nos tocará, como siempre, hacer de reclamo con nuestra presencia: una obra pirateada, al fin y al cabo, no puede contar con la dedicatoria autógrafa de quien la escribió; ni siquiera una descargada legalmente. Pero, por ejemplares que uno firme, la ganancia nunca es mucha. No se olvide que, si un libro cuesta veinte euros, a quien lo creó le corresponde percibir sólo dos, el 10 %, o incluso menos si la edición es de bolsillo.

Fuera de estos «acontecimientos» contagiosos, fuera de Sant Jordi y de las fechas navideñas, parece que la gente entra cada vez menos en las librerías. Se abren algunas nuevas, pero desde hace un decenio el número de las que han cerrado es muy superior. Se han clausurado unas cuantas históricas, de gran solera, en todas las ciudades habidas y por haber. La crisis que nunca termina ni amaina (el PP sólo ha conseguido alargarla, como salta a la vista de cualquier transeúnte, por mucho que su Gobierno se empeñe en sostener lo contrario) es sin duda la principal razón. La sigue la piratería, que desde finales de 2011 también puso sus ojos en la literatura, tras haber fulminado la música, el cine y las series de televisión. Como se sabe, aquí ningún Gobierno se atreve a combatirla, con una permisividad y una cobardía sin parangón en lo que suele llamarse «los países de nuestro entorno». España es una vergüenza, también en esto. Pero hay algo más: por desgracia, los políticos tienen mucha más influencia de la que debieran, y hace ya tiempo que la mayoría de ellos —sobre todo los que nos gobiernan aún, en funciones— no sólo se han desentendido de la cultura en general, sino que la han despreciado, gravado, obstaculizado, hostigado, y eso acaba trasladándose a la población. A diferencia de lo que ocurría en los años ochenta y noventa, ya no ven como ornamento o «mejora de imagen» dejarse caer por un teatro, un concierto o un cine, no digamos presumir de leer. Les trae sin cuidado quedar como unos zotes, creen que eso no les restará ningún voto. El Gobierno de Rajoy ha reducido al mínimo los presupuestos para las bibliotecas públicas, ha subido a lo bestia los impuestos a los espectáculos artísticos, ha perseguido fiscalmente a escritores y cineastas, con el reciente colofón de castigar con la pérdida o merma de sus pensiones a los autores que siguen escribiendo —y cobrando algo, sólo faltaría que sólo ganaran el editor y el librero— después de su jubilación. Ojo, después de jubilarse de empleos que nada tenían que ver con la literatura. Las pensiones se las habían ganado no como escritores, sino en su calidad de funcionarios municipales, profesores de instituto o lo que quisiera que fuesen, y por tanto dichas pensiones eran suyas legítimamente a todos los efectos, para eso habían cotizado durante décadas.

Hay quienes les reprochan que quieran seguir «trabajando» tras retirarse, que aspiren a ser distintos de los demás. Pero siempre se olvida que precisamente los escritores y artistas están discriminados negativamente respecto a los demás, *ya son* distintos. Sus obras son tan valiosas —se supone— que a los setenta años de su muerte física pasan a ser del dominio público y forman parte del «patrimonio» del país. Es decir, así como los demás —desde un terrateniente hasta un panadero— dejan sus posesiones en herencia ilimitada a sus descendientes, generación tras generación, los escritores y músicos deben renunciar a legarlas más allá de esos setenta años. Quien publique, represente, interprete o grabe sus obras después, no habrá de pagar un céntimo. Todo el mundo traspasa indefinidamente su dinero, sus tierras, sus pisos, sus negocios, sus fábricas, sus tiendas o lo que posea. Los escritores y músicos, que no sólo poseen, sino que han *creado* sus textos y sus partituras, ven limitados sus derechos respecto al resto de los ciudadanos. Y siendo esto así, lo lógico sería que obtuvieran en vida alguna compensación, por ejemplo una reducción drástica de impuestos, porque al fin y al cabo van a donar al Estado —o éste se lo va a requisar hasta la eternidad— el producto de su talento. En vez de eso, se los maltrata y persigue, se les discuten los derechos de autor (como si quisiera volverse al cuasi esclavismo que padecían hasta bien entrado el siglo XX), se les roba impunemente y se siembran sospechas sobre ellos. Incluso hay quienes se preguntan para qué sirven. Si no se sabe para qué sirven, ¿por qué son tan valiosas sus obras como para convertirlas en propiedad común, de todos, al cabo de setenta años de su desaparición? Que me lo explique algún político, por favor, a ser posible del patanesco Gobierno de Rajoy.

22-V-16

Las amistades desaparecidas

La otra noche me forcé a llamar a una vieja amiga (lo es desde hace cuarenta y tantos años), para por lo menos hablar con ella, ya que en los últimos tiempos nos vemos poco. Poco, pero todavía nos vamos viendo, lo cual ya es mucho, pensé, en comparación con lo que me sucede con decenas de amistades, o les sucede a ellas conmigo. Me temo que nos ocurre a todos, y en algunos momentos produce vértigo acordarse de las personas dejadas por el camino, o —insisto— que nos han dejado a nosotros orillados, colgados o en la cuneta. A veces uno sabe por qué. Las peleas, las decepciones, las ingratitudes, son algo de lo que nadie se libra a lo largo de una vida de cierta duración, pongamos de cuatro décadas o más. Casi nada hiere tanto como sentirse traicionado por un amigo, y entonces la amistad suele verse sustituida por abierta enemistad. Uno puede no ir contra él, no atacarlo, no buscar perjudicarlo en atención al antiguo afecto, por una especie de lealtad hacia el pasado común, hacia lo que hubo y ya no hay. Lo que es casi imposible es que no lo borre de su existencia. Uno cancela todo contacto, pasa a hacer caso omiso de él, lo evita, y cabe que, si se lo cruza por la calle, mire hacia otro lado, finja no verlo y ni siquiera lo salude con el saludo más perezoso, un gesto de la cabeza.

Uno sabe a veces por qué. Curiosamente, las cuestiones políticas son, en España, frecuente motivo de ruptura o alejamiento. Si dos amigos divergen en exceso en sus posturas, es fácil que acaben reñidos sin que se haya dado entre ellos nada personal. Cabe la posibilidad de no sacar esos temas, pero es una alternativa siempre forzada: en el intercambio de impresiones se crea un hueco incómodo y que tiende a ocupar cada vez más espacio, hasta que lo ocupa todo y no hay forma de rodearlo, ni de disimular. Se charla un poco de fútbol, de la familia, del trabajo, pero la conversación se hace embarazosa, ortopédica, sobre ella planea el independentismo vehemente que uno de los dos ha abrazado, o su entrega a la secta llamada Podemos, o su conversión al PP, por ejemplo. Cosas que el otro no puede entender ni soportar. Hay ocasiones más sorprendentes en las que uno también sabe por qué: porque presenció una mala época del amigo, que éste ya dejó atrás; porque le prestó o dio dinero, o lo vio en momentos de extrema debilidad. Hay quienes, lejos de tenerle agradecimiento, no perdonan a otro el haberse portado bien, o el haberles sacado las castañas del fuego. Cuando echamos una mano, del tipo que sea, en realidad nunca sabemos si estamos creándonos un amigo o un enemigo para el resto de la vida, y eso es particularmente arriesgado hoy en día, cuando hay tanta gente necesitada de manos para sobrevivir. Por propia experiencia, cada vez que echo una, me pregunto si recibiré gratitud por ella o una inquina invencible e irracional, un desmedido rencor. Supongo que el mero hecho de pedir ayuda —más aún de recibirla— representa para algunos individuos una humillación intolerable que harán pagar precisamente al que se la presta. Al que estuvo en condición de ofrecérsela y por lo tanto en una posición de superioridad. Aunque éste no la subraye en modo alguno, aunque dé todas las facilidades y reste importancia a su generosidad, hay personas que nunca perdonarán al testigo de su penuria, de su desmoronamiento o de su decadencia temporal. De su fragilidad.

Otras veces alguien se aparta porque al otro le va demasiado bien y es un recordatorio de lo que no tenemos. O porque le va demasiado mal y es un recordatorio de lo que a cualquiera nos puede aguardar. En España hay que andarse con pies de plomo a la hora de mostrar los logros y los fracasos, la alegría y la desdicha. Un exceso de lo uno o lo otro es siempre un peligro, se corre el riesgo de quedarse solo y abandonado. Creo que era Mihura quien decía que un escritor afortunado debía hacer correr el bulo de que estaba gravemente enfermo, para permitir que se lo mirase con piedad y rebajar el resentimiento por sus éxitos: «Ya, pero se va a morir», es un consuelo que atempera la envidia.

Pero demasiadas veces no sabemos por qué se desvanece una amistad. Por qué las cenas semanales, o incluso la llamada diaria, se han quedado en nada, quiero decir en ninguna cena ni una sola llamada. Sí, aparecen nuevos amigos que desplazan a los antiguos; sí, nos cansamos o nos desinteresamos por alguien o ese alguien por nosotros; sí, un ser querido se torna iracundo, o lánguido y perpetuamente quejoso, o exige invariablemente sin aportar nunca nada, o sólo habla de sus obsesiones sin el menor interés por el otro. De pronto nos da pereza verlo, nada más. No ha habido riña ni roce, ofensa ni decepción. Poco a poco desaparece de nuestra cotidianidad, o él nos hace desaparecer de la suya. Y falta de tiempo, claro está, el aplazamiento infinito. Esos son los casos más misteriosos de todos. Quizá los que menos duelen, pero también los que de repente, una noche nostálgica, nos causan mayor incomprensión y mayor perplejidad.

29-V-16

Narcisismo hasta la enfermedad

El narcisismo de nuestra época está alcanzando cotas inimaginables. Hay un creciente número de individuos tan enamorados de sí mismos que dan por sentado que lo que ellos hagan, opinen, tengan o incluso padezcan es bueno o está dignificado. He contado que la Real Academia Española recibe protestas y presiones para que suprima la siguiente acepción de «autista» (como adjetivo y como sustantivo): «Dicho de una persona: Encerrada en su mundo, conscientemente alejada de la realidad». Los quejosos no tienen en cuenta que, como he explicado mil veces —y no he sido el único—, la RAE carece de potestad para enmendarles la plana a los hablantes. Si a ellos se les antoja emplear «autista» en sentido figurado, para referirse a alguien ensimismado, impermeable al exterior y a sus semejantes, a la Academia no le queda sino recoger ese uso. Pertenece a la lengua porque así lo han decidido los hablantes. También se solivantan muchos por esta acepción de «cáncer»: «Proliferación en el seno de un grupo social de situaciones o hechos destructivos». Y se añade el ejemplo: «La droga es el cáncer de nuestra sociedad». Este sentido metafórico de la palabra está extendidísimo, y a la RAE no le cabe sino registrarlo. Esta institución, en contra de lo que muchos quisieran, no prohíbe ni impone nada; tampoco juzga; a lo sumo advierte, mediante las marcas «Vulgar» o «Negativo», que tal o cual vocablo pueden resultar malsonantes o denigratorios.

Pero el narcisismo de muchos individuos roza el absurdo o cae de lleno en él. Hay enfermos de cáncer que consideran falta de respeto la inclusión de la acepción mencionada. Parecen decirse: «¿Cómo va a ser destructivo algo que *yo* tengo? Eso es una ofensa». Siempre se ha hablado de tumores «malignos», y todos sabemos lo destructivo que es el cáncer. Algunos de los que lo padecen, sin embargo, han decidido que, si ellos lo albergan, no puede ser maligno ni destructivo, o que al menos no debe emplearse el nombre como sinónimo de algo negativo. Otro tanto ocurre con «autista», como si serlo fuera algo neutro y no una desgracia. Su uso figurado agravia a los afectados. Pero lo cierto es que ambas cosas *son* negativas, se miren como se miren, y nada tiene de particular que los hablantes lo entiendan así y se valgan de los términos en sentido no literal (y negativo). Pero en fin, ya saben que hoy está mal visto hasta decir que alguien es sordo, o ciego, no digamos tullido o lisiado. Quien sufre una carencia o un defecto a veces no está dispuesto a admitir que no ver o no oír lo sean. Pretenden que lo consideremos una especie de «opción», algo «elegido», cuando no lo es. Claro que hubo el caso de dos lesbianas estadounidenses sordomudas que, hace años, y a la hora de fecundarse una de ellas artificialmente, exigieron que su *nasciturus* heredara su sordomudez: querían para él la misma «forma de vida» que a ellas les había tocado en suerte, de la que habían logrado sentirse orgullosas...

Hace pocas semanas hablé aquí de la extrema susceptibilidad de mucha gente, que intenta imponernos a los demás. La Defensora del Lector de este diario se hizo eco recientemente —y además les dio en buena medida la razón— de las susceptibilidades desaforadas de varios lectores que habían tomado por «burla» del cáncer del novelista gráfico Frank Miller los comentarios que sobre su demacrado aspecto había hecho en una entrevista Jacinto Antón, probablemente el mejor periodista cultural que haya en España. Dado que Miller es un celebérrimo autor de cómics violentos y desmesurados, Antón decía cosas tan terribles como que «se parecía extraordinariamente a Freddy Krueger» (lo cual era cierto, a la vista de las fotos), como podía haber dicho que se daba un aire a Nosferatu. También lo afrentaba al compararlo con un *Ecce Homo*, es decir, con el Cristo una vez hecho un Cristo, como tanto se dice en el lenguaje coloquial. Esto equivalía, según los quisquillosos lectores, a «burlarse con saña» (!) del enfermo, o a «reírse en la cara de una persona ... aquejada por una enfermedad» (!). Y la Defensora, para mi sorpresa (*El País* suele estar a favor de la libertad de expresión, y no debería temer tanto a los tiquismiquis, intolerantes por naturaleza), acababa amonestando al periodista: «Sus comparaciones no dejan de ser una aproximación humorística a una realidad nada cómica: los estragos causados por una enfermedad muy seria». ¿Humorística? ¿Reírse en la cara? ¿Burlarse con saña? No se sabe en qué quedamos. Quizá haya que pasar por alto el aspecto de alguien por llamativo que sea; quizá haya que silenciar las enfermedades sin más, porque cada uno es muy libre de ofrecer el aspecto que quiera o se le haya puesto, por la razón que sea. Y al fin y al cabo el cáncer *no* es maligno, puesto que muchos lo tienen. A este paso, llegará el momento en que ni siquiera se admita que es una enfermedad. Y llegará también el momento en que no se podrá hablar de nada, por si acaso. Hacia él nos encaminamos a grandes zancadas, para acabar con la libertad de expresión.

5-VI-16

Veamos a quién admiras

Poco antes de las elecciones del pasado diciembre escribí aquí una columna titulada «Casi cualquier prueba», en la que repasaba la catastrófica legislatura bajo el Gobierno de Rajoy y expresaba mis dudas y reparos ante los demás partidos. Y terminaba diciendo: «... con todo y con eso, casi cualquier prueba, casi cualquier riesgo, me parecen preferibles a continuar en la ciénaga de los últimos cuatro años». Tuve la precaución del «casi», porque siempre es preciso tenerla. Son ya demasiadas las ocasiones en las que uno cree que no puede existir un gobernante peor del que se sufre, y la experiencia le demuestra lo contrario, que siempre es posible empeorar. Sin alejarnos mucho, ¿parecía imaginable alguien más dañino y falaz que Bush Jr y Cheney al frente de los Estados Unidos? Ahora corremos el riesgo de que esté a su mando Donald Trump.

En aquella columna escribía del PSOE: «... no es seguro que haya abandonado la idiotez generalizada que lo dominó durante la época de Zapatero», y añadía: «Esa idiotez, pero agravada, la ha heredado IU ... bajo el liderazgo de Alberto Garzón; y en cuanto a Podemos, una necedad similar compite con resabios de autoritarismo temible». Han transcurrido seis meses y algo más sabemos acerca de esta última formación. Pero no mucho, en realidad (aparte de que haya engullido a la penúltima). Si uno quiere saber qué pretenden y cómo gobernarían sus dirigentes, se encuentra con un batiburrillo oportunista. Han cambiado de postura y «lugar» tantas veces (somos «anticasta»; no, de extrema izquierda; no, socialdemócratas; no, de centro; no, de los de abajo; no, «transversales» en general) que lo único que se saca en limpio es que es gente dispuesta a lo que sea con tal de conseguir poder. Su objetivo más visible es el siguiente: sobrepasar al PSOE para después desmenuzarlo; erigirse en principal partido de la oposición y aguardar a que el PP siga hundiéndose y hundiendo al país hasta que la población, desesperada, quite mi cauteloso «casi» y prefiera cualquier prueba, cualquier riesgo, antes que seguir padeciendo las injusticias y la inoperancia de Rajoy o su sucesor.

Ante un partido como Podemos, dado al travestismo, el embarullamiento y la adulación del elector, dominado por una figura tan demagógica y taimada como Pablo Iglesias, sólo ayuda fijarse en quiénes son sus amigos y benefactores, y a quiénes admira, para intuir a qué atenerse y qué se puede esperar de él. Por supuesto, están el golpista militar Chávez y su caricatura Maduro, a quienes varios de sus líderes aconsejaron y sirvieron con apasionamiento y remuneración: es decir, un par de autócratas desastrosos para su país, que desprecian la democracia. Están Tsipras y Varufakis, de Grecia, a los que en estos momentos no conviene poner de ejemplo, aunque parecieran mucho más honestos y bienintencionados que los dirigentes de Podemos. Está a ratos Putin, y Bildu en el País Vasco, con el que han establecido alianzas. Ahora está Arnaldo Otegi, al que abrazan y juzgan «un hombre de paz», como si nada hubiera tenido que ver con ETA en sus años más virulentos. Y desde luego está Julio Anguita —al que también abrazan—, uno de los políticos más injustificadamente presuntuosos y perdonavidas de nuestra democracia, y cuyo mayor logro (la famosa «pinza» de los noventa) fue aupar a Aznar al poder; y a Aznar, su compañero de conspiración, lo sufrimos ocho años. Iglesias se proclama «discípulo» de él (de Anguita, aunque en su megalomanía y su autoritarismo recuerde muchísimo a Aznar). No está de más recordar que, declarándose Podemos un partido feminista, sus dirigentes no tuvieron el menor reparo en trabajar para —y cobrar de— un canal de televisión financiado por Irán, donde las mujeres están sojuzgadas en todos los ámbitos. La impresión se confirma: lo que sea para conseguir poder. Por último, no olvidemos entre las admiraciones la excelente serie *Juego de tronos*, pobre, que el susodicho Iglesias no cesa de manosear y tergiversar: si le gusta tanto es porque, según él, ilustra el pensamiento político de Maquiavelo, Gramsci y Carl Schmitt (que inspiró mucho al nazismo), y enseña que lo que importa es el poder crudo, el de la fuerza. Es difícil saber si George R. R. Martin se moriría de risa o se pegaría un tiro en el paladar al oírle, al ver su imaginativa creación reducida a semejante ramplonería de pedantuelo profesor incapacitado para entender la ficción.

Pero hay un elemento o guía más: la actitud de los entusiastas de Podemos, sin parangón con la de los de ningún otro partido, incluido el PP. Cuando en política aparece un fervor religioso; cuando la pertenencia a una formación se asemeja a la pertenencia a una secta, y hay un caudillo; cuando sobre sus críticos cae inmediatamente una lluvia de insultos mezclada con alguna lección adoctrinadora para que esos críticos «abran los ojos y abracen la fe»; cuando desde ese partido se habla de «regular» y «controlar» la prensa, y de pedir «adhesión» (palabra franquista donde las haya) a los jueces y a los cargos públicos; entonces, cuando todo eso se junta, sólo toca alejarse corriendo.

12-VI-16

Perrolatría

Cuando Obama ocupó la Casa Blanca hace casi ocho años, se encontró con un problema inesperado, mucho más grave que su raza o su poco definida religión: no tenía perro. Hubo de comprarse uno a toda prisa, porque en los Estados Unidos hace mucho que se llegó a la peregrina conclusión de que quien carece de perro es mala persona. España presume de ser un país muy antiamericano, pero copia con servilismo todas las imbecilidades que desde allí se exportan, y casi ninguna de las cosas buenas o inteligentes. En la beatería por los chuchos (y por extensión por todos los animales, dañinos o no), estamos alcanzando cotas demenciales, y, sobre todo, los dueños de canes quieren imponer sus mascotas a los demás, nos gusten o no. Leo que sólo en Madrid hay más de 270.000 censados, cifra altísima, pero que no deja de representar a una minoría de madrileños. Ésta, sin embargo, en consonancia con la lerda idea estadounidense de que los perrólatras gozan de superioridad moral y de un salvoconducto de «bondad» (Hitler se contaba entre ellos), abusa sin cesar y exige variados «derechos» para sus perros. Lo de los «derechos» de los animales es uno de los mayores despropósitos (triunfantes) de nuestra época. Ni los tienen ni se les ocurriría reclamarlos. Quienes se erigen en sus «depositarios» son humanos muy vivos, con frecuencia sus propietarios, que en realidad los quieren para sí, una especie de privilegio añadido. Los animales carecen de derechos por fuerza, lo cual no obsta para que nosotros tengamos *deberes para con ellos*, algo distinto. Uno de esos deberes es no maltratarlos gratuitamente, desde luego (pero si nos atacan o son nocivos también tenemos el derecho e incluso la obligación de defendernos de ellos).

Los dueños de perros claman ahora por que se deje entrar a éstos en casi todas partes: en bares, restaurantes, tiendas, galerías de arte, museos, librerías, y aun se les creen sus propios parques... Una apasionada declara: «No apoyo sitios en los que no me dejen entrar con mi familia» *(sic)*. «Vaya con o sin mis perros.» (Supongo que regiría igual para quien decidiera adoptar jabalíes, serpientes o cachorros de tigre.) Ella y otros entusiastas celebran que ahora La Casa Encendida abra sus puertas a los perros, y no sé si también la Calcografía Nacional (donde se ha hecho una exposición de la *Tauromaquia* de Goya tan manipulada y falseada que se convirtió al pintor en un «animalista *avant la lettre*» (!). En lo que a mí respecta, ya sé qué sitios no voy a volver a pisar, por si las moscas. Nada tengo contra los perros, que a menudo son simpáticos y además no son responsables de sus dueños. Pero no me apetece estar en un restaurante rodeado de ellos. No todos están educados, no todos están limpios ni libres de enfermedades, no todos se abstienen de hacer sus necesidades donde les urjan, muchos ladran en cualquier momento por cualquier motivo.

Con frecuencia sus amos no se conforman con uno, sino que llevan tres o cuatro, cada uno con su larga correa que ocupa la calle entera e impide transitar a los peatones. Un perro es, además, un lujo. Su mantenimiento es carísimo y una esclavitud, desde la comida especial hasta las espulgaciones, las continuas visitas al veterinario, los lavados y peinados y «esquilados» a cargo de expertos, incluso el tratamiento «psiquiátrico» que necesitan muchos porque se «estresan», se asustan al oír el timbre, se desquician en pisos de escasos metros y en ciudades no preparadas para su sobreabundancia. De las cacas que van sembrando no hablemos; por mucho que se obligue a sus amos a recogerlas en una operación de relativa asquerosidad, siempre los habrá que se negarán a la humillación. Nada tengo contra los perros, ya digo, pero hay mucha gente que sí, que les tiene miedo y no los soporta. Y se los intenta imponer a esa gente en todas partes, hasta mientras come.

Entre ella estaba Robert Louis Stevenson, que escribió en 1879: «Me vi muy alterado por los ladridos de un perro, animal que temo más que a cualquier lobo. Un perro es notablemente más bravo, y además está respaldado por el sentido del deber. Si uno mata a un lobo, recibe ánimos y parabienes; pero si mata a un perro, los sagrados derechos de la propiedad y el afecto elevan un clamor y piden reparación ... El agudo y cruel ladrido de un perro es en sí mismo un intenso tormento ... En este atractivo animal hay algo del clérigo o del jurista ... Cuando viajo a pie, o duermo al raso, los detesto tanto como los temo». Todo esto se olvida, en efecto: según su tamaño y su raza, el que va con perro porta un arma. Si está prohibido ir por ahí con una pistola o un cuchillo de ciertas dimensiones, no se entiende tanta permisividad con una bestia que obedecerá a su amo y que éste puede lanzar contra quien le plazca. Una vez un vecino misantrópico me insultó gravemente, sin motivo, en el portal. Mi reacción normal habría sido encararme con él. Pero el hombre sujetaba a un perro de aspecto fanático, que a su orden habría defendido a su dueño aunque éste no llevara razón. Como es natural, porque a los canes no les corresponde averiguar tales matices, sino someterse ciegamente a quien los alimenta y cuida. Si eso no es un peligro en potencia... En Madrid hay los perros que dije, así que no quiero imaginarme cuántos enemigos me he creado en España con estas líneas. Ninguno tendrá cuatro patas, eso es seguro.

19-VI-16

Lo contraproducente

Aparte de resultarme estomagantes, siempre he desconfiado de los cursis, lo mismo que de los melodramáticos, los histéricos, los quejumbrosos y los teatrales, en cualquier ámbito y circunstancia. Por frívolo que suene en esta época plagada de injusticias y desgracias, el estilo cuenta e influye. Desde que hace mucho volvieron a proliferar los mendigos en nuestras calles, uno se ve abordado por tantos en cualquier trayecto que no le queda sino «elegir» a cuáles ayuda y a cuáles no, ya que a todos sería imposible. Me doy cuenta, en esos recorridos, de que no me acabo de creer a los más chillones y exagerados, a los que están de rodillas o tirados cuan largos son, entonando una letanía de desdichas de forma machacona y reiterativa. Lejos de mí suponer que mienten, pero sus aparatosas escenificaciones me son contraproducentes, y me siento mucho más inclinado a rascarme el bolsillo ante aquellos más pudorosos y sobrios, los que conservan un ápice de entereza o de picardía en medio de su infortunio. De hecho me conmueven más los que no se esfuerzan por lograrlo que los aspaventeros que proclaman a voces su sufrimiento y su desesperación. Otro tanto sucede con las imágenes de los refugiados por toda Europa: los hay muy dignos y pacientes, los hay que piden con tono y gesto serenos, y sus miradas ensimismadas y tristes apelan a nuestra compasión con mucha mayor eficacia (sigo hablando por mí) que los desgarrados aullidos de otros, que los arrebatados y exhibicionistas. No digo que éstos no padezcan, claro está, pero, al no tener reparo en explotar su padecimiento, consiguen que, aun siendo verdadero, parezca falso, una suerte de representación. En suma, cuanto más grita alguien «Ay ay ay qué dolor», más tiende uno a pensar, quizá injustamente: «Ya será para menos».

Tengo para mí (tengo observado) que los cursis, a su vez, no sólo resultan empalagosos, sino que con frecuencia esconden a individuos aviesos y ponzoñosos, sin apenas escrúpulos. En el periodismo y en el articulismo es muy detectable. Los prosistas capaces de las más lacrimosas ñoñerías suelen ser también los que se muestran más soeces, mezquinos y zafios, según les pille el día. A veces alcanzan una inverosímil y acabada mezcla de las dos cosas, grosería y edulcoramiento. Son los que escriben necrológicas en segunda persona, dirigiéndose al muerto, más ocupados en que se vea lo destrozados que están ellos que en hacer el elogio o la semblanza del fallecido. O bien en relatar lo importantes que para él fueron y cuánto los apreciaba el difunto de turno («Me dio un premio», «Me felicitó por mi obra», cosas así).

Hoy hay elecciones, y una posible manera de orientarse a la hora de votar, más allá de las ideologías, es fijarse en los estilos, en esa cursilería y ese dramatismo de los que vengo hablando, en la falta de sobriedad. Creo que Rajoy y su partido aprendieron hace ya años la lección de lo contraproducente, cuando el aún Presidente evocó e imaginó a una tierna niña a la que deseaba toda suerte de males (los que él trajo en cuanto tuvo el poder), y eso se le volvió en contra con gran virulencia. Todavía no han aprendido esa lección, en cambio, los representantes de Unidos Podemos, a los que no se les ha ocurrido otra ñoñez que poner en su logo un corazonzuelo con colorines, hablar de «sonrisas» y decir que «nosotros nos tocamos mucho, nos queremos» (¡aargg!, como se leía en los antiguos tebeos). Claro que todo esto poco tiene de sorprendente si se recuerda el texto de su gran mentor Monedero ante la agonía de Hugo Chávez: «He amanecido con un Orinoco triste paseándose por mis ojos. Querer a Chávez nos hace tan humanos, tan fuertes». Luego venía una ristra de demagogias lacrimógenas, del tipo: «Chávez en la señora que limpia. Chávez de la abuela que ahora ve y de la que ahora tiene vivienda. Chávez de la poesía rescatada, de los negros rescatados, de los indios rescatados», etc. Y aún insistía con su metáfora: «He amanecido con un Orinoco triste paseándose por mis ojos y no se me quita» (después de tanto paseo fluvial no sé cómo no acabó anegado Monedero entero).

No quiero sacar conclusiones, y siempre hay excepción a la regla, pero la experiencia me ha enseñado que las personas capaces de expresarse tan impúdicamente (en realidad: «Mírenme qué sensible y poético soy, mírenme cómo lloro y me estremezco y vibro, o cómo sonrío de ilusión») a menudo también lo son de la más absoluta falta de piedad. La niña de Rajoy y los Orinocos de Monedero son dos caras de la misma barata moneda, a mi parecer. Y, siento decirlo, pero al oír o leer estas estridentes sensiblerías, no puedo nunca dejar de acordarme del monólogo del futuro Ricardo III en *Enrique VI* de Shakespeare, sobre todo de los siguientes fragmentos aproximados: «Vaya si sé sonreír, y asesinar mientras sonrío; y lanzar ¡bravos! a lo que aflige mi corazón; y humedecer mis mejillas con lágrimas artificiales. Ahogaré a más marinos que la Sirena; mataré a más mirones que el basilisco; engañaré con más astucia que Ulises. A mi lado le faltan colores al camaleón, y el criminal Maquiavelo es un aprendiz. Y si sé hacer todo esto, ¡quia!, ¿cómo no voy a arrancar una corona?».

26-VI-16

El retrato del organista

Siempre que voy a una exposición del Museo del Prado aprovecho la visita para asomarme a dos o tres de mis cuadros favoritos, entre los que están los imaginables y otros que no lo son tanto. Y a menudo me acabo acercando a un retrato de un pintor español cuyo nombre corriente dice poco a la mayoría: Vicente López (1772-1850). Su obra más conocida es el que le hizo a Goya en 1826, con pincel y paleta en las manos y bien trajeado por una vez. Sin duda es un excelente y algo academicista retrato, pero no es ese el que a mí me gusta contemplar largo rato, incansablemente. Éste es *Félix Máximo López*, de 1820, padre del artista —infiero, pero no me consta—, a tenor de la inscripción bien legible sobre el teclado de un clavecín en el que el anciano apoya su brazo izquierdo: «A D. Félix Máximo López, primer Organista de la Real Capilla de Su Majestad Católica y en loor de su elevado mérito y noble profesión, el amor filial». Me imagino que el cuadro podrá verse en Internet.

Ese viejo organista parece en verdad muy viejo, aunque váyase a saber qué edad tenía cuando fue pintado. Y sin embargo su atuendo y su actitud son aún presumido y desafiante, respectivamente. Una chaqueta de bonito azul marino con botonadura dorada queda empalidecida al lado de su chaleco rojo vibrante, con su ondulación, y de los puños de la chaqueta a juego con él. En la mano derecha sujeta una partitura cuyo título puede leerse del revés: «Obra de los Locos, Primera parte». Inclinado junto a la manga, un bastoncillo de empuñadura dorada, recta y breve. La mano y el brazo izquierdos, sobre el mencionado clavecín. El pelo blanco y escaso lo lleva peinado un poco hacia adelante, a la manera de los romanos pudorosos de su calvicie, y las cejas pobladas también se ven encanecidas. Las orejas son grandes, pero bien pegadas a la cabeza; la nariz ancha pero proporcionada con el resto; el labio superior más bien exiguo, casi retraído, y sobre él se advierte una cicatriz vertical; entre la mejilla y la nariz se adivina una verruga nada aparatosa, como si se le hubiera posado una mosca ahí. Todo el retrato rebosa fuerza y a mí me produce, como pocos otros, la sensación de tener enfrente a ese hombre vivo, a él y no su representación; y esa fuerza está sobre todo en la mirada, como suele ocurrir. El viejo mira fijamente al espectador como sin duda miró muchas veces a sus discípulos y a sus seres cercanos. Y cada vez que contemplo esos ojos me parece oír voces distintas y acaso contradictorias. Un día los imagino encarándose con alguien que le ha pedido ser su aprendiz, o una recomendación: «¿Así que quiere usted ser organista, joven, como yo? Pocos están dotados, y si no lo está ya se puede esforzar, que de nada le va a servir». Otro día los oigo murmurar: «Sí, ya soy viejo, hijo, y quieres retratarme antes de que me muera. Podía habérsete ocurrido antes, cuando no tenía este aspecto. Pero si se me ha de ver así en el futuro, te aseguro que no me mostraré decrépito, sino aún lleno de vigor. Empieza y acaba ya, cuando todavía estamos a tiempo». Un tercer día los oigo asustados, pero disimulando su temor y esa incomprensión de las cosas que muchos ancianos llevan puesta permanentemente en la mirada, como si ya todo les resultara ajeno y baladí: «No sé quiénes sois ni qué buscáis, no entiendo vuestros afanes y empeños, todavía dais importancia a insignificancias, aún lucháis y ambicionáis y envidiáis, todavía sufrís; cuánto os falta para cesar, como ya he cesado yo». Siempre, en todo caso, oigo hablar a esos ojos, en tono brioso, y de escepticismo, y de reto. Alguna vez me he figurado que se dirigían al Rey, Fernando VII, y que en ese caso estarían pensando: «¿Qué sabrás tú de música ni de nada, especie de mentecato pomposo y cruel?».

No quedan muchos viejos así en la vida real. Se los ha domesticado haciéndoles creer que aún son jóvenes, tanto que se los trata como a niños. Tiempo atrás escribí de la lástima que me daba un grupo de ellos, completando tablas de gimnasia en pantalones cortos, en una plaza. Con esos pantalones los vemos a manadas ahora, en verano. Sus hijas y nueras los han engañado: «¿Por qué no vas a ponértelos, si así vas más cómodo y fresco?». Apenas quedan viejos no ya dignos, sino que continúen siendo los hombres que fueron, sólo que con más edad. Hubo un tiempo —largo tiempo— en el que los ancianos no abdicaban de su masculinidad y jamás eran peleles infantilizados. En el que seguían siendo fuertes, incluso temibles, en el que se revestían de autoridad. Claro que era un tiempo en el que la sociedad no tenía prisa por deshacerse de ellos, por arrumbarlos, por entontecerlos, por desarmarlos y jubilarlos con gran soberbia, como si no tuvieran nada que enseñar. Si miran el retrato del primer Organista Félix Máximo López, seguro que reconocerán al instante de qué les hablo.

3-VII-16

Demagogia directa

No puedo evitar ver cierta vinculación. Desde hace años (sobre todo desde que existen las redes sociales), los programas de televisión y radio, los diarios, la publicidad, se han volcado en la continua adulación de sus espectadores, oyentes, lectores y clientes. Se los insta a «sentirse importantes» con apelaciones del tipo: «Participa», «Tu voz cuenta», «Tú decides», «Da tu opinión», «Todo está en tus manos». Mucha gente, incauta y narcisista por naturaleza, se lanza a gastar dinero (cada llamada o tuit cuesta algo) para hacer notar su peso en cualquier imbecilidad: quién ha sido el mejor jugador de un partido o quién debe representarnos en Eurovisión; quién debe ser expulsado de *Gran Hermano* o ganar tal o cual concurso de cocina; si Blatter y Platini deben dimitir de sus puestos en la FIFA, y así. Los periódicos *online* ofrecen gran espacio para los comentarios espontáneos sobre un artículo o una información, las pantallas se llenan de mensajes improvisados e irreflexivos sobre cualquier asunto. Es decir, mucha gente se ha acostumbrado a ser «consultada» incesantemente acerca de cualquier majadería, cuestiones intrascendentes las más de las veces, meros juegos sin consecuencias. Al fin y al cabo, ¿qué importa quién venza en un concurso o quién cante en un festival? Pero nuestra vanidad es ilimitada, y cada cual cree que, con su voto o su opinión, ha intervenido y ha gozado de protagonismo.

Parece algo inofensivo y baladí, pero sospecho que en estas ruines lisonjas está el origen del progresivo abaratamiento del sistema democrático, y lo peor, lo más engañoso e irresponsable, es que no son pocos los partidos políticos que recurren a estas técnicas; que se inspiran en esta frivolización y se pretenden «más democráticos que nadie» mediante los referéndums, los plebiscitos, los asambleísmos, las votaciones «directas» sobre lo habido y por haber. Se pregunta a «las bases» con quiénes se ha de pactar o gobernar, y de ese modo los dirigentes se eximen de responsabilidades. Se pregunta a la ciudadanía (como ha hecho Carmena en Madrid) si cree que hay que remodelar la Plaza de España, de lo cual se enteran cuatro gatos y votan la mitad sin tener mucha idea de lo que realmente opinan o de si tienen opinión (de lo que se trata es de participar en lo que sea); Carmena da por válida la respuesta de los dos gatos y acomete la enésima obra destructiva de nuestra ciudad. Podemos y la CUP no cesan de consultar a sus militantes, eso sí, bien teledirigidos para que voten lo que defienden sus líderes. Italia inquirió a sus electores sobre prospecciones petroleras (!), y, claro, no hubo quórum. Hungría a los suyos sobre las cuotas de refugiados, Grecia a los suyos si aceptaban el tercer rescate de la UE. Holanda sobre no sé qué. Y Suiza, bueno, es la pionera, allí se consulta a la población acerca de cualquier minucia. Hay cuestiones —poquísimas— para las que sí conviene un referéndum, como la independencia de Escocia o la del Quebec, dada la trascendencia de la decisión. Pero ni siquiera el celebrado para el *Brexit* cumplía esos requisitos: no había un clamor exigiéndolo, ni siquiera urgencia, y todo fue un estúpido e irresponsable farol de Cameron, que podía haberse ahorrado anunciando en su programa que mientras él gobernase el Reino Unido permanecería en la UE.

Al día siguiente del triunfo del *Brexit*, el 7 % de los votantes favorables a él ya estaban arrepentidos, asustados y solicitando una segunda vuelta. ¿Cómo se explica? Tengo para mí que alguna gente se ha contagiado de las continuas votaciones «populares» de la televisión y las redes. Para ella todo se ha convertido en un juego, y ya no distingue entre echar a un concursante de la casa de *Gran Hermano* y decidir algo, *en serio*, que puede arruinarle la vida o cambiarla para mucho peor. Votan con la misma despreocupación, hasta que al día siguiente se dan cuenta y exclaman: «¡Dios mío, qué he hecho! Esto *sí* traía consecuencias». Los dirigentes que apelan a la «democracia directa», a los plebiscitos, a los referéndums en serie, deberían ser rechazados, por comodones, incompetentes y cobardes. Si siempre se cubren las espaldas preguntando al «pueblo», ¿para qué diablos son elegidos? Son pura contradicción o caradura: «Quiero un sillón, pero cada vez que deba tomar una medida peliaguda o impopular, cargaré a la gente (manipulada) con la responsabilidad» (a los cuatro o dos gatos que, halagadísimos, se molestan en responder). Tenemos democracias representativas, y elegimos a alguien presuponiendo que sabe más que el común. En contra de las apariencias, los que recurren a las consultas sin parar suelen ser los menos democráticos. Para mí hay otro viejo adjetivo que los define: demagógicos, eso es más bien lo que son.

10-VII-16

Ataques de frivolidad

Los españoles nacidos en el franquismo, los que pertenecíamos a familias perdedoras de la Guerra Civil, tuvimos siempre presente que podíamos vernos obligados a abandonar nuestro país. Mi padre solía recomendar tener el pasaporte en regla y algo de dinero fuera, si era posible, para aguantar los primeros días de un posible exilio. (Tras cuarenta años de democracia, me temo que ese peligro sigue existiendo: de España nunca se sabe quién te va a echar, suele haber demasiados candidatos a «hacer limpieza» y a perseguir.) Por razones personales, no me imaginaba huyendo a Latinoamérica, ni a la vecina Francia, ni a los Estados Unidos en los que había pasado algún año muy temprano de mi vida, sino al Reino Unido, al que entonces se llamaba Inglaterra sin más. De niño poseía ya rudimentos de inglés, pero leía en traducción. En gran medida me formé con las andanzas de Guillermo Brown, de Richmal Crompton, y las series «Aventura» y «Misterio» de Enid Blyton, anteriores y mejores que las que le dieron mayor fama; con Stevenson y Conan Doyle y Defoe, con Dickens y Agatha Christie, con Walter Scott, John Meade Falkner y Anthony Hope, con Kipling y Chesterton y Wilde algo después. El cine británico llegaba con regularidad, y muchos de mis héroes de infancia tenían el rostro de John Mills, Trevor Howard, Jack Hawkins, Stewart Granger o David Niven, más tarde de Sean Connery. Mi primer amor platónico fue Hayley Mills, la protagonista niña de *Tú a Boston y yo a California* y *Cuando el viento silba*. Tampoco me fueron indiferentes las ya crecidas Kay Kendall, Jean Simmons y Vivien Leigh, más adelante la incomparable Julie Christie. Inglaterra era para mí un lugar tan europeo y casi tan familiar como mi natal Madrid. Allí tendría cabida y se me acogería, como fueron acogidos los escritores Blanco White (en el siglo XVIII), Cernuda, Barea y Chaves Nogales, o mi amigo Cabrera Infante, expulsado de la Cuba castrista en la que tantas esperanzas había puesto, y al que visité infinidad de veces en su casa de Gloucester Road.

Inglaterra ofrecía, además, innegables ventajas respecto a España. Sus gentes parecían educadas y razonables, con un patriotismo algo irónico y no histérico y chillón como el de aquí; era un país indudablemente democrático, garante de las libertades individuales, entre ellas la menos conocida aquí, la de expresión. Su famosa o tópica flema evitaba la exageración, el desgarro, el dramatismo demagógico y la propensión a la tragedia. Había resistido al nazismo a solas durante años, con entereza y templanza, sin perder los papeles que tantos motivos había para perder. Así pues, el reciente referéndum para el *Brexit* me supone un cataclismo. Por razones biográficas, desde luego, pero éstas son lo de menos. Lo alarmante y sintomático es ver a esa nación, básicamente pragmática y más decente que muchas, envilecida e idiotizada, subyugada y arrastrada por personajes grotescos como Boris Johnson y Nigel Farage y por sibilinos como Michael Gove, quizá el más dañino de todos. Dejándose engañar como bananeros por las mentiras flagrantes en las que los defensores de la salida de la UE en seguida reconocieron haber incurrido (nada más conseguir su criminal propósito). Un país tradicionalmente escéptico y sereno se ha comportado con un patriotismo histérico digno de españoles (o de alemanes de antaño). En un referéndum ridículo, para el que no había necesidad ni urgencia, un gran número de votantes se ha permitido una rabieta contra «Bruselas» y el Continente, sin apenas pararse a pensar y confiando en que «otros» serían más sensatos que ellos y les impedirían consumar lo que en el fondo no deseaban. Es lo mismo que uno oye en todas partes, aquí por ejemplo: «Voy a votar a Podemos o a Falange para darles en las narices a los demás, y a sabiendas de que no van a gobernar. Si tuvieran alguna posibilidad, ni loco los votaría». Lo malo de estas «travesuras» es que a veces no quedan suficientes «otros» para sacarnos del atolladero en que nos metemos con absoluta irresponsabilidad, como ha sucedido en Inglaterra para alegría de Trump, Putin, Marine Le Pen y Alberto Garzón. Semanas después del *Brexit* no se ven sus beneficios, o han resultado falaces, y sí se ven sus perjuicios: para Europa sin duda, pero aún más para el Reino Unido. Muchos jóvenes partidarios de quedarse no se molestaron en ir a votar, confiando asimismo en la «sensatez» de los que fueran. Nunca se puede confiar más que en uno mismo, ni se debe delegar, ni se puede votar «en caliente» o en broma por aquello que nos horrorizaría ver cumplido. Quizá sirva para algo este malhadado *Brexit*: para que el resto nos demos cuenta de cuán fácilmente puede uno arruinarse la vida, no por delicadeza como en el verso de Rimbaud, sino por prolongado embrutecimiento y un ataque de frivolidad.

17-VII-16

Ya no los quiero ni ver

Qué poco ha durado la novedad, ¿verdad? Bueno, esa sensación tengo, y como me considero una persona corriente tiendo a pensar que lo que a mí me pasa le pasa a mucha gente más. ¿Recuerdan cuando, en tiempos de Aznar, cada vez que éste salía en pantalla muchos cambiábamos automáticamente de canal porque su mera visión nos resultaba insoportable, más que nada (aunque no sólo) por hartazgo y saturación? Daba lo mismo lo que dijera, si su intervención era debida a su cuota diaria de televisión o a un anuncio crucial para el país: si se trataba de lo segundo, ya nos enteraríamos por el periódico, sin necesidad de sufrir su rostro desdeñoso, su cadencia pseudopija, sus acentos de importación, su gesticulación ni por supuesto sus permanentes cinismo y vacuidad. Lo padecimos ocho años, en gran medida por culpa de Anguita, uno de los mayores ídolos de Podemos junto con Perón, aquel dictador que se refugió en la España de Franco, como tantos otros antes que él.

Pues bien, aquella saturación superior a nuestras fuerzas, ¿no la sienten ya ustedes respecto a casi todos los políticos nuevos, los que llevan tan sólo dos años ejerciendo como tales? De los más veteranos no hablemos, eso se da por descontado: ver aparecer a Rajoy, a Cospedal, a Aguirre, a Soraya Sáenz, a Montoro, a Fernández Díaz, a Báñez, equivale a bostezar y a buscar cualquier otro espectáculo, por caridad. Lo mismo sucede con los tertulianos «políticos», que no por ponerse estolas de fantasía y chaquetas rojas o añiles (o rizos de peluquería) dejan de tener el aspecto de señores y señoras de su casa que sueltan obviedades y lo llevan a uno a preguntarse por qué diablos están ahí, contratados para opinar con engolamiento. (Dan ganas de acordarse de lo que dijo Stendhal sobre su zapatero, pero la cita sería considerada elitista y clasista; y lo era, aunque no le faltase algo de razón.)

Pero los nuevos no han tenido medida. Como si fueran concursantes de *Gran Hermano*, y aupados por uno de esos periodistas enloquecidos (hay decenas) que pretenden ser a la vez moderadores, directores de informativos, tertulianos, entrevistadores y entrevistados, no han desaprovechado ocasión y han salido hasta en la sopa, provocando la náusea del espectador. Cada vez que veo en pantalla a Iglesias, Errejón, Monedero, Bescansa, Echenique, Montero y correligionarios, me asalta un gran sopor. Parece que tengan teléfono rojo con ese periodista monomaniaco, García Ferreras, y que estén en todo momento disponibles para él (y para otros), noche y día, hasta el punto de que no se sabe cuándo les queda tiempo para estudiar, debatir o simplemente pensar. Se han prodigado menos Pedro Sánchez y Albert Rivera, pero lo suficiente para suscitar asimismo un bostezo pavloviano difícil de reprimir. Si uno va a menudo a Cataluña, lo mismo le ocurre con el nuevo político inoportunamente llamado Rufián (inoportunamente para él), con la avinagrada Anna Gabriel, la ufanísima Colau y la estricta Forcadell; no digamos con Mas y Homs, el lloriqueante Junqueras y el atropellador Tardà. Todo es como un círculo viciosísimo del que resulta imposible escapar. Uno oye las mismas sandeces repetidas hasta la saciedad, los mismos disparates y provocaciones, asiste atónito a la fatuidad de varios (Iglesias habla con desparpajo y sin sonrojo de su propio «carisma» o de su «lucidez»: no tiene abuela), a la sosería infinita de muchos, a las salidas de pata de banco de la mayoría, al pésimo castellano de casi todos.

Tengo para mí que, si producen tanto y tan rápido hartazgo, es porque pocos de nuestros políticos son demócratas, y fuera del sistema democrático sólo hay propaganda y consignas, que aburren pronto. No lo son los del PP, como se comprobó con Aznar y se ha vuelto a comprobar con Rajoy. No basta con ganar elecciones para serlo. Esto es una condición necesaria pero insuficiente. Si no se gobierna democráticamente *a diario*... Esto significa sin despreciar a la oposición, sin imponer leyes injustas o parciales gracias a una mayoría absoluta, sin utilizar Hacienda e Interior para los propios fines y para represaliar a críticos y adversarios. No son demócratas los del actual Unidos Podemos, se ve a la legua, o lo son a la manera de Putin, Berlusconi, Maduro, Orbán; ni los de la CUP, ERC y CDC, como se vio cuando negaron hasta la aritmética para proclamar su «triunfo» independentista. Sí lo son por ahora el PSOE, Ciudadanos y el PNV (con sus mil defectos), justamente partidos mal parados en las últimas elecciones. Supongo que todo es en efecto como *Gran Hermano*: se premia a los corruptos y a los que arman bulla, a los que sueltan necedades mayores o muestran desfachatez más llamativa. A los que dan espectáculo superficial. Pero nadie cuenta con que eso, lo superficial, lo que carece de verdadero interés y no hace pensar nunca, se agota pronto, y harta y satura hasta decir: «Basta, no puedo oírlos más, ya no los quiero ni ver».

24-VII-16

«Fui alegre al morir»

Hace dos sábados el suplemento *Babelia* dedicaba un reportaje a un sueño que a mí me parece del pasado remoto: la lectura pausada y por placer durante el verano. Incluso se preguntaba a un montón de editores (gente que el resto del año lee por obligación) en qué se iban a sumergir durante el mes de asueto, a lo cual más de uno respondía lo que otras veces he respondido yo mismo: «A ver si me pongo por fin con todo Proust». Proust —*En busca del tiempo perdido*— ocupa cuatro gruesos tomos de letra apretada y papel biblia en la edición de La Pléiade, unas cuatro mil páginas sin contar notas, variantes y esbozos. En español, en la única traducción digna del nombre pese a su antigüedad y sus defectos, la de Pedro Salinas y Consuelo Berges, de Alianza, los volúmenes eran siete, uno por título. ¿Alguien cree que eso se puede leer en el transcurso de un mes escaso, de lo que hoy disponen los más afortunados para «veranear»? (El propio verbo ha caído ya en desuso, si se piensa bien.) Es cierto que los lectores empedernidos somos irracionalmente optimistas, y cada vez que emprendemos un viaje —incluso si es de trabajo— echamos a la maleta más libros de los que seríamos capaces de abarcar. Me imagino que quienes tengan *e-book* se llevarán un cargamento aún mayor. Mi experiencia me ha enseñado que en esas salidas breves suelo regresar, a lo sumo, con dos o tres capítulos leídos en la incomodidad de un aeropuerto. En agosto consigo acabar dos o tres obras, si no son demasiado extensas, y eso que no me veo distraído por Internet (no uso ordenador), ni por teléfonos inteligentes (no tengo), ni por videojuegos (jamás me he asomado a uno), ni por ninguno de los mil artilugios que atarean hoy a las personas para que no se sientan «solas», pese a estar rodeadas la mayoría, *velis nolis*, por familias numerosas y vecinos cargantes.

Si a esto añadimos que en las vacaciones hay un montón de deberes (pasarse horas en la playa, comer como energúmenos, dormir la siesta, salir de farra, entretener a los niños, visitar ciudades a la carrera), no sé cuándo vamos a leer a Proust, a Conrad, a Cervantes o a Montaigne. Menos aún este mes, con nuestros políticos dando la tabarra haya por fin Gobierno o no, con los posibles atentados del Daesh y las inundaciones o terremotos en algún punto del globo, los refugiados, las guerras en curso y la siniestra sombra de Trump, que nos obligarán a atender a las pantallas durante más horas de las saludables. Comprendo a José María Guelbenzu (autor de ese reportaje de *Babelia*) y a otros como él y como yo: nos resistimos a aceptar que los veranos de lectura plácida y prolongada han sido aniquilados, que la sociedad y el estruendo conspiran contra ellos y casi los han barrido de la faz de la tierra. Para mantenerlos hay que forcejear, tener una enorme fuerza de voluntad. En vez de dejarnos invadir pasivamente por los libros, que se imponían de forma natural, hemos de ser activos, y obstinados, y luchar por hacerles sitio contra todos los elementos.

En vista de las perspectivas, hoy, último día de julio, me permito ofrecerles el sencillo y sereno poema de un clásico, que traduje hace décadas, para que por lo menos lean una pieza entera (bien que breve y con estribillo) en las inaguantables esperas de los aeropuertos o en los trayectos de ferrocarril. Ya incluí uno del siglo VIII hace unos meses, y al parecer no cayó mal. El de hoy es de Stevenson, y sin duda fue un esbozo para su famoso y escueto «Réquiem», inscrito en su tumba en lo alto del Monte Vaea, en Samoa, a cuatro mil metros. Murió con sólo cuarenta y cuatro años, y esta variante dice así:

Ahora que la cuenta de mis años
ya se ha cumplido, y yo
la vida sedentaria
dejo para morir,
    cavad bien hondo y dejadme yacer
    bajo el inmenso y estrellado cielo.
    Alegre en vida, fui alegre al morir,
    cavad bien hondo y dejadme yacer.

Clara fue mi alma, libres mis actos,
honor era mi nombre,
no huí nunca ante el miedo
ni perseguí la fama.
    Cavad bien hondo y dejadme yacer
    bajo el inmenso y estrellado cielo.
    Alegre en vida, fui alegre al morir,
    cavad bien hondo y dejadme yacer.

Cavad bien hondo en algún valle verde
donde la brisa suave
sople fresca en el río
y en los árboles cante...
    Cavad bien hondo y dejadme yacer
    bajo el inmenso y estrellado cielo.
    Alegre en vida, fui alegre al morir,
    cavad bien hondo y dejadme yacer.

31-VII-16

Deterioro cognitivo

Uno se pregunta qué se está deteriorando cuando ve, cada vez más a menudo, que personas en principio instruidas y que se reclaman de izquierdas o «progresistas» (valga el anticuado término) adoptan actitudes intolerantes y «reaccionarias» y además se muestran incapaces de percibir su propia contradicción. O que, al criticar algo virulentamente, no hacen sino dar la razón a lo criticado. Meses atrás publiqué una columna en la que terminaba anunciando que me traería muchos enemigos. Lejos de demostrarme lo equivocado que estaba con silencio o con argumentos, quienes se sintieron en desacuerdo se lanzaron al insulto y a la tergiversación, confirmando así mi vaticinio. Justamente lo que cualquier mediano estratega nunca haría. Uno bueno, de hecho, habría reaccionado de manera opuesta a la por mí pronosticada. Parece que ya no haya tiempo ni pesquis para esta clase de duelos: se lleva la embestida, aunque eso le suponga al embestidor acabar ensartado a las primeras de cambio.

En julio este diario publicó un artículo de la rusoamericana Cathy Young, colaboradora del *Washington Post*, el *New York Times*, el *Boston Globe* y otros medios, titulado «Las feministas tratan mal a los hombres». Era una pieza moderada y razonable, en modo alguno antifeminista, que en esencia decía que «ridiculizar y criticar a los varones no es la forma de mostrar que la revolución feminista es una lucha por la igualdad y que queremos contar con ellos», o, como rezaba su frase final, «el feminismo debe incluir a los hombres, no sólo como aliados sino como socios, con una misma voz y una misma humanidad». Pues bien, según la Defensora del Lector, «nada comparable a la ola de indignación» que provocó dicha tribuna. Lo más llamativo de las protestas que citaba no era que discreparan de su contenido —de lo cual eran muy dueñas—, sino que condenaban su *publicación*. La más explícita en este sentido era una escritora: «Nos parece alarmante que cuando miles de mujeres en todo el mundo son asesinadas y violadas por hombres ..., *El País* publique un artículo que ataca no a los responsables ..., sino a las feministas que lo denuncian. Dar voz a tan pocas mujeres, pero hacerlo con una que defiende tesis antifeministas, es una vieja y burda estrategia patriarcal ... en la que un periódico como *El País*, tradicional referente del lectorado progresista y democrático, no debería caer». Pasemos por alto el palabro «lectorado» (palabro en este contexto). Lo que esta queja argüía y solicitaba es lo siguiente: a) si hay tantas mujeres violadas y asesinadas (y por desdicha las hay), se debe atacar a los responsables sin cesar (como si no se hiciera); b) eso convierte a su vez en inobjetables a las feministas que lo denuncian (como si fueran las únicas), y las blinda contra cualquier crítica (justo lo que Cathy Young veía como un error contraproducente); c) los lectores progresistas y democráticos de *El País* sólo deben leer aquello que los complazca o halague, no las opiniones que los contraríen; luego, d) este periódico debería ejercer la censura y no publicar nada que no aplauda ese «lectorado», que por suerte no es monolítico ni uniforme, como les gustaría a quienes protestaron. La discrepancia y la crítica a un texto son respetables y por lo general fructíferos. Lo que no es respetable, ni democrático, ni progresista, es exigir que *no existan* las voces que nos desagradan. O que, si las hay, se queden en el *Washington Post* y no se den a conocer aquí, y menos en *El País*, del que por lo visto hay lectoras que se sienten custodias y depositarias.

Por las mismas fechas leo la columna de un prestigioso crítico en la que manifiesta su inconmensurable desprecio por las que publicamos en prensa «los escritores», es decir, novelistas y demás indocumentados, aunque no sé si más indocumentados que el despectivo crítico. Nos tacha de «tertulianos», «ilustradores de la línea ideológica» de nuestros respectivos diarios, representantes de «una desdichada tradición intelectual», «llamativos envoltorios» y «comparsas». No lo discuto, así será en muchos casos, y el prestigioso está en su derecho a despreciarnos *ad nauseam*. Lo preocupante y contradictorio (se trata de un prestigioso «progresista») es que al final haga suyas las palabras de otro autor que en un libro reciente lamentaba «la impunidad reinante en el mundo de las letras», que a los escritores no nos «pase factura» incurrir en «según qué excesos lamentables» (se supone que a su infalible juicio) y «la falta de filtros en la publicación de opiniones». Ah, se piden castigos y «filtros» para las opiniones, exactamente lo mismo que llevaba a cabo el franquismo a través de sus quisquillosos y celebérrimos censores. En la presentación de ese mismo libro se pidió que los «escritores» fuéramos «expulsados, despedidos, eliminados». Me imagino que para que ocupen nuestro lugar el autor de dicho libro y otros expertos afines y soporíferos, a los que ya no habría que «filtrar» nada porque serían aún más obedientes y serviles. Así como las feministas escandalizadas por encontrarse en «su» periódico una tribuna que no las adula ni les baila el agua.

4-IX-16

236

Los conocidos olvidados

El pasado mayo escribí aquí un artículo, «Las amistades desaparecidas», sobre la perplejidad y la nostalgia que nos produce a veces darnos cuenta de que ya no están en nuestra vida personas que hace tiempo fueron parte de ella, incluso de nuestra cotidianidad, personas de cena semanal o de llamada diaria. Este de hoy es su complemento, me parece. También se cruzan con nosotros muchas que ni siquiera alcanzan el rango de «amistades». A menudo aparecen no por elección, ni nuestra ni de ellas, sino por azar y por las circunstancias. A menudo hay en ese trato un elemento de conformismo, como si nos dijéramos: «A falta de algo mejor...», o «A falta de los titulares...». Nunca debemos olvidar que nosotros somos lo mismo para ellas, sucedáneos, sustitutivos, suplentes.

He leído con retraso un par de reportajes sobre la posible identidad de la joven que inspiró a Antonio Vega y a Nacha Pop su famosa canción «La chica de ayer», que al cabo de tres décadas largas sigue oyéndose y apareciendo en la banda sonora de no pocas películas. Se la tiene por una especie de himno generacional de la llamada «movida», cada vez más alejada en el tiempo y más susceptible, por tanto, de mitificaciones. Decían esos artículos que la periodista Paloma Concejero, responsable de un programa televisivo sobre los ochenta, había rastreado por fin a esa joven: con toda probabilidad se trataba de una diseñadora bilbaína que vivía en Madrid, con la que Vega mantuvo quizá un breve idilio a los veinte años, cuando ella tenía tres menos. Concejero había concertado un encuentro para hablar con quien ya no era joven, pero la cita no tuvo lugar porque el pasado verano un infarto causó la muerte de esa mujer misteriosa y discreta. Tenía cincuenta y cuatro años y se llamaba Maite Echanojáuregui. O así se llamó para mí, con la tilde que se le suprimía en estas noticias. Así está escrito su nombre en mi vieja libreta telefónica con tapas de hule negro, de la que asimismo hablé aquí hace largo tiempo.

La verdad es que me había olvidado de aquella joven que vivía en Londres cuando yo en Oxford; como ella de mí, seguramente. Cuando uno está en el extranjero entabla relaciones con compatriotas extraños. Quiero decir que son individuos con los que en el propio país, en circunstancias normales, quizá no habría visto las suficientes afinidades. No recuerdo quién me sugirió llamarla y me dio su número. Lo que sí sé es que durante un par de años, de 1983 a 1985, nos veíamos en Inglaterra de vez en cuando, y que Maite pasó algún fin de semana en mi casa de Oxford, sobrada de habitaciones. Sé que en una o dos ocasiones visité con ella a Cabrera Infante y a su mujer Miriam Gómez, que la encontraron «muy linda muchacha». No era rubia, como apuntan esos reportajes, sino castaña clara y con unos ojos pequeños azules y unos dientes también pequeños. Era muy sonriente y muy agradable, con cara de niña. Por aquel entonces estudiaba Moda en Londres y tendría veintitrés o veinticuatro años, yo nueve más, calculo. Veo con nitidez, curiosamente, sus pantorrillas fuertes (no gruesas), que contrastaban un poco con lo menudo del conjunto. Me la encontré una sola vez fuera de Inglaterra, ya en los noventa. Nos paramos en la calle, nos saludamos con simpatía y afecto, charlamos un rato, quedamos en vernos y no nos vimos.

La recuperación de ese rostro y ese nombre pone en marcha la memoria. Por aquella casa de Oxford pasaron otras personas cuyos nombres figuran en mi vieja libreta y apenas si son más que eso: una bangladesí, Tazeen Murshid, que mi predecesor en el puesto de lector de español me pidió que albergara unas semanas. Una actriz de cuyo nombre prefiero no acordarme, a la que, mientras estudiaba inglés, alojé allí dos o tres meses. Me acude a la memoria Luis Abiega, que trabajaba en el consulado de Boston, creo, durante una estancia mía por allí cerca. Quedábamos a cenar a veces, era un hombre acogedor y simpático, que me introdujo en el fútbol americano y que aún, a mi regreso, se molestaba en escribirme una crónica de la final de finales, la Superbowl hoy célebre universalmente. Estas personas no llegan a ser amistades, son conocidos transitorios. Pero hay periodos de la vida de cada uno en los que depende bastante de su compañía, de su presencia cercana. Sabe que están ahí, a mano, y que en un momento de soledad aguda o de dificultad en un entorno que no domina, puede recurrir a ellas. Mientras dura la relación, uno descubre que se puede sentir a gusto con quienes en la propia ciudad habría pasado por alto (o ellos lo habrían pasado por alto a uno). Raramente se mantiene el trato después de lo circunstancial o azaroso, de esa temporada en el extranjero, por ejemplo. Quedan sus nombres en la libreta y uno se olvida, de la misma forma que nos olvidan ellos. Ahí están el número londinense y el nombre de Maite Echanojáuregui, con cuya presencia distante y vecina conté un par de años. Lamento saber que ya no está en el mundo, que ahora está ausente.

11-IX-16

Grosería nacional impostada

Hace poco me escribió un señor de noventa y ocho años, que, entre otras cosas interesantes, llamaba mi atención sobre el hecho, para él desazonante, de que en *El País* aparecieran cada vez más tacos y expresiones soeces. Y me adjuntaba tres recortes en los que se podía leer la más bien inocua fórmula «de puta madre». Pensé que el señor era quisquilloso debido a su edad avanzada, aunque por el resto de su carta no parecía mojigato en modo alguno y se confesaba antiguo republicano durante la Guerra y la dictadura. No era de derechas ni beato, en suma, de los que se escandalizan al oír «cabrón» o «mierda». Su comentario, sin embargo, me ha llevado a fijarme más, no sólo en este periódico; y lo cierto es que, si atendemos a su cine, a sus programas de televisión y radio, a su prensa escrita, España es el país peor hablado de cuantos conozco. Tanto, y con tanta diferencia sobre Inglaterra, Estados Unidos, Francia e Italia (cuyas lenguas entiendo, y puedo juzgar en consecuencia), que acaba por dar la impresión de ser algo más bien artificial e impostado, casi forzado. Como si quienes están cara al público quisieran dárselas de «duros» mediante el abuso de lo que antes se conocía como palabras «malsonantes». Y no debe de ser azaroso que éstas se oigan y lean más en boca y letra de mujeres que de hombres. Quizá porque hoy hay bastantes mujeres afanosas por mostrarse así, «duras», tanto o más que los varones.

El recurso es tan vetusto como Camilo José Cela (de cuyo nacimiento se cumple el centenario), quien ya en los años cincuenta del siglo XX se dedicó, para hacerse el «transgresor» y como gracia de la que carecía, a soltar groserías en toda ocasión y circunstancia, exhibicionismo puro. Recuerdo la risa que eso le daba a mi madre, que lo había conocido de jovencito atildado, cursi y florido, casi siempre con guantes aunque la estación no los pidiera. No cabe duda de que fue un pionero de la zafiedad que hoy impera en España, y en eso (ya que no en su literatura) en verdad creó escuela. Una escuela rara, anómala, y —no hace falta decirlo— de ingenio escaso y pobreza léxica. Se ha sabido que la pareja de un líder político se pasó la última sesión de investidura lanzando tuits a mansalva, según se desarrollaba. Al parecer la señora es persona instruida, médica de profesión, pero obviamente se apuntaba a la competición de «dureza» mencionada: «Se están pasando por los cojones lo que nos pase»; «Peleítas de nabos, básicamente»; «Jódanse ustedes y dejen de jodernos a nosotras», son algunos de sus breves análisis de lo que ocurría en el Congreso. Y sí, en este periódico he leído cosas parecidas, sobre todo entre columnistas. Yo mismo he recurrido ocasionalmente a ellas, creo que de muy tarde en tarde. Todos soltamos algún taco en privado; y en público, aunque menos. No hay que ser puritano ni cabe escandalizarse a estas alturas, pero la insistencia y la profusión causan hartazgo y suenan voluntaristas, ya digo, todo menos espontáneas. En la vida real las personas no hablan así (bueno, quizá políticos y empresarios chanchulleros sí), no todo el rato. No hablan como en la mayoría de películas y series españolas, con su superabundancia de tacos, ni como en los *reality shows*, cuyos personajes, sabedores de que tienen público, lo acribillan a bastezas y mal gusto.

Ni siquiera se libran de ello quienes hoy se consideran los individuos más beatíficos del mundo, a saber, los animalistas. Entre ellos, dicho sea de paso, hay pésimas personas que celebran con jolgorio y violencia verbal la muerte de un torero o un cazador, y de paso se la desean a toda su parentela. Ignoran una de las reglas básicas de los «bien nacidos», por utilizar una expresión anticuada y sin apenas sentido: a los muertos se los deja en paz, sobre todo cuando están recién muertos, por mucho que en vida se los haya odiado o que nos hayan dañado a propósito. Semanas atrás, un cazador se mató al caer por un barranco. Nunca he tenido simpatía a quienes practican la caza superflua, aunque tampoco me olvido de que esa fue una de las primeras actividades «naturales» de los humanos —y de todos los animales carnívoros e insectívoros, y de éstos lo sigue siendo, qué remedio—. Algunos animalistas se han despachado de este modo: «Ojalá todos los cazadores se mueran», «Un hijo de puta menos», «Que se joda, así de claro»; en seguida la zafiedad, en seguida el taco para que se vea lo «duros» que somos, a la vez que bondadosos, compasivos, tiernos y virtuosos. Ha dicho Savater que los animalistas se creen que los animales son personas disfrazadas. No me parece, porque por éstas, por las personas, demasiados de aquéllos sólo demuestran inclemencia y odio, si hacen algo que ellos condenan o les llevan la contraria. En algo sí aciertan: los animales, en efecto, son mucho mejores que sus defensores fanáticos. No suelen tener mala sangre ni están capacitados para ser soeces.

18-IX-16

Engreídas estatuas

Seguramente han conocido, padecido a alguien así en su vida. No es difícil, ya que en España un buen número de jefes o «superiores» responden a esas características. Se trata de personas que por el motivo que sea adquieren poder o ascendiente sobre otros. No han de ser más inteligentes ni perspicaces, ni poseer más talento, ni desde luego ser más sabios. Ni siquiera más prácticos. A menudo son una nulidad completa en todo, pero ay, la suerte los ha bendecido con desenvoltura o abierta desfachatez. Tanta, que desarma a los demás. Éstos se quedan perplejos, no dan crédito, y el desconcierto los lleva a no reaccionar, a la paralización incluso. Si el individuo en cuestión es un jefe, no les queda más remedio que acatar y tragar los desafueros, sin rechistar con frecuencia. Pero, ya digo, no es necesario el poder *real*: hay gente que, sin tenerlo, se abre paso a codazos y con sus malos modales acaba acoquinando al resto. Ese resto, acomplejado, se hace a un lado para evitar choques frontales. La educación lo pierde.

Llamémoslos «avasalladores». Son desconsiderados y despectivos, no escuchan a quienes les señalan (pocos se atreven) sus abusos y defectos, no admiten consejos que los contraríen o amenacen con limitar su voluntad. Cualquier objeción los irrita, por razonable que sea, por mucho que vaya encaminada a ahorrarles un futuro disgusto o una catástrofe. De eso no suelen tener visión, de futuro. Creen, como los niños, que cada presente es inmutable. Así, no se privan de ofender, imponer, sojuzgar y humillar: no piensan jamás que quien está debajo de ellos pueda estar un día encima, o a su nivel por lo menos. Que puedan necesitarlo o hayan de solicitarle un favor. Su soberbia se lo impide. Ignoran lo que todo el mundo sabe instintivamente: que la vida da vueltas y que, por alto que se sienta uno en la cumbre, conviene establecer vínculos para el porvenir, o no agraviar demasiado, por si acaso. No se molestan en conservar algunos puentes porque otro de sus rasgos es la ufanía: pretenden que sus vejaciones no se les tengan en cuenta. Ni sus insultos, ni sus cacicadas, ni sus injusticias, ni sus putadas. Es raro, pero es así: hay muchos sujetos en España que se portan reiteradamente mal con uno, que le hacen incontables faenas, que lo tratan con despotismo y grosería. O que lo atacan sin piedad ni disimulo. Y después, inverosímilmente, si cambian un poco las tornas, aspiran a que nada de eso les pase factura: su frase favorita en estos casos es «Pero si aquí no ha pasado nada». Es más, si quienes los sufrieron durante tiempo les niegan el saludo, o una prebenda, o les responden con justificado despecho, entonces se soliviantan y escandalizan, y acusan a sus antiguas víctimas de «intratables» y «rencorosas», «frívolas» y «egoístas». Bien, a todos nos pasa que olvidamos más fácilmente las ofensas en que incurrimos que aquellas de las que somos objeto. Pero no hasta ese punto. Los avasalladores no es que olviden exactamente las por ellos infligidas, es que les restan toda importancia porque en el fondo creen que tenían derecho; y aunque su poder ya no sea el de antes, están convencidos de que se debe a un equívoco y regresará naturalmente. Se siguen sintiendo acreedores a él, y por tanto esperan que los viejos siervos, si bien ahora emancipados o con la sartén por el mango, continúen plegándose a sus deseos. Niegan la realidad, no saben verla, están enfermos. Se cruzan de brazos y aguardan a que los demás les rindan pleitesía por sus inexistentes carisma y gracia. A menudo sólo despiertan cuando se ven echados a patadas, rebajados o destituidos. En 1789 algunos tuvieron despertares peores.

Esta clase de delirio, de imprevisión absoluta, parecería difícil que se diera colectivamente. Y sin embargo asistimos a uno de estos extraños casos clínicos. Rajoy y su Gobierno han sido estos avasalladores durante cuatro años de mayoría absolutísima. Han despreciado a todo el mundo y no han atendido a las razones de nadie. Ni de los otros partidos ni de la ciudadanía. Ni de los médicos y enfermeros ni de profesores y estudiantes. Ni de los jueces y fiscales ni de los parados y pobres. Ni de los comerciantes ni de las clases medias. Han impuesto leyes injustas y recortado derechos y abusado fiscalmente, han desahuciado a mansalva mientras inyectaban dinero a los bancos. Su partido ha practicado la corrupción enfermizamente. No han dado explicaciones de nada y han menospreciado al Congreso. No digo que, contra toda cordura, no les toque seguir gobernando si no hay otro remedio. Lo que no pueden hacer es cruzarse de brazos, no pedir disculpas ni rectificar mil medidas, no hacer concesiones infinitas a cambio de unos votos o abstenciones. Y el PSOE, dicho sea de paso, tampoco puede cruzarse de brazos y no aplicarse con los cinco sentidos a exigírselas: me refiero a las disculpas, las rectificaciones y las concesiones. Así da la impresión de que estemos, los ciudadanos, en manos de engreídas, estúpidas estatuas.

25-IX-16

El pasado es un misterio

De todos es sabido, aunque no siempre recordado, que el tiempo de los niños transcurre muy lentamente. O al menos así era antes: no sé si será igual para los de ahora, con tanta actividad extraescolar y distracción «obligatoria» en compañía de los padres, que van con la lengua fuera los fines de semana y en vacaciones. En los años cincuenta y sesenta del siglo xx, cuando yo era niño, los días y las semanas eran interminables, no digamos los meses o un curso entero. El domingo por la tarde era una pesadilla, porque le seguía no ya el lunes con la vuelta al colegio, sino un montón de días eternos hasta que asomara de nuevo un sábado. En aquellas jornadas daba tiempo a todo, a levantarse y bañarse, desayunar, ir en tranvía o autobús a la escuela, pasar allí numerosas horas encerrado, disfrutar de un recreo aventurero en el patio, tontear en la escalera con la chica que le gustaba a uno, almorzar, recibir más lecciones, regresar a casa tal vez andando, jugar allí un partido de chapas con mi hermano Fernando, acaso merendar algo, hacer perezosamente unos deberes, aguardar la hora de la cena asediando un fuerte, cenar con padres y hermanos, retrasar la hora de irse a la cama con mil triquiñuelas, por fin acostarse. En los veranos de Soria no digamos: acercarse a Pereda a ver si había salido *El Capitán Trueno* o un Zane Grey nuevo, pasar por los tres cines para enterarse de qué ponían, bajar al Duero, hasta el embarcadero de Augusto, alquilar allí una barca y remar río arriba hasta la mejor zona para nadar largo rato, jugar un partidillo de fútbol en un arenal cercano, subir a pie la empinada cuesta desde el Duero hasta casa, almorzar con los padres, acompañarlos a tomar café con sus amigos, Heliodoro Carpintero infalible, en una terraza de la Dehesa, como se conoce el parque. Quedarse luego en ella lo que parecían horas correteando o peleándose con los chicos locales, subir —buenas caminatas— al Mirón o al Castillo o a las Eras, bajar, leer sin prisa en casa de Heliodoro, con su buena biblioteca y su generosidad infinita, incluso jugar a la canasta con sus hermanas solteras, Mercedes y Carmen, la primera risueña y la segunda seria. Volver a cenar, ir al cine a la sesión ¡de las 11!, a nadie le extrañaba ese horario. Regresar a casa lentamente, oyendo los pasos cada vez más audibles de los transeúntes (cuantos menos hay, más resonantes) y las campanadas del reloj del Ayuntamiento.

Pero no sólo era el tiempo de los niños. En Madrid, durante el curso, mi padre contestaba el correo y trabajaba muchas horas en casa —escritor prolífico—, pero luego se iba a pie a la calle Bárbara de Braganza para la tertulia de la *Revista de Occidente*, a la cual, por cierto, volvía en segunda sesión también algunas tardes. Cuando enseñaba a extranjeros, iba a sus clases, regresaba, almorzaba, a menudo aparecían visitas sin anunciarse (se estilaba eso entonces, aquello de «pasaba por aquí»), escribía más en su despacho, merendaba con mi madre (¡merendaban!), leía, aún quedaba rato que aprovechar hasta la cena en familia, eso si no salían con amistades o al cine o al teatro.

¿Qué se ha hecho de todo ese tiempo? ¿Es sólo la edad, que nos lo acelera, o es nuestra época, que nos lo ido robando? No sé a otra gente, pero a mí y a las personas que trato los días y las semanas se nos escapan. ¿Otra vez es sábado?, me pregunto perplejo cada vez que me toca un nuevo artículo para esta página. Tengo la sensación de que el anterior lo escribí hace unas horas. Cierto que en aquellos años evocados había menos solicitudes y distracciones. Ni televisión había (o no en mi casa), no digamos Internet ni videojuegos ni *emails* ni obsesivos *smartphones* ni Twitter ni Facebook, que exigen tanta tarea. El tiempo, por así decir, estaba libre y se dejaba llenar, pasivamente. No corría detrás de la gente ni la dominaba, era la gente la que dominaba el tiempo y lo administraba con una libertad hoy desconocida o infrecuente. Nadie se aburría si disponía de una tarde sin quehaceres, se inventaban actividades y no se requería que los Ayuntamientos —convertidos hoy en fábricas de imbecilidades ruidosas— proporcionaran entretenimiento en calles y plazas. La gente era imaginativa, no bovina como en nuestro tiempo.

Claro que nuestro tiempo es mejor en conjunto, o eso creo, es difícil saberlo. El pasado es un misterio. Ni siquiera el que uno ha vivido acaba de explicárselo, ni de representárselo. ¿Cómo era posible la elasticidad del tiempo? Niños aparte, ¿cómo hacían los adultos para que les cundiera tanto y andar desahogados? Probablemente será distinto para los incontables parados y para muchos jubilados, pero yo sólo conozco personas permanentemente estresadas y a menudo medicadas, a las que todas las horas (y son veinticuatro, como antaño) se les hacen insuficientes. Que viven a la carrera y aun así no les alcanzan para sus tareas. No digamos para dar un paseo al atardecer o jugar a la canasta.

2-X-16

Por qué leeré siempre libros

Sigo viendo muchas películas, pero hace tiempo que no voy a los cines. Hubo épocas juveniles en las que iba hasta tres veces diarias cuando mis ahorros me lo permitían: rastreaba títulos célebres, que por edad me habían estado vedados, en las salas de barrio más remotas, y así conocí zonas de Madrid que jamás había pisado. La primera vez que fui a París, a los diecisiete años, durante una estancia de mes y medio vi más de ochenta películas; gracias, desde luego, a la generosidad de Henri Langlois, el mítico director de la Cinémathèque, que me dio un pase gratuito para cuantas sesiones me apetecieran, quizá conmovido por la pasión cinéfila de un estudiante con muy poco dinero. Hay varias razones por las que he perdido tan arraigada costumbre, entre ellas la falta de tiempo, la desaparición de los cines céntricos de la Gran Vía (se los cargaron el PP y Ruiz-Gallardón, recuerden, otra cosa que no perdonarles), y en gran medida los nuevos hábitos de los espectadores. Hay ya muchas generaciones nacidas con televisión en casa, a las que nadie ha enseñado que las salas no son una extensión de su salón familiar. En él la gente ve películas o series mientras entra y sale, contesta el teléfono, come y bebe ruidosamente, se va al cuarto de baño o hace lo que le parezca. Esa misma actitud, lícita en el propio hogar, la ha trasladado a un espacio compartido y sin luz, o con sólo la que arroja la pantalla. Las últimas veces que fui a uno de ellos era imposible seguir la película. Si era una de estruendo y efectos especiales daba lo mismo, pero si había diálogos interesantes o detalles sutiles, estaba uno perdido en medio del continuo crujido de palomitas masticadas, sorbos a refrescos, móviles sonando, individuos hablando tan alto como si estuvieran en un bar o en la calle. Seré tiquis miquis, pero pertenezco a una generación que reivindicó el cine como arte comparable a cualquier otro, y veíamos con atención y respeto *todo*, Bergman y Rossellini o John Ford, Blake Edwards, los Hermanos Marx y Billy Wilder. Con estos últimos, claro está, riéndonos.

Así que el DVD me salvó la vida, no me quejo. Sin embargo, me doy cuenta (y no soy el único al que le pasa) de que, seguramente por verlo todo en pequeño, y además en el mismo sitio (la pantalla de la televisión), olvido y confundo infinitamente más lo que he visto. No descarto que también pueda deberse a que hoy escasean las películas memorables y muchas son rutinarias (si vuelvo a ponerme *Centauros del desierto* la absorbo como antaño). A cada cinta se le añadía el recuerdo de la ocasión, el desplazamiento, la persona con la que la veía uno, la sala... Esos apoyos de la memoria están borrados: siempre en casa, en el sofá, en el mismo marco, etc. Por eso intuyo que nunca leeré en *e-book* o dispositivo electrónico, por muchas ventajas que ofrezca. He viajado toda la vida con cargamentos de libros que ahora podría ahorrarme. He recorrido librerías de viejo en busca de un título agotadísimo que hoy seguramente me servirían de inmediato. Sin duda, grandes beneficios. Pero estoy convencido de que, si con el cine y las series me ocurre lo que me ocurre, me sucedería lo mismo si leyera todo (o mucho) en el mismo «receptáculo», en la misma pantalla invariable. Las novelas se me mezclarían, éstas a su vez con los ensayos y las obras de Historia, no distinguiría de quién eran aquellos poemas que tanto me gustaron (¿eran de Mark Strand, de Louise Glück, de Simic o de Zagajewski?). Letra impresa virtual tras letra impresa, un enorme batiburrillo.

A mis lecturas inolvidables tengo indeleblemente asociados el volumen, la cubierta que me acompañó durante días, el tacto y el olor distintos de cada edición (no huele igual un libro inglés que uno americano, uno francés que uno español). *Madame Bovary* no es para mí sólo el texto, me resulta indisociable del lomo amarillo de la colección Garnier y de la imagen que me llamaba. Pienso en Conrad y, además de sus ricas ambigüedades morales, me vienen los lomos grises de Penguin Modern Classics y sus exquisitas ilustraciones de cubierta, como con Henry James y Faulkner. Machado se me aparece envuelto en Austral, lo mismo que Rilke. Y luego están, naturalmente, la ocasión, la ciudad, la librería en que compré cada volumen, a veces la alegría incrédula de dar por fin con una obra que nos resultaba inencontrable. Todo eso ayuda a recordar con nitidez los textos, a no confundirlos. No quiero exponerme a que con la literatura me empiece a pasar lo que con el cine, pero aún más gravemente: en éste, al fin y al cabo, las imágenes cambian y dejan más clara huella, aunque se difumine rápido a menudo; en los textos siempre hay letra, letra, letra, el «aspecto» de lo que tiene uno ante la vista es casi indistinto, por mucho que luego haya obras maestras, indiferentes e insoportables. Me pregunto, incluso, si en un libro electrónico no acabarían por parecerme similares todas, es decir (vaya desgracia), todas maestras o indiferentes, o todas insoportables.

9-X-16

Urdiendo imbecilidades

Hay mucho inquietante en las sociedades actuales, pero algún rasgo es además misterioso, como la continua, siempre incansable, proliferación de imbecilidades. Es seguro que en gran parte se debe a las redes sociales, que actúan como amplificadoras de toda sandez que se le ocurra a cualquier idiota ocioso. Hace tiempo que dije que la estupidez, existente desde que el mundo es mundo, nunca había estado organizada, como ahora. Cada memo lanzaba su memez y ésta se quedaba en el bar o en una conversación telefónica entre particulares. Había poco riesgo de contagio, de imitación, de epidemia. Hoy es lo contrario: cualquier majadería suele tener inmediato éxito, legiones de seguidores, al instante brotan decenas de miles de firmas que la suscriben, hacen presión y a menudo imponen sus criterios o sus censuras o sus prohibiciones. Porque otro de los signos de nuestro tiempo es ese, el afán de prohibir cosas, de regularlo todo, de no dejar un resquicio de libertad intocado. Hablé hace poco de quienes quieren que *no se publiquen* —así, sin más— las opiniones que no les gustan o que contrarían sus fanatismos variados. Demasiados individuos desearían dictaduras a la carta, con ellos de dictadores. Y, lo mismo que el crimen organizado es mucho más difícil de combatir que el crimen por libre, otro tanto sucede con la necedad organizada.

La última que me llega es la bautizada como «apropiación cultural», sobre la cual, claro está, se están arrojando anatemas. Veamos de qué se trata: hay un montón de colectivos —o partes de esos colectivos, espero— que consideran un insulto que alguien no perteneciente a ellos practique sus costumbres, interprete «su» música, baile «sus» danzas o se vista como sus miembros. Pongamos ejemplos de esta nueva ofensa inventada: si alguien que no es argentino baila tangos, está llevando a cabo una «apropiación cultural» que, según los protestones, siempre implica robo y burla, hurto y befa; si unos señores se disfrazan de mariachis y cantan rancheras, lo mismo si no son mexicanos auténticos; los blancos no pueden tocar *jazz*, porque es expresión del alma negra y un no-negro estaría parodiándola y faltándole al respeto; por supuesto nadie que no sea gitano de pura cepa puede salir en un restaurante a arañar el violín con atuendo zíngaro, vaya escarnio.

Si la cosa se llevara a rajatabla, nos encontraríamos con que Bach estaría reservado sólo a intérpretes alemanes, Schubert a austriacos y Scarlatti a italianos. Nadie que no hubiera nacido en Sevilla debería bailar sevillanas, ni muñeiras quien no fuese gallego. El sitar sería un instrumento vedado a cuantos no fuesen indios de la India (aunque tampoco estoy seguro de que sea exclusivo de ellos), nadie que no fuera ruso debería acercarse a una balalaika ni lucir casaca cosaca, y un colombiano jamás osaría marcarse una samba. Las grabaciones de Chet Baker y otros jazzistas blancos habrían de ser quemadas, por irrespetuosas, y nadie que no proviniera de ciertas zonas de los Estados Unidos estaría autorizado a entonar una balada *country*. ¿Y qué es eso de que Madonna aparezca con traje de luces en algunos de sus conciertos? Vaya escándalo, vaya mofa para España y Francia.

Es un escalón más. Hace tiempo escribí sobre algo parecido: centenares de miles de firmas clamaban al cielo porque en una película de Peter Pan (con actores), a la Princesa Tigrilla no la hubiera encarnado una actriz india de verdad (india de América), sino una blanca. Estos agraviados, por lógica, condenarían a cualquier actor que, no siendo danés, hiciera de Hamlet; al que, no siendo «moro de Venecia», hiciera de Otelo; al que, no siendo manchego, se atreviera con Don Quijote, y así hasta el infinito. Esto de la «apropiación cultural» es de esperar que no prospere y que nadie haga maldito el caso, pero ya de nada puede uno estar seguro. Los bailes de disfraces quedarían automáticamente prohibidos, por irreverentes, y a Jacinto Antón habría que correrlo a gorrazos por vestirse de vez en cuando —según ha contado— de policía montado del Canadá o de explorador británico con salacot y *breeches*. Un hereje el pobre Jacinto.

Más allá de lo grotesco y las bromas, cabe preguntarse qué ha pasado para que hoy sea todo objeto de protesta. Por qué todo se ve como denigración, y nada como admiración y homenaje, o incluso como sana envidia. Hubo un tiempo no lejano en el que los colectivos se sentían halagados si alguien imitaba sus cantos y sus bailes, si atravesaban fronteras demostrando así su pujanza, su bondad y su capacidad de influencia. ¿Por qué todo ha pasado a verse como negativo, como afrenta, como «apropiación indebida» y latrocinio? Da la impresión de que existan masas de imbéciles desocupados pensando: «¿Qué nueva cretinada podemos inventar? ¿De qué más podemos quejarnos? ¿Contra quiénes podemos ir ahora? ¿A quiénes culpar de algo y prohibírselo?». Ya lo dijo Ortega y Gasset hace mucho: «El malvado descansa de vez en cuando; el tonto nunca». O algo por el estilo.

16-X-16

La capital maldita

Quienes lean esta página con asiduidad sabrán que llevaba más de veinte años esperando que el Ayuntamiento de Madrid lo gobernara un partido distinto del PP. Con éste, y por imposible que pareciera, todo fue siempre a peor. Era inimaginable alguien más nocivo para la ciudad que Álvarez del Manzano, hasta que vino Gallardón. Lo mismo, hasta que vino Botella. Entonces asomó en lontananza la figura de Aguirre, que podría arrasar con facilidad lo poco que sus correligionarios habían dejado sin destruir. Fue muy votada pero no lo bastante, así que por fin se hizo con las riendas (es un decir) Manuela Carmena, de otra formación. He sido prudente, he dejado pasar año y medio sin apenas opinar, confiando en ver mejoras. Al cabo de ese tiempo, no cabe sino concluir que la capital está maldita, con alcaldes y alcaldesas empeñados en destrozarla y sumirla en el esperpento, procedan de donde procedan.

Seguir los avatares municipales es siempre deprimente, cutre y sórdido. Pero, sin seguirlos muy de cerca, la impresión que la mayoría de los madrileños tenemos es que Carmena está ida con excesiva frecuencia; cuando no, le sale algún resabio autoritario de su época de juez halagada por sus camarillas; y, cuando no, mete la pata hasta el fondo con declaraciones demagógicas o estupefacientes. La versión benévola que corre es la siguiente: ella no sabe ni se ocupa mucho; ni siquiera conocía a los concejales que nombró (si es que los nombró ella y no se los impusieron desde Podemos, Ganemos, Ahora Madrid o como se llame la agrupación que manda); no se entera de casi nada y la manipulan sus ediles, levemente famosos por sus ideas de bombero, sus tuits desagradables o sus juicios pendientes de cuando eran meros «civiles». Un informe interno de IU ha revelado que hay profundas divisiones en su Gobierno. Hemos sabido de algunas iniciativas demenciales, como la de crear «gestores de barrio» y «jurados vecinales», que por suerte no salió adelante (¿se imaginan a sus vecinos dirimiendo altercados y hurtos, sin idea de la justicia y de sus garantías? Da pavor). A la Policía Municipal, que está a su servicio, la enfadó y humilló al prohibir a sus miembros celebrar en el Retiro el homenaje anual a su patrón, porque al parecer «desfilaban» y eso contravenía su carácter «no-militar». Casi ningún madrileño estaba al tanto de esta ceremonia en un parque, luego poco podía molestar a nadie. Carmena organizó una votación popular para decidir qué hacer con la Plaza de España (a la que se podría dejar en paz), en la que participaron menos de 27.000 personas, el 1 % de la población. Aun así, el Ayuntamiento dio por validada su opción, terrorífica como de Botella o Gallardón.

La sensación es de absoluto caos, de descabezamiento, y, por supuesto, de majaderías continuas. Si ya había una tendencia municipal a ellas en todas partes, desde que gobiernan Carmena y su equipo locoide éstas se han multiplicado. Ya no hay sábado ni domingo del año en que la ciudad no sea intransitable y sus principales arterias no estén cortadas durante diez o doce horas, las centrales del día. Jornadas «peatonales», infinitas maratones y carreras por esto o lo otro, concursos de monopatines, permanente adulación de los ciclistas fanáticos. En la última jornada reservada a las bicis, 70.000 individuos salieron a pedalear por todo el centro (siempre todo en el centro, puro exhibicionismo y ganas de fastidiar). Por muchos ciclistas que sean, no dejan de ser una *minoría* en una ciudad de casi tres millones, igual que los de las carreras y otras abusivas zarandajas. Es decir, se complace a las minorías más gritonas y exigentes, siempre en detrimento de la *mayoría*. Muchos de esa mayoría han de llegar al aeropuerto o a la estación en domingo o sábado, o ir a almorzar, y el reiterativo capricho de unos pocos les impide llevar su vida seminormal. Eso tiene el nombre de discriminación.

La suciedad es igual o peor que con el PP, sobre todo en el centro. Papeleras y contenedores a rebosar, churretones de orina y olor a orina por doquier, suelos porquerosos, *favelas* cada vez más esparcidas por la Plaza Mayor y las zonas turísticas, atronadores músicos callejeros que impiden trabajar y descansar. Botella y Carmena, en este capítulo, son idénticas, como en el de los árboles que se caen y matan. En cuanto a las declaraciones, difícil elegir entre la famosa «*cup of* café con leche» o las recientes de la actual alcaldesa (cito de memoria): «Interiormente aplaudía a los subsaharianos que lograban saltar la verja de Melilla, y les decía: "Os queremos, sois los mejores"». Al hacer público su sentimiento, ya no era «interiormente». La civil Carmena es muy dueña de tener las simpatías que quiera, y quizá coincidan con las de usted y mías. Pero lo cierto es que ahora es la regidora de una capital europea, y que estaba animando a algo ilegal, alentando a quienes saltan la verja por las bravas a continuar y venir. Si se compromete a albergar en su casa particular a cuantos lo consigan, bien está. Si no, la ex-juez ha perdido el juicio, ahora que ya no juzga, sino que ejerce un cargo público de gran responsabilidad. Madrid, capital maldita.

23-X-16

Masas ceñudas

Dentro de nueve días sabremos si el nuevo Presidente de los Estados Unidos es o no Donald Trump. Hace ya mucho, el pasado enero, le dediqué aquí un artículo titulado «El éxito de la antipatía», en el que terminaba diciendo que, pasara lo que pasara con sus intenciones de ser candidato, ya era muy grave y sintomático que hubiera llegado hasta donde había llegado. Ahora la situación es aún peor: aunque el 8 de noviembre acabe barrido por Hillary Clinton, todos habremos corrido el peligro *real* de que ese individuo pudiera convertirse en el más poderoso del mundo. Da escalofríos imaginar que hubiera sido más hábil, más astuto, más hipócrita y serpenteante; que hubiera puesto cara y voz de «buenecito» de vez en cuando, como hace aquí Pablo Iglesias cuando decide mentir más para ganarse a un electorado amplio; que se hubiera ahorrado numerosas meteduras de pata y ataques frontales a todo bicho viviente, que hubiera procurado ser simpático y mostrar sentido del humor; que hubiera hilado algún discurso sobre lo que se propone hacer (lo más argumentativo ha sido esto: «Seguro que *no* haré lo que haría Clinton»). Si no se ha aplicado a nada de esto y aun así tiene posibilidades de ganar, a cuántos no habría engañado con un poco de disimulo. Lo bueno y lo malo es eso, que no ha fingido apenas, y acabo de explicar por qué es bueno. Sin embargo es malo porque significa que cuantos lo voten lo harán a sabiendas, con plena conciencia de quién es y cómo es. Y aunque al final sean «sólo» un 37 % (según los sondeos más optimistas), es incomprensible y alarmante que semejante cantidad de estadounidenses desee ser gobernada por un tipo descerebrado, estafador, mentiroso a tiempo completo, racista, despectivo, machista, soez y de una antipatía mortal. Es el Berlusconi del continente americano, con la salvedad notable de que éste era simpático o se lo hacía; de que, por odioso que lo encontrase uno, comprendía que hubiera gente a la que le cayera bien. En el caso de Trump esa comprensión no cabe, algo tanto más llamativo cuanto que los Estados Unidos es el país que inventó la simpatía como instrumento político.

Últimamente tengo la impresión de que eso, la simpatía, se ha acabado o está en la nevera, poco menos que mal vista. ¿Hay algún líder «grato», más allá de sus capacidades? No lo son Rajoy ni Hollande ni la *nuremburguesa* Theresa May (me refiero a las Leyes de Núremberg de 1935); Putin es un chulángano, Maduro un alcornoque cursi y dictatorial, Marine Le Pen y Sarkozy son bordes, un ogro el húngaro Orbán, y no hablemos de ese mastuerzo elegido en las Filipinas, Duterte, que en pocos meses ha hecho asesinar a tres mil personas sin que el mundo haya pestañeado. Al agradable Obama le quedan cuatro días, lo echarán de menos hasta quienes abominaron de él. Pero no es sólo en la política, es general. Hay una fuerte corriente cejijunta universal. Quienes gozan de más éxito y seguidores suelen ser los tipos broncos y hoscos, los que echan pestes, insultan a troche y moche y jamás razonan. Se sigue venerando a Maradona, que hace siglos que no le da al balón, por lo lenguaraz y camorrista que es, mientras que no hay futbolista educado, amable y modesto contra el que no se monte una campaña feroz: Raúl en su día, luego Xavi y Casillas, y a Messi ya lo culpan en la Argentina hasta de las derrotas de su selección en las que él no ha saltado al campo. De Piqué ni hablemos, no se le perdona que sea bienhumorado y desenfadado, como a Sergio Ramos. En realidad no se libra casi nadie que destaque en algo. Se ha acentuado la necesidad de destronar a quienes han subido demasiado alto, sólo que hay una enorme e hiperactiva porción del planeta que considera cualquier triunfo un exceso, por pequeño que sea. Esa necesidad siempre ha existido, y mucha gente aguardaba impaciente a que los ídolos se dieran el batacazo. La diferencia es que ahora esa porción enorme está agrupada y cree que no hay que esperar, que el batacazo lo puede provocar ella con el poderoso instrumento puesto a su disposición, las redes sociales. Hay muchas personas que no aguantan la lluvia de improperios que les cae desde allí; que se deprimen, se asustan, les entra el pánico. Que se achantan, en suma, hasta querer desaparecer. Si se piensa dos veces, no tiene sentido amilanarse ante la vociferación canallesca e inmotivada. Sobre todo porque nadie está obligado a escucharla, a consultar su iPhone ni su ordenador.

Trump presume precisamente de triunfador, pero el secreto de su éxito reside en comportarse como lo contrario, como un fracasado resentido e insatisfecho, como la rencorosa turba que pulula por las redes, ufana de amargarles la vida a los afortunados y machacársela a los «inferiores»: inmigrantes, pobres, mexicanos, musulmanes, mujeres, discapacitados, prisioneros y muertos en combate «que se dejaron capturar o matar». Era cuestión de tiempo que la masa de los odiadores intentara encumbrar a uno de los suyos: al matón, al chulo, al despotricador, al faltón y al sobón. Esperemos que no lo consiga, dentro de nueve días.

30-X-16

Literatura de terror farmacéutica

Hacía ya años que no leía los prospectos de los medicamentos. Antes los miraba con atención para saber qué ingería, cuáles serían los beneficios y los (habitualmente) escasos riesgos. Éstos ocupaban por lo general poco espacio, y se daba por supuesto que los buenos efectos superaban con creces a los improbables adversos. Pero los prospectos —como los manuales de instrucciones de cualquier aparato, desde una máquina de afeitar hasta una televisión— empezaron a alargarse con desmesura. Hoy requieren varias horas de lectura y se parecen a las *Memorias de ultratumba* de Chateaubriand, no sólo por su extensión sino por la adecuación de su contenido a ese título. El demencial crecimiento de las advertencias se debe sin duda a una de las plagas de nuestro tiempo: la proliferación de abogados tramposos y de ciudadanos estafadores, dispuestos a demandar a cualquier compañía o producto por cualquier menudencia. Son conocidos los casos grotescos: en las instrucciones de los microondas hay que especificar que no valen para secar al perrito después de su baño, o en las de las planchas que éstas no se deben aplicar a la ropa mientras la lleva uno puesta. Probablemente hubo cenutrios a los que se les ocurrieron semejantes sandeces. En lugar de ser multados por su necedad incontrolada, interpusieron una demanda por no habérseles prevenido con claridad contra su memez extrema (se solía dar por descontada la sensatez más elemental en la gente); un artero abogado los apoyó y un juez contaminado de la idiotez ambiente falló a su favor y contra la cordura. El resultado es que ahora todos los productos han de adver-

tir de los peligros más estrambóticos y peregrinos, some-
tiéndose a la dictadura de los tarugos mundiales sobreprotegidos.

Lo mismo, supongo, sucede con las medicinas. Si uno
lee un prospecto, lo normal es que no se tome ni una píl-
dora, tal es la cantidad de males que *pueden* sobrevenirle.
Son tan disuasorios que resultan inútiles. Bien, me receta-
ron unas pastillas para algo menor. Las tomé seis días y me
sentí anómalamente cansado. Así que, contra mi costumbre, miré la «información para el usuario», seguro de que
la fatiga figuraría entre los efectos secundarios. Me encontré con una sábana escrita con diminuta letra por las dos
caras. El apartado «Advertencias y precauciones» ya era
largo, y desaconsejaba el medicamento a quien padeciera
del corazón, del hígado, de los riñones, diabetes, tensión
ocular alta y qué sé yo cuántas cosas más. Pero esto era un
aperitivo al lado del capítulo «Posibles efectos adversos»,
dividido así: a) «Poco frecuente (puede afectar hasta a 1 de
cada 100 personas)»; b) «Raro (hasta a 1 de cada 1.000)»;
c) «Desconocido (no se puede determinar la frecuencia a
partir de los datos disponibles)». Luego venía otra tanda,
dividida en: a) «Muy frecuente (más de 1 de cada 10)»;
b) «Frecuente»; c) otra vez «Poco frecuente»; d) otra vez
«Desconocido». La exhaustiva lista lo incluía *casi todo*.
Piensen en algo, físico o psíquico, leve o grave, inconveniente o alarmante, denlo por mencionado. Desde «erec-
ciones dolorosas (priapismo)» hasta «flujo de leche en
hombres (?) y en mujeres que no están en periodo de lac-
tancia». Desde «convulsiones y ataques» hasta «sueños
anormales» (me pregunto cuáles considerarán «normales»), «pérdida de pelo», «aumento de la sudoración» y
«vómitos». Desde «hinchazón de la piel, lengua, labios
y cara, brazos y piernas» hasta «pensamientos de matarse a
sí mismo» (el español deteriorado está por doquier: normalmente bastaba con decir «matarse»; claro que nada extraña ya cuando uno ha oído o leído en numerosas ocasio-

nes «autosuicidarse», lo cual sería como matarse tres veces). De «urticarias» a «chirriar de dientes». De «aumento anormal de peso» a «disminución anormal de peso». De «alegría desproporcionada» a «desfallecimiento».

Huelga decir que al sexto día dejé las pastillas. Por suerte nada de lo amenazante me había ocurrido, cansancio aparte. Pero ya me dirán con qué confianza u optimismo puede uno ingerir algo de lo que espera beneficio y no maleficio. Lo que más me llamó la atención fue el subapartado «Efectos adversos desconocidos». Deduzco que ningún paciente se ha quejado aún de los daños en él descritos. Pero, por si acaso surge alguno un día, mejor incluir *todo lo posible*. Eso, obviamente, es infinito. Así que más vale que aportemos todos ideas. ¿Y si aumento de estatura y me convierto en un Gulliver entre liliputienses? ¿Y si disminuyo y me convierto en *El increíble hombre menguante*, aquella obra maestra del cine? ¿Y si cambio de sexo? ¿Y si me salen pezuñas o se me ponen rasgos equinos? ¿Y si me transformo en cerdo y acabo hecho jamones? No se priven, señores de las farmacéuticas, a la hora de imaginar horrores que los blinden contra los quisquillosos sacadineros. De momento ya han conseguido que nadie lea sus prospectos, y que, si lo hace, renuncie de inmediato a mejorar o a curarse con sus tan fieros productos.

6-XI-16

Mayor que Lolita

Llevaba tanto tiempo en contacto con Maite Nieto, que se encarga de recibir y revisar mis artículos, que cuando hace poco nos vimos las caras por primera vez, me creí en confianza y se me escaparon un par de comentarios personales. No tengo más que simpatía y agradecimiento hacia ella (como antes hacia Julia Luzán, que cuidó mis textos durante mi primera etapa), así que le hablé como si estuviéramos en una de nuestras charlas telefónicas y, en el reportaje que hizo para el número celebratorio de los cuarenta años de *EPS,* apareció el detalle de que acabo de cumplir sesenta y cinco y de que para mí es una edad «simbólica», porque fue a la que murió mi madre. De modo que ya no hay por qué no hablar de ello. De hecho, a mi madre, Lolita, aún le faltaba una semana para cumplirla, ya que falleció el 24 de diciembre de 1977 y había nacido el 31 de ese mes. Desde hace cierto tiempo —hay supersticiones que superan al razonamiento— he temido la llegada de esa cifra. También es la que tenía al morir otra persona sumamente importante en mi vida, Juan Benet. No son infrecuentes esas ideas, esas aprensiones. Una gran amiga, que perdió a su madre cuando ésta contaba sólo treinta y nueve, estaba convencida de que le tocaría seguir sus pasos. Por fortuna, ya ha cumplido los cincuenta y cuatro y está estupendamente, de salud y de aspecto. Conozco muchos más casos.

Pero, más allá de esas supersticiones, de que pensar, se hace raro, descubrir que «de pronto» —no es así, sino muy lentamente— uno es mayor que su propia madre, de lo que ella llegó a serlo nunca. Cuando escribo esto, mi edad ha superado en mes y medio la que alcanzó Lolita, aquel 24 de diciembre. Y a uno se le formulan preguntas improcedentes y absurdas. ¿Por qué? Soy hijo suyo, ¿acaso merezco una vida más larga? ¿Qué la llevó a morir cuando, según la longevidad de nuestra época, era aún «joven» relativamente? Entonces uno hace repaso, en la medida de sus conocimientos, y se da cuenta de que su existencia fue mucho más dura y difícil que la propia. De niño y de joven uno no sabe, o si sabe no calibra la magnitud del pasado que las personas más queridas y próximas llevan a cuestas. El mundo empieza con nosotros y lo anterior no nos atañe. Una madre es una madre, normalmente volcada en sus hijos, que la reclaman para cualquier menudencia. Tardamos muchísimo en pararnos a pensar en lo que ya acarreaba antes de nuestro nacimiento. Y, en el caso de la mía, era excesivo, supongo. Lolita fue la mayor de nueve hermanos, y al más pequeño le sacaba unos veinte años. Como mi abuela estaba mal del corazón, a Lolita le tocó hacer de semimadre de los menores desde muy jovencita. Perdió a dos de ellos cuando eran poco más que adolescentes: a uno se lo llevó la enfermedad, al otro lo mataron milicianos en Madrid durante la Guerra, por nada. Sufrió eso, la Guerra, las carencias, el hambre, los bombardeos franquistas, con mi abuelo refugiado en una embajada (era médico militar) y mi tío Ricardo oculto quién sabe dónde (era falangista). Sé que Lolita le llevaba víveres, procurando despistar a las autoridades. Al que sería su marido, mi padre, lo encarceló el régimen franquista en mayo del 39 bajo graves y falsas acusaciones, y entonces ella removió cielo y tierra para sacarlo de la prisión y salvarle la vida. Según él, mi padre, Lolita era la persona más valiente que jamás había conocido. Se casaron en 1941, ella publicó un libro con dificultades, y su primogénito (mi hermano Julianín, al que no conocí) murió súbitamente a los tres años y medio. Luego nacimos otros cuatro varones, pero es seguro que ninguno la compensamos de la tristeza de ver desaparecer sin aviso al primero, sin duda al que más quiso. Hablé de ello en un libro, *Negra espalda del tiempo*, y allí creo que dije algo parecido a esto: era el que ya no podía hacerla sufrir ni darle disgustos, el que nunca le contestaría mal como suelen hacer los adolescentes, el que siempre la querría con el querer inigualable y sin reservas de los niños pequeños, el que no pudo cumplir con las expectativas pero tampoco con las decepciones, el que siempre permanecería intacto. Seguro que empleé otras palabras más cuidadas.

Sin duda todo eso desgasta. El esfuerzo temprano, la asunción de papeles que no le correspondían, la muerte de los hermanos, una gratuita y violenta; la Guerra, la represión feroz posterior, el novio en la cárcel y amenazado de muerte, la pérdida del primer niño. Esa biografía la comparte mi madre con millares de españoles, y las hay peores. Sin ir más lejos, no es muy distinta de la de mi padre, que en cambio vivió hasta los noventa y uno. Pero uno no puede por menos de pensar, retrospectivamente, que cuanto se padece va pesando, mina el ánimo y tal vez la salud, quita energías y resistencia para lo que resta. Quita ilusión, aunque ésta se renueve inverosímilmente. Mi madre la renovó en sus últimos años con su primera nieta, Laura («Por fin una niña en esta familia», decía), pero la disfrutó poco tiempo. Y ahora que ya soy mayor que Lolita, muchas noches pienso que ella se merecía vivir más tiempo que yo, y que nada puedo hacer al respecto. Qué extraño es todo.

13-XI-16

Trabajo equitativo, talento azaroso

Si algo clama en verdad al cielo, en lo que tanto hombres como mujeres deberíamos hacer continuo hincapié, es la diferencia salarial existente (y persistente) entre unos y otras, exactamente por el mismo trabajo. Nunca he entendido en qué se basa, cuál es la justificación, aún menos que se dé en todos los países, no sólo en el nuestro. En Alemania, nación avanzada, la brecha es aún mayor que aquí, y en Gran Bretaña, Holanda y Francia tan sólo un poco menor. La cosa presenta la agravante de que, según el reciente estudio de economía aplicada Fedea, hace ya tres decenios que las mujeres poseen mejor formación que los hombres, algo que no falla nunca si se analizan personas menores de cincuenta años. «En el mercado de trabajo español el 43 % de las mujeres ha concluido estudios universitarios, frente al 36 % de los varones», señala el informe, y añade que, pese a ese superior nivel educativo, ellas se topan con más dificultades para encontrar empleo y, cuando lo consiguen, sus condiciones laborales son peores. Así, la tasa de paro femenino es seis puntos mayor. La diferencia salarial ronda el 20 % a favor de los menos educados, y eso —insisto— escapa a mi comprensión. Si dos individuos realizan las mismas tareas y las desempeñan durante el mismo número de horas, ¿con qué argumento puede discriminárselos en función de su sexo? La situación es tan ofensiva e injusta, y lleva tanto perpetuándose, que no me explico que no ocupe a diario los titulares de los periódicos y de los informativos, y que sólo aparezca o reaparezca cuando se publica algún estudio como el de Fedea, que nada descubre. Se limita a constatar que nada cambia.

Ese es el terreno fundamental en el que las supuestas ultrafeministas deberían estar librando una batalla sin tregua, en vez de perder el tiempo y la razón con dislates lingüísticos y con aspectos secundarios y ornamentales, en los que además el «reparto» nunca es ni ha sido *per se* equitativo. Leo muchos más artículos y protestas porque haya menos mujeres que hombres en la RAE, o ganadoras del Cervantes, o directoras de cine o de orquesta, que por esta discriminación laboral y salarial. El trabajo es mensurable y cuantificable en términos objetivos; las artes y lo que llevan implícito —talento, genio, como quieran llamarlo— no lo son. Esas aptitudes no están distribuidas de manera justa ni proporcional. No hablo del largo pasado, en el que a las mujeres les estaba vedada la dedicación a la pintura, a la arquitectura, al cine, a la composición musical y parcialmente a la literatura, sino de hoy. No hay ninguna razón por la que deba haber tantas buenas escritoras como escritores, ni a la inversa, claro está. De la misma manera que tampoco ese reparto de talento está garantizado por países ni por regiones. Ni por diestros o zurdos, altos o bajos, gordos o delgados, negros o blancos o asiáticos.

De todos es sabido que en los siglos XVIII y XIX hubo una concentración de genio musical en Alemania y Austria, incomparable con el existente en cualquier otro lugar. Si en ese periodo vivieron Bach, Telemann, Mozart, Haendel, Haydn, Schubert, Beethoven, Schumann, Brahms, Bruckner y Mahler no mucho después, se debió en gran medida al azar. ¿Por qué en el XVII inglés hubo un Shakespeare, un Marlowe, un Jonson, un Webster, un Tourneur, un John Ford, un Robert Burton y un Sir Thomas Browne? ¿Y en España un Cervantes, un Lope, un Quevedo, un Góngora, un Calderón, mientras en otras naciones no surgía algo similar? ¿Por qué (y eso tiene más misterio y más mérito, dada la escasez de escritoras) en el XIX británico se juntaron Mary Shelley, Jane Austen, George

Eliot, Emily y Charlotte Brontë, Elizabeth Gaskell, Elizabeth Barrett Browning y Christina Rossetti, todas clásicas indiscutibles de la novela o la poesía? Pese a las trabas de la época para las de su sexo, su arte emergió y fue reconocido, porque eso sucede siempre con el arte elevado, aunque a veces llegue tarde para quien lo poseyó, sea varón o mujer. Hoy hay una pléyade de feministas empeñadas en «sacar de las catacumbas» a *todas* las pintoras, compositoras y escritoras que en el mundo han sido, y no todas merecen salir de ahí. Habrá periodos en los que el talento estará más concentrado en mujeres, como lo estuvo el musical en germanos dos y tres siglos atrás. Y habrá otros en los que no. Por mucho que se intente hundir y ocultar, el gran arte sale a flote y acaba resultando innegable, manifiesto (a veces con enorme retraso, eso sí). Que se lo pregunten a los espíritus de Austen, Brontë, George Eliot o Emily Dickinson.

Lo que sí es intolerable, lo que todos los feministas deberíamos combatir sin descanso (me incluyo, claro que me incluyo), es la discriminación en lo que no depende del azar, ni del gusto ni de la subjetividad de nadie (ni siquiera de los tiempos): el trabajo, lo que por él se percibe y la igualdad de oportunidades para acceder a él. Conseguir que las mujeres no estén perjudicadas ni desdeñadas ni preteridas en ese campo es la principal y urgente tarea —casi la única seria— a la que nos debemos aplicar.

20-XI-16

Mil cien años

Me llega un librito meritorio. Interesará a tan poca gente —pese a su interés— que vale la pena dar noticia de él. Se trata de *El saco de Tesalónica*, del clérigo bizantino («cubuclisio») Juan Cameniata o Kaminiates, quien vivió el ataque sufrido por su próspera ciudad a manos de los agarenos o sarracenos en el año 904, recién iniciado el siglo x. No es una obra única en ningún aspecto, ni siquiera en lo referente al lugar devastado, más conocido hoy como Salónica: hay relatos de su toma por parte de los normandos en 1185 y de la invasión de los otomanos en 1430, a las órdenes del sultán Murad II. Las ciudades sitiadas, su conquista, su quema y las matanzas habidas en ellas, son una constante de nuestra historia, y sin duda uno de los puntos fuertes de series ficticias, vagamente medievales, como *Juego de tronos*. Y es sabido que Tolkien se inspiró en la caída de Constantinopla de 1453, que tan maravillosamente narró Sir Steven Runciman, para las más emotivas batallas de *El Señor de los Anillos*. Los asedios siempre funcionan narrativamente, y siempre producen la fascinación del espanto.

La breve obra de Cameniata (Alianza, cuidada edición de Juan Merino Castrillo) tampoco resiste la comparación estilística con textos muy posteriores como *La caída del Imperio Bizantino* del extraordinario cronista Jorge Frantzés o Sfrantzes (lean, lean a Frantzés los que puedan; ay, no en español si no me equivoco, pero sí en otras lenguas a las que se lo ha traducido). Pero, como señalan los editores, no deja de causar perplejidad pensar que lo contado en ella sigue ocurriendo en torno al Egeo y el Mediterráneo, casi igual que hace mil cien años, con las capturas y carnicerías del Daesh o de Boko Haram más al sur, con la esclavitud reinstaurada (si es que alguna vez se fue), con las masas de refugiados a la deriva, manipulados y engañados por mafias. Cameniata, todavía cautivo en Tarso de Cilicia (hoy Turquía), relata los hechos en forma de misiva, confiado en que ésta ayude a un intercambio de prisioneros o a un rescate. Como clérigo, no puede evitar ser pelmazo al principio, achacando la desgracia que aguardaba a los tesalonicenses a la «vida disipada» y a los numerosos pecados en que habían incurrido. Lo que sí se ve pronto es que la ciudad ufana estaba mal preparada para el combate, y que además, como sucede a menudo en estos casos, la inferioridad bélica se conjugó con la mala suerte, casi de forma cómica. El principal encargado de la defensa, el estratego o «protospatario» León Quitzilaces, «estando a lomos de su caballo, se encontró a Nicetas ... cuando decidió darle un abrazo ... y descuidó las riendas. Se asustaron los caballos y más aquel que montaba el estratego, afectado por un entusiasmo natural, e irguiendo la cerviz y con las crines encrespadas, se encabritó y lo tiró de la silla. Éste cayó de cabeza ... y, arrojado al suelo, se rompió el fémur derecho y el hueso del cotilo. Daba lástima y renunciaba a vivir».

Poco después los sarracenos, al mando de otro León —León de Trípoli—, renegado cristiano y sanguinario, vencieron las murallas desde sus barcos e iniciaron la terrible matanza. Es curiosa la cantidad de veces en que Cameniata señala la estupefacción y la parálisis de los tesalonicenses, con el enemigo ya encima, como causa o agravante de su absoluta derrota. «No sabían de qué manera ponerse a salvo ... Toda la gente completamente agitada y confusa, desconcertada sin saber qué hacer ni cuándo y poniendo en peligro su vida. Ninguno se preocupaba de cómo repeler el destino inminente, sino que daba vueltas en su mente a cómo o con cuánto dolor encontraría la muerte.» O bien: «Podía verse a los hombres como naves a la deriva arrastradas de aquí para allá, ... hombres, mujeres y niños precipitándose y amontonándose unos sobre otros, dándose el abrazo más lamentable, el postrero». Cameniata, su familia y bastantes más lograron salvar la vida prometiendo la entrega de riquezas escondidas. Fueron embarcados tras diez días de saqueo. Hacinados para la larga travesía, Cameniata no ahorra detalles infrecuentes en las narraciones: «Lo peor de todo eran las necesidades de vientre, a las que no había forma de dar salida según apremiaba la necesidad física de evacuar. Muchos, dando prioridad al pudor del asunto, constantemente corrían peligro de morir al no poder aguantar el apremio». O bien: «Aquella agua, siendo un flujo de las letrinas de toda la ciudad, era capaz de matar sin necesidad de ningún otro medio a los que la bebían. Pero como poción pura y placentera de nieve recientemente derretida, así llevaba cada uno a su boca aquella podredumbre y aceptaba en su imaginación que el fétido cáliz estaba lleno de miel».

El ansiado intercambio de prisioneros se inició catorce meses después del saco de Tesalónica, pero se interrumpió a los tres días. No se sabe por qué, ni cuál fue el destino de Cameniata, si se contó entre los afortunados o si ya fue esclavo hasta el final de su vida. Cuánta gente no habrá hoy en Irak, en Siria, en Nigeria, preguntándose lo mismo, cada amanecer, con desaliento.

27-XI-16

Contrarrealidad

El *Oxford English Dictionary* ha elegido como palabra del año el término «*post-truth*» o «postverdad», que, aunque no del todo nuevo, hemos venido utilizando con cada vez mayor frecuencia, llevados por la necesidad de nombrar lo insólito o innombrable, lo que escapa a nuestra comprensión. Al decir «nuestra» me refiero al conjunto de la humanidad durante siglos, más o menos desde que se abandonó el pensamiento mágico o supersticioso. Ha habido excepciones, claro. Lo que hoy se llama postverdad o podría llamarse contrarrealidad tiene precedentes en tiempos modernos, pero sólo en sociedades totalitarias sin libertad de prensa ni de expresión, en las que la información era controlada por una sola voz, la del dictador o tirano. Lo hemos conocido en España a lo largo de décadas; aunque a los jóvenes de hoy les suene casi a ciencia-ficción, sólo existía la versión oficial, franquista, y lo que ésta ocultaba no había tenido lugar. Tan lejos llegó la censura que no sólo nadie se enteró de los atentados que sufrió el propio Franco, ni de las huelgas que había de vez en cuando, ni de los asesinados a manos de la policía (los detenidos siempre se habían caído o arrojado por una ventana, pese a estar esposados y custodiados por guardias). La España de la dictadura era tan «feliz» y «pacífica» que aquí no se producían homicidios ni suicidios, y hasta las obras de ficción (novelas, películas) podían verse en dificultades si los intentaban reflejar. Cabe imaginar la visión de la realidad que se tuvo en la Alemania nazi y en la Unión Soviética, en la China de Mao (bueno, y en la actual), en la Cuba de Castro, en la Argentina de Videla y Galtieri y en el Chile de Pinochet.

Pero la postverdad de hoy es distinta, y se da voluntariamente, en países con abundancia y variedad de información. Según el *OED*, su significado «denota circunstancias en que los hechos objetivos influyen menos en la formación de la opinión pública que los llamamientos a la emoción y a la creencia personal». Nada mal como definición, pero por fuerza incompleta y sin matices. Si he apuntado la posibilidad de llamar al fenómeno «contrarrealidad», es porque en las actitudes que han conducido al *Brexit* y al triunfo de Trump hay negación tozuda de la realidad, para lo cual, desde luego, es preciso creerse antes las evidentes mentiras, a sabiendas de que lo son, y no creerse las verdades. ¿Quién puede creer que Trump levantará un muro en la larguísima frontera con México y, *sobre todo*, que este país sufragará su construcción? ¿Quién que Obama y Hillary Clinton han sido los fundadores del Daesh, como afirmó repetidamente en su campaña Trump? ¿Quién que un multimillonario clasista, ostentoso, despectivo y chulesco se preocupa por los desfavorecidos o los representa? ¿Quién que lucha contra el *establishment*, cuando él es uno de sus emblemas? (Pocas interpretaciones más ridículas que las que ven en su victoria una «rebelión contra las élites». ¿Acaso no es la personificación de la élite un individuo con centenares de posesiones y negocios turbios, varios al parecer fracasados, y cuyo mayor activo es la marca de su propio apellido?) Lo mismo puede decirse de Inglaterra: ¿quién era capaz de creerse las manifiestas falsedades de los *brexiters*? ¿Quién al grotesco Boris Johnson, que poco antes del referéndum estaba a favor de la permanencia? O de Cataluña: ¿quién puede creer que, una vez independiente, seguiría perteneciendo a la Unión Europea y conservaría su riqueza y no vería mermadas sus exportaciones? ¿Quién que un 48 % de votos equivale a una «mayoría clara»? Y sin embargo se ha obrado como si todos los palmarios embustes pudieran transformar la realidad.

Llevo treinta años hablando de la progresiva infantilización del mundo, pero no creí que alcanzara tamaña culminación. La actitud de demasiada gente es exactamente la de los niños —muy pequeños, por cierto—, que, por ejemplo, creen que cerrando los ojos o tapándose la cabeza con una sábana ya no van a ser vistos. Confunden no ver con resultar invisibles: si yo no veo a esta persona desagradable o que me da miedo, ella tampoco me verá a mí. También es fácil engañarlos, adecuar la realidad a sus necesidades, convencerlos de que no hay amenazas cuando sí las hay. Los adultos nos prestamos: ¿para qué van a sufrir, y a crecer con temores? Mientras no se den cuenta, engañémoslos y que sean felices, ya les llegará el día de no serlo tanto. El problema es que ahora hay muchos individuos que no consienten que ese día llegue. Están dispuestos a creerse las mayores trolas, y si hay que negar la realidad y la verdad, se niegan y ya está. Como si pudieran mantenerse a raya por arte de magia y por la fuerza de nuestra voluntad. Son gentes que han perdido la capacidad de sumar dos y dos, de prever ninguna consecuencia. Es como si ya no supieran que si están a la orilla del mar y dan cuatro pasos, sus pies se mojarán, y pensaran: «Qué tontería: ahora están secos, ¿por qué se van a mojar?». Y como si ignoraran que si dan cincuenta más, seguramente se ahogarán. Pero el océano y la realidad son obstinados, y lo cierto es que continúan ahí, cuando nos abren los ojos por fin.

4-XII-16

Las pausas

Hacía siete años que no viajaba a los Estados Unidos y me fue a pillar en Nueva York su segundo peor día del siglo, el del triunfo de Trump. Por la tarde tomé un café con Wendy Lesser, directora de una revista californiana que exagera su gentileza al publicarme artículos antediluvianos. Estaba de los nervios pese a que las últimas encuestas aún eran tranquilizadoras. No mucho, pero algo. Su marido se hallaba en Sicilia, y ella no se atrevía a seguir el recuento a solas, iba a reunirse con amigos para encajar en compañía el golpe, si se producía. Conocía a mucha gente que no pensaba levantarse de la cama al día siguiente, en ese caso. Por la noche fui a casa de mi editor Sonny Mehta, al que no conocía, y luego a cenar con él, su mujer Gita, mi agente María Lynch y algunas personas más. Me extrañó que propusieran ese plan en fecha tan crucial, pero bueno, era un placer. Sonny y Gita Mehta me inspiraron confianza en seguida, al ver que a sus más de setenta años fumaban con naturalidad en un país para el que eso —que estimuló y exportó como nadie— parece ser peor que la pederastia. Inteligentes y cálidos, ella también estaba de los nervios y pensaba aguantar hasta la hora que fuera pegada a la televisión. Él, más tranquilo, restaba importancia al posible drama. A lo largo de la cena algún comensal miró su iPhone para comprobar cómo iba la cosa, y al saberse que Florida caía del lado de Trump empezó a cundir la angustia. Llegó un momento en que nuestra mesa era la única ocupada en el restaurante. Los camareros se mostraban tan impacientes como aún confiados: «Obama iba perdiendo a estas horas, hace cuatro años;

puede cambiar», dijo uno de ellos. Así que nos levantamos y yo me fui al hotel, que —oh desdicha— estaba a dos pasos del Hilton, donde Trump tenía su cuartel general, y de la Trump Tower, ante la que las masas idiotizadas se hacen *selfies* sin parar, y lo que te rondaré morena a partir de ahora.

Mi estancia quedó amargada por el resultado. Estando en Nueva York, muy demócrata, con escritores, editores y periodistas, ante mí desfiló un cortejo fúnebre, mis interlocutores desolados o en estado de incredulidad. Lo mismo en Filadelfia, por cierto; en todas las ciudades grandes. Como es natural, les costaba prestar atención a mi novela recién publicada allí. Pero no eran sólo los neoyorquinos «literarios». Tampoco la conductora que me llevó al aeropuerto al marcharme salía de su asombro, y vaticinaba lo mucho que se iba a añorar a Obama: «Su corazón está siempre donde debe estar».

Fue otro taxista (americano, blanco, de unos cincuenta años) el único que, sin estar complacido, tampoco parecía muy disgustado por la victoria de Trump. Durante el trayecto hasta el Museo Frick discurseó sin parar, como si fuera madrileño: «Yo lo había visto venir desde nueve millas de distancia», se jactó. Lo fui escuchando bastante en silencio, hasta que dijo lo de las armas: «La gente no quiere políticos que le limiten su uso. Si ellos las llevan, o sus guardaespaldas, ¿por qué nosotros no?». «Bueno», le contesté, «en Europa tenemos asumido que ante un problema la policía se encarga, o el Estado, y lo cierto es que padecemos un número de homicidios por arma de fuego infinitamente inferior al de ustedes aquí». Como si la idea le resultara novedosa, respondió: «Ah, eso es interesante. ¿Infinitamente menor?». «Ya lo creo, sin comparación.» Cambió de tercio: «Así que es usted europeo, ¿de dónde?». Se lo dije. «¿A qué se dedica, si puedo preguntar?» Se lo dije. «Dígame de qué va una de sus novelas.» Le conté el arranque de la última, mas no sabía decirle. Y entonces vino lo insólito: «¿Conoció usted a Ortega, por casualidad?», me preguntó. Mi sorpresa fue mayúscula: «¿A Ortega y Gasset, el filósofo?». «Sí.» «De hecho, sí», le dije, «cuando yo era pequeño. Él murió en los años cincuenta. Un vago recuerdo. Pero mi padre era muy amigo suyo y su principal discípulo». Llegábamos ya a destino y no me dio tiempo a averiguar cómo diablos conocía a Ortega un taxista neoyorquino al que no fastidiaba en exceso Trump. Paró el coche ante el museo, se volvió, me estrechó efusivamente la mano y exclamó: «Pues ha sido un honor conocerlo. Y además voy a comprar su libro». Al pagarle, con generosa propina (un colega asiático suyo me había afeado que no le dejara «al menos el 20 %»), me devolvió cinco dólares, y añadió: «A alguien que ha conocido a Ortega le hago descuento. Todo un placer».

En el Frick me esperaba un joven y culto periodista, tan deprimido (era la mañana siguiente a la elección) que había estado a punto de cancelar la cita, me confesó. Le relaté la inverosímil anécdota y lo animaron la curiosidad y el estupor. «¿Y cómo era? ¿De qué origen? ¿De qué edad?», me preguntaba con sumo interés. Luego los cuadros del Frick y nuestra conversación sobre otros asuntos lo llevaron a decir: «Me alegro de no haber cancelado la cita. Todo esto ha sido una bendita pausa». También en lo más ominoso, en lo peor, se producen pausas. Nos salva que casi nada es nunca sin cesar.

11-XII-16

Multitud

Siempre he sentido antipatía por las campañas y los proselitismos; siempre me ha desagradado la gente que no se conforma con tener una opinión y obrar en consecuencia, sino que necesita atraer a su causa a otros, verse arropada por las masas más manipulables y gregarias y deseosas de infectarse; la que organiza castigos colectivos, difamación y linchamientos verbales. La que ansía «dar su merecido» a quien le lleva la contraria o emite un parecer que la fastidia. Hay una diferencia entre la postura personal de alguien y la cacería que ese alguien desata. Hace muchos años, el dramaturgo Sastre dijo algo —la memoria no me alcanza para recordar qué— en claro apoyo del mundo etarrófilo. ETA aún asesinaba y secuestraba, por supuesto, y la cosa sonó a vileza. Puede que yo mismo pensara: «Si alguna vez coincido con ese hombre, no lo saludaré». Era una decisión —si lo fue— mía particular. Otros escritores, sin embargo, llevaron su reacción más lejos, y propusieron que *todos* nos negáramos a participar en actos a los que Sastre estuviera invitado, a compartir con él una mesa redonda o lo que se terciara; en suma, que lo vetáramos. Y esto me pareció mal, un exceso, y sobre todo me provocó desprecio la «organización», la campaña, la posible coacción a quienes no secundaran la consigna, el anhelo de castigo colectivo, como he dicho antes. Cada uno es dueño de hacer lo que se le antoje. Pero para mí va un gran trecho entre eso y desencadenar un hostigamiento o una persecución, sean gremiales o nacionales. Dicho sea de paso, eso no impidió que el dramaturgo recibiera premios oficiales españoles remunerados y los aceptara con *sans-façon*, no mucho después del episodio, creo recordar.

Huelga añadir que quienes pensamos así, quienes sentimos aversión hacia el «muchos contra uno», somos unos raros, una especie en vías de extinción. No ya este país, sino el mundo entero, sobre todo desde que descubrió el mejor instrumento de propaganda e intoxicación que ha existido —las redes sociales—, está dedicado sin cesar, y en masa, a escarmentar desproporcionadamente a los individuos que caen en desgracia por el motivo que sea, o que no se someten a las creencias «blindadas» y sacrosantas de hoy; o a las empresas catalanas en su momento, o a la marca que según los «virtuosos» actuales ha incumplido algún precepto de cumplimiento obligado. El caso más reciente es el de Fernando Trueba, pero ha habido muchos más. Será imposible saber si la parva recaudación inicial de su última película se ha debido a que no gusta, a que a los espectadores no les ha dado la gana de ir a verla en su primer fin de semana, o al boicot puesto en marcha contra ella por españoles desaforados, que no toleran que un español no se sienta español. (Entre paréntesis, lo de «sentirse» es un tanto absurdo: uno suele ser lo que le toca ser y lo que sabe que es, le guste o no, y el «sentimiento» no entra mucho en la cuestión. A mí, como algunos no ignoran, me habría resultado más cómodo ser italiano o inglés, pero no lo soy ni por lo tanto me lo puedo «sentir».) Pero el mero hecho de que se haya dado este ánimo saboteador es ya tan lamentable como indicativo. Si cada «españolísimo» decide no ir a ver esa película, bueno, está en su derecho, faltaría más. Lo que ya me parece ruin es procurar, instigar a que los demás hagan lo propio: el deseo de no quedarse solo con su responsabilidad, la necesidad de envolverse en una muchedumbre, el proselitismo activo, el montaje de un auto de fe que dé calor.

La actitud no se diferencia de la de los linchadores o cazadores de brujas reales. La misma palabra «linchamiento» lo indica: es algo hecho en grupo, sin condena imparcial, sin pruebas, amparándose en el tumulto y tan anónimamente como resulte posible. Algo cobarde en esencia. Nada más fácil que enardecer, nada más contagioso que la indignación, nada más placentero que buscar chivos expiatorios y castigar a «culpables», verdaderos o imaginarios. La historia está plagada de casos, la vileza es una constante, como lo es la voluntad de joder al prójimo, lo merezca o no. Siempre se encuentran causas *a posteriori*, el mezquino inventa su justificación. Hoy prolifera esa clase de vileza, y su ira puede caer sobre alguien famoso o desconocido. John Galliano fue desterrado por unos comentarios que hizo borracho. Una joven que inició tan tranquila un viaje a Sudáfrica, descubrió al llegar que las redes «ardían» en contra de ella y que había sido despedida de su empleo, por una observación inoportuna —«incorrecta»— que había hecho al embarcar. El mundo se ha llenado de «virtuosos» afanosos por castigar en manada. Nunca a solas, nunca a título individual. Se ha llenado de policías y sacerdotes vocacionales, cada uno con su lista particular de «delitos» y «pecados». Por recurrir a una comparación popular —*Juego de tronos* lo es—, el mundo está dominado por los llamados «Gorriones» de esa serie: puritanos, intransigentes, fanáticos, inquisidores, represores, punitivos, arbitrarios. Enemigos de la libertad. Siempre los ha habido. Lo grave es que sean, como ahora, multitud.

18-XII-16

Se supone que estudió

Desdichados los tiempos en los que frases aberrantes no se tienen por tales, no escandalizan ni llaman la atención, en los que caen en la indiferencia porque ya forman parte de la anómala «normalidad». Trump dijo que, si uno es una celebridad, puede hacer lo que quiera con las mujeres —lo que quiera— y «agarrarlas por el coño» con toda tranquilidad (eso es lo que significa *«pussy»*, o a lo sumo «conejo», y no los eufemismos absurdos de los que se ha valido la prensa española, faltando así a la verdad). Y eso no lo descalificó de inmediato para ocupar el más alto puesto de su muy puritano país. Aseguró que los mexicanos, sin distinción, eran criminales y violadores, lo cual no impidió que al poco lo recibiera y le estrechara la mano el Presidente Peña Nieto, que no se vio obligado a dimitir al instante por ello. Los ejemplos abundan en todas partes, por lo que quizá no es extraño que las declaraciones de nuestro Ministro de Justicia a *El País*, Rafael Catalá, el 28 de noviembre, no hayan causado estupefacción a casi nadie y que nadie —que yo sepa— haya pedido su destitución. No leo toda la prensa ni veo ni oigo las infinitas tertulias (eso sería un castigo excesivo hasta para el mayor asesino), pero leo y veo y oigo bastante, y, aparte de una impecable columna de Julio Llamazares en este diario, no he detectado la menor reacción.

Una cosa es que lo que declaró Catalá lo digan (como han hecho) tertulianos o periodistas al servicio del PP; incluso que lo digan miembros de ese partido o del propio Gobierno (como también han hecho). Es algo que en realidad venimos soportando desde hace años. Pero lo que es imposible es que sea el Ministro de Justicia de un país el que lo diga —él no es *cualquier* miembro del Gobierno, no lo puede ser— y que eso no acarree consecuencias; que permanezca en su cargo como si nada; que los jueces y magistrados no hayan puesto el grito en el cielo y se hayan negado a seguir bajo su autoridad; que a casi ningún articulista ni editorialista le haya parecido mal. Veamos. A la pregunta «La responsabilidad política por la corrupción, ¿está saldada?», el Ministro contestó: «En nuestro sistema se salda con las elecciones. Cuando vamos a votar hacemos balance y valoramos qué nos parece la gestión de un Gobierno o las propuestas de la oposición, y en los últimos dos años y medio ha habido todo tipo de elecciones y ha habido ocasión para que los ciudadanos hayan emitido su veredicto». Se entiende que ese veredicto ha sido, según él, de absolución del PP, o ni siquiera: los ciudadanos no han considerado, siempre según él, que al PP debiera juzgárselo por corrupción. Esto, soltado por un Ministro de Justicia —de Justicia—, es una aberración. Para él, de repente, las leyes no cuentan, no existen. Por encima de ellas está lo que podríamos llamar el «afecto popular», que exime de responsabilidad. Siguiendo el razonamiento hasta la exageración, a los jerarcas nazis no debería ni habérseles iniciado proceso porque es innegable que contaron, durante sus años de poder, con el beneplácito y el entusiasmo de los alemanes; porque estuvieron arropados y legitimados por ese «afecto popular». Otro tanto habría que decir de Milosevic, Karadzic y Mladic, principales carniceros de la Guerra de los Balcanes. ¿Por qué se los juzgó o juzga en La Haya, si cuando cometieron sus crímenes eran jaleados por su pueblo, y el primero ganaba elecciones sin discusión? ¿Por qué se debería haber juzgado a Franco o a Hugo Chávez, de haber sido posible, cuando las masas de sus respectivos países los adoraban, y el segundo fue votado hasta la saciedad?

¿Cómo puede un Ministro de Justicia sostener que las elecciones sustituyen a los tribunales y están por encima de la ley? ¿Para qué diablos tenemos leyes, entonces, si los políticos no están sometidos a ellas y ventilan sus delitos fuera de los juzgados, las investigaciones, los procesos y los sumarios? No es que estén aforados, que además lo están (en España hay 280.000 individuos aforados, reconoce Catalá; léanlo de nuevo: 280.000); es que, en tanto que partido, no están sujetos a la ley, sino al capricho o a la adhesión de sus votantes. Son éstos quienes los condenan o exoneran, según el Ministro. Lo más alucinante, con todo, es que éste no tiene empacho en contradecirse de manera flagrante, en la misma entrevista. Hablando ya no del PP al que sirve, sino del «problema de Cataluña», afirma: «En un Estado de derecho quien incumple la ley debe tener la respuesta de la Justicia … Si un Presidente de la Generalitat, un consejero o una Presidenta del Parlament han incumplido una ley, deben responder ante los tribunales». Me parece bien, pero ¿no habíamos quedado en que quien es elegido o reelegido salda su responsabilidad política? Se supone que el señor Catalá estudió Derecho para llegar a su importantísimo cargo. Uno no tiene más remedio que preguntarse cómo logró aprobar las asignaturas.

25-XII-16

No nos asfixien

Sirva como un ejemplo entre mil. Hace unos meses, con vistas a una pequeña exposición, la Biblioteca Pública de Nueva York me solicitó el préstamo de los borradores de una novela. Mis borradores están escritos a máquina y llenos de tachaduras, flechas, añadidos y correcciones a mano, por lo que hoy parecen casi tan exóticos como papiros egipcios. Se trataba de una novela de 2002, unos 1.500 folios. Se me indicó que los metiera en una caja, que describiera dicha caja, que la midiera y comunicara sus dimensiones exactas, que detallara su contenido y le pusiera título en una etiqueta especial. Fui obediente, y allí estaba yo con una cinta métrica, traduciendo de centímetros a pulgadas. Entonces se me dijo que, para el seguro y la aduana, especificara el precio de lo que enviaba. «Ni idea», le confesé a mi agente María Lynch, que me hacía parcialmente de intermediaria. «Nunca he vendido esta clase de material. Que lo calcule la Biblioteca, que estará más acostumbrada a tasar manuscritos y demás.» Ah no, la Biblioteca no podía hacerlo, al ser parte interesada y una hipotética compradora futura (muy hipotética, la verdad). Tenía que ser yo quien lo valorara. «¿Ponemos $10.000, por poner algo, y no hacerme mucho de menos?», le pregunté a María. «Ya puestos», me contestó ella muy audaz, «vamos a decir $20.000». «Más quisiera yo», respondí, «pero sea, con tal de acabar con tanto trámite». Estaba ya todo más o menos listo cuando surgió otro problema: la Biblioteca sólo podía asegurar mis folios una vez estuvieran en suelo estadounidense, no durante el trayecto. A mí me daba lo mismo, pero María se negó en redondo: «El mayor riesgo está en el viaje, ¿qué sentido tiene que no los cubra el seguro hasta que hayan llegado a salvo?». Qué hacer, pues. Intervino entonces mi amiga Mercedes López-Ballesteros, que me echa una mano con un ordenador y otras tareas, e hizo lo que le sugirieron: escaneó los tres primeros borradores de los 1.500, los envió por *mail* a la Biblioteca y ésta colocó debajo unos 1.497 folios en blanco. Ese fue el montón que se expuso al final: tres hojas no auténticas, sino escaneadas, sobre unas 1.497 no escritas, un simulacro en realidad. Por suerte las expusieron en una vitrina, por lo que ningún curioso podía descubrir la farsa. Hubo buena voluntad por parte de todos, pero ya ven, se hizo imposible algo tan inocuo como enviar una caja llena de folios.

Este es el mundo que nos han construido. Ríanse de la burocracia del siglo XIX, famosa en las obras de Dickens, Balzac y Larra. La que padecemos hoy ha dejado aquélla convertida en un paraíso de facilidades y libertad. Ustedes lo saben como yo: para cualquier imbecilidad, antaño sencilla, hay que solicitar todo tipo de permisos y documentos. Para cualquier gestión, oficial o no, hay que cruzar innumerables *mails*, sms, llamadas, y firmar docenas de veces. Para establecer una empresa o negocio, los trámites son inacabables y los obstáculos casi insalvables (y luego los políticos se permiten alentar a los «emprendedores», a quienes por lo general se impide emprender nada). Para tratar con la Administración, todo el mundo está obligado a poseer ordenador, pero esa misma Administración hace laberíntico y arcano el proceso de presentación de lo que sea, o le falla «el sistema» cada dos por tres, o da instrucciones contradictorias e imposibles. El resultado apetecido —parece— es que todos nos paralicemos, que desistamos, que no hagamos nada. Por tanto, que no creemos riqueza ni empleo. La misión de nuestros políticos es disuadirnos. Ponen tal cúmulo de trabas que a uno le dan ganas de cruzarse de brazos y sumirse en la pasividad.

Todo está demasiado controlado, regulado, burocratizado. Están prohibidas acciones que ni imaginamos. Los requisitos e impedimentos son interminables, todo invita al abandono de cualquier actividad. En Europa tenemos en Bruselas a una monstruosa legión de burócratas que viven de eso, de urdir normas y dificultades sin fin, que oprimen a los ciudadanos y no les dejan vivir. De alguna manera han de justificar su sueldo. He aquí mi propuesta y mi ruego: «Señores burócratas de Bruselas y España: No se preocupen por sus empleos. Los tienen asegurados. Seguiremos pagándoles de buen grado aunque se pasen la jornada mano sobre mano. Por favor, háganlo. Jueguen al ajedrez, al dominó, a los naipes o con el *smartphone*. Vean estúpidos vídeos de *youtubers* en sus horas laborables. Envíen chistes a sus colegas de Estrasburgo, Ginebra o La Haya. Lean algún libro de tarde en tarde, si recuerdan cómo hacerlo. Hártense de series de televisión, que duran y ocupan muchas horas. Nadie se lo va a reprochar. Insisto, se les seguirá pagando religiosamente aunque sean ustedes meros parásitos. Pero, se lo suplico, estense quietos. No piensen. No imaginen nuevas prohibiciones y obstáculos demenciales. No inventen nada. No rastreen con lupa la realidad a ver si se les ha escapado algún resquicio sin reglamentar. Por favor, no nos asfixien, déjennos vivir. Déjennos un mínimo de espontaneidad, iniciativa y libertad».

1-I-17

Las tías solteras

Cuando yo era niño, había cierta conmiseración hacia las mujeres sin hijos. A las que estaban casadas y carecían de ellos se las miraba con abierta lástima, y aún se oían frases como «Dios no ha querido bendecirlas con esa alegría», o «Pobrecilla, mira que lo ha intentado y no hay manera». En numerosos ambientes y capas de la sociedad se creía a pie juntillas en la absurda doctrina de la Iglesia Católica imperante en España, a saber: que la función del matrimonio era la procreación; que debían recibirse con gozo o estoicismo (según el caso) cuantas criaturas llegaran; que la misión de las madres era dedicarse en exclusiva a su cuidado; que era no sólo normal, sino recomendable, que cualquier mujer, una vez con descendencia, dejara de lado su carrera y su trabajo, si los tenía, y se entregara a la crianza en cuerpo y alma. Qué mayor servicio a la sociedad.

A las mujeres solteras («solteronas» se las llamaba, desde demasiado pronto) ya no eran conmiseración ni lástima lo que se les brindaba, sino que a menudo recibían una mezcla de reproche y menosprecio. Lo deprimente es que, en esta época de tantas regresiones (de derechas y de supuestas izquierdas), algo de eso está retornando. Se vuelve a reivindicar que las mujeres se consagren a los hijos y abandonen sus demás intereses, con la agravante de que ya no es una presión externa (ni la Iglesia tiene el poder de antes ni el Estado facilita la maternidad: al contrario), sino que proviene de numerosas mujeres que, creyéndose «progresistas» (!!!), defienden «lo natural» a ultranza, ignorantes de que lo natural siempre es primitivo, cuando no meramente irracional y animalesco. Hoy proliferan las llamadas «mamás enloquecidas», que deciden vivir esclavas de sus pequeños vástagos tiranuelos y no hablan de otra cosa que de ellos.

Y claro, adoptan un aire de superioridad —también «moral»— respecto a las desgraciadas o egoístas que no siguen su obsesivo ejemplo, como si éstas fueran seres inútiles e insolidarios, casi marginales, y por supuesto «incompletos». Las más conspicuas entre ellas son las tías solteras, pero no sólo: también las amigas, compañeras y madrinas solteras, que las mamás chifladas acaban por ver como apéndices de sus vidas. Yo las vengo observando y disfrutando, a esas solteras o sin hijos, desde mi infancia, y creo, por el contrario, que son esenciales, hasta el punto de que quienes merecen lástima son los niños que no tienen ninguna cerca. La mayoría de las que he conocido y conozco son de una generosidad sin límites, y quieren a esos niños próximos de un modo absolutamente desinteresado. Como no son sus madres, no se atreven a esperar reciprocidad, ni tienen sentimiento alguno de posesión. Se muestran dispuestas a ayudar económicamente, a echar una mano en lo que se tercie, a descargar de quehaceres y responsabilidades a sus hermanas o amigas. Con frecuencia disponen de más tiempo que los padres para dedicárselo a los críos; con frecuencia de más curiosidades y estudios, que les transmiten con paciencia y gusto: en buena medida son ellas quienes los educan, quienes les cuentan las viejas historias familiares, quienes contribuyen decisivamente a que los niños se sientan amparados. Muchas de las de mi vida son además risueñas y despreocupadas o misteriosas, más liberales que los padres, e invitan por tanto a mayor confianza. Mis padres tenían bastantes allegadas sin hijos: mi tía Gloria o Tina (ella sí casada) era una fuente de diversión constante, y aún lo es a sus noventa años. María Rosa Alonso, Mercedes y Carmen Carpintero, María Antonia Rodulfo, Luisa Elena del Portillo, Maruja Riaza, Mariana Dorta, Olga Navarro, todas ellas nos encantaba que llegaran y verlas, a mí y a mis hermanos. Traían un aire de menor severidad, de benevolencia, nos hacían caso sin agobiarnos, nos enseñaban.

Y también estaban algunas figuras «ancilares», aún más modestas en sus pretensiones. Leo (Leonides su nombre) fue nuestra niñera durante años. Era una mujer sonriente y de espíritu infantil, en el mejor sentido de la palabra. Nos contaba cuentos disparatados, nos engañaba para divertirnos o ilusionarnos, jugaba con nosotros en igualdad de condiciones, reía mucho con risa que se le escapaba. Le dediqué un artículo a su muerte, en 1997. Tuvo que irse para atender a un hermano que la sometía un poco. Pero cuando los míos tuvieron hijos, volvió por casa los domingos. En un segundo plano, como sin atreverse del todo a manifestar el afecto inmediato que les profesó a mis sobrinos («los niños de sus niños»), pocas miradas he visto tan amorosas e ilusionadas, con un elemento de involuntaria pena en sus ojos. No la de la envidia, ni la de sentirse de más, en absoluto. Desde su espíritu ingenuo y cariñoso, disfrutaba de nuevo de la compañía de sus iguales, niños traviesos y graciosos. Pero quizá sabía que el hermano exigente acabaría apartándola de nuevo, y que en la memoria de sus adorados ella sería sólo un personaje anecdótico. Para mí no lo es, como no lo es ninguna de las «tías solteras» que he mencionado. Sé lo importantes que fueron y les guardo profundo agradecimiento. No les tengan conmiseración, no las subestimen nunca, ni las den por descontadas. Las echarán de menos.

8-I-17

El servicio y la señorita

Mi generación, nacida durante el franquismo, sintió gran aversión hacia el Ejército y la Policía. Ambos cuerpos eran esbirros de la dictadura, y había que tenerles miedo. Todavía en 1981, el intento de golpe de Tejero, Armada y Milans del Bosch lo protagonizaron ellos, Ejército y Guardia Civil. Costó, por tanto, mucho tiempo que esos cuerpos se democratizaran plenamente y aceptaran estar a las órdenes de los Gobiernos elegidos y de la sociedad civil. Desde que se consiguió, sin embargo, y con las inevitables excepciones de abuso, brutalidad, desproporción y corrupción, las fuerzas de seguridad han tenido una actitud irreprochable en términos generales. Si en el franquismo se las percibía como un peligro para la ciudadanía, como autoridades arbitrarias y despóticas que podían detenerlo a uno sin ningún motivo, hace ya decenios que se cuentan entre las instituciones mejor valoradas y que inspiran mayor confianza. Uno no da un respingo, no se asusta, si se cruza con un policía o un guardia o (más infrecuentemente) un militar. Si uno es un individuo normal, y no un delincuente, no tendrá inconveniente en acercarse a uno de ellos para preguntarle algo o requerir su ayuda y su protección. Claro que en todos los gremios hay sujetos indeseables, y uno puede llevarse de vez en cuando una desagradable sorpresa, o sufrir un trato despectivo, vejatorio o chulesco. Pero lo mismo puede ocurrirnos ante un juez, un político o un conductor de autobús.

Cobran poco los soldados y los policías, bastante menos de lo que deberían considerando los riesgos que a menudo corren y los muchísimos servicios que prestan. Son sin duda necesarios, más aún en una época en la que los delitos se multiplican y están más diversificados que nunca. Combaten a los terroristas, vigilan para impedir sus atentados y frustran no pocos de éstos; persiguen las redes de pederastia y la trata de mujeres; se enfrentan a los narcos y a los sicarios; investigan los crímenes y amparan a las mujeres víctimas de sus parejas o ex-parejas; reciben a los inmigrantes que llegan exhaustos por mar; patrullan los aeropuertos y las estaciones, y las grandes aglomeraciones como las recientes de Nochevieja. La población cuenta con ellos, da por supuesto que puede recurrir a ellos, y sabe, en su fuero interno, que nada funcionaría sin su concurso. ¿Que algunos miembros incurren en excesos u olvidan su neutralidad para complacer a un partido político determinado? Claro está, como sucede en cualquier colectivo con influencia y poder. Pero no cabe duda de que son parte de nosotros, de la sociedad, que merecen tanto respeto como los demás y seguramente más gratitud que la mayoría.

Ahora, las pasadas fechas navideñas, la alcaldesa de Barcelona, Ada Colau, el Parlament de la Generalitat y la Fira de Barcelona han decidido expulsarlos del Salón o Festival de la Infancia, habitual en esa época: han vetado los *stands* de la Guardia Urbana, de los Mossos d'Esquadra, de la Policía Nacional, de la Guardia Civil y del Ejército. Al parecer los críos se lo pasaban en grande montándose en los coches patrulla y demás. Da lo mismo. La señora Colau quiere una ciudad «desmilitarizada», no quiere ver en las ocasiones festivas y pedagógicas un solo uniforme (¿tampoco los de los bomberos, que también son de gran utilidad?). Es un comportamiento teñido de señoritismo, vicio que al parecer se contagia en seguida a cuantos acceden a algún poder. La alcaldesa y la Generalitat han tratado a los cuerpos de seguridad como los más rancios señoritos trataban antaño al servicio, es decir, a los criados, a las tatas, más antiguamente a los siervos. «Ustedes están a nuestro servicio. Sí, son los que hacen que la casa funcione y esté limpia y en orden, los que lavan la ropa y cocinan, quienes cuidan de nuestros niños cuando estamos ocupados. Pero en las celebraciones y en las fiestas ustedes deben desaparecer. Las posibilitan con su trabajo, pero no les toca disfrutar de ellas. Es más, su presencia las afearía y desluciría. Que asistieran nos produciría vergüenza, estaría mal visto por nuestros invitados. Ustedes las preparan pero no pueden participar. Han de hacerse invisibles, inexistentes. Precisamos sus tareas, pero nos abochornan.»

No sé si hay algo más despreciativo, más clasista y más ruin. La alcaldesa y los miembros del Parlament se benefician personalmente, además, de la protección que por sus cargos les brindan policías, *mossos* y guardias urbanos. Recurren a ellos cada vez que hay un problema, una amenaza, un tumulto. Recurrirían al Ejército si se produjeran un ataque o una invasión, pongamos por caso, del Daesh, que no iba a diferenciar entre Colau y su antecesor Xavier Trias, ni entre el bronco concejal Garganté, de la CUP, y Artur Mas. A todos los decapitarían por igual. Sin embargo, el servicio no es digno de confraternizar en público con nuestros hijos, a los que por lo demás cuidan y protegen con especial celo, o rescatan cuando se han perdido. El mensaje es el del señorito: «Hagan su trabajo en la sombra. Y ni se les ocurra asomar».

15-I-17

Ese idiota de Shakespeare

Si hace años que no voy al teatro, es porque no deseo exponerme a sobresaltos innecesarios. No me refiero ya a esas obras «modernas» en las que se obliga a «participar» al público lanzándole agua o pintura o bengalas, o a «interactuar» con los intérpretes que bajan al patio de butacas, normalmente para restregarse contra él y vejarlo. Eso me lo tengo prohibido desde que empezó a suceder hace tiempo. Pero tampoco está uno a salvo de riesgos de otra índole si va a la representación de un clásico. El teatro —más que el cine y las series— ha caído rendido a casi todas las tontunas contemporáneas. Se permite lo «simbólico» y lo inverosímil en mucho mayor grado, y ahí caben todas las supuestas genialidades de muchos adaptadores y directores, convertidos en las verdaderas estrellas, usurpadores de los buenos nombres de Lope, Calderón, Molière, Pushkin o Shakespeare. Con este último —el más programado en todo el mundo— está uno en constante peligro. Es ya un tópico que sus personajes aparezcan vestidos de nazis o de decimonónicos, o transmutados en *gangsters*, o que la acción de las obras se sitúe en cualquier sitio menos donde tenía lugar originalmente: Romeo y Julieta en la discoteca, Macbeth en Chicago, Próspero y Miranda abandonados en el espacio intergaláctico. En 2012 Phyllida Lloyd tuvo al parecer bastante éxito con su versión de *Julio César* ambientada en una cárcel de mujeres y con reparto femenino al completo, consiguientemente. La verdad, para mí no, gracias.

Pero este último caso forma parte de un movimiento deliberado. Como sabemos, las actrices de todas partes se quejan de que sus salarios son inferiores a los de sus colegas varones, pero me imagino que eso estará en función de lo taquilleros y rentables que sean cada uno, independientemente del sexo. Es como si la mejor futbolista protestara por ganar mucho menos que Messi: se da el caso de que éste convoca a millones de espectadores y genera dinerales. También se quejan de que no haya tantos ni tan buenos papeles para ellas como para los hombres, y presionan a los creadores para que se enmienden, sin tener en cuenta que los que escribimos nos interesamos por lo que nos interesa y no estamos para adular a tal o cual colectivo. Shakespeare tiene muchos personajes femeninos importantes, pero la actriz Harriet Walter ha hecho el cómputo: de media, uno por cada cuatro masculinos, y además son éstos «quienes encaran las cuestiones políticas y filosóficas que nos atañen a todos». Es decir, suelen estar a su cargo los soliloquios más profundos, y más lucidos para los actores. La respuesta natural sería: «¿Y qué quieren, si en época de Shakespeare eso era más creíble o él decidió poner sus parlamentos en boca de Hamlet, Macbeth, Enrique IV o Ricardo III?». Como hoy hay licencia para falsearlo todo, se corrige al idiota de Shakespeare y ahora está de moda que a todas esas figuras las interpreten mujeres. No importa que eso se contradiga con otra de las reivindicaciones recientes de actores y actrices (hablé de ello hace algún tiempo): se enfurecen si a un personaje indio no lo encarna un intérprete indio, a uno japonés un japonés, a uno árabe un árabe, etc. Eso no obsta, sin embargo, para que en la célebre serie televisiva *The Hollow Crown*, con los dramas históricos de Shakespeare, la Reina Margarita (antes Margarita de Anjou, francesa) sea una actriz mulata, o el Duque de York de *Enrique V* un negro. Aquí no se considera que haya usurpación ni robo, sino que se aplaude. Hoy hay tanta gente ignorante que quien vea esa serie puede dar por sentado que en la Francia del siglo XV la población era mestiza y que en Inglaterra había nobles negros. Y quien sólo viera el *Hamlet* de Kenneth Branagh (completo ahí en sus cuatro horas, muchos no querrán revisitarlo) podrá creer para siempre que esa es una historia del xix, con gente vestida «a lo zarista» o «a lo austrohúngaro», y no del xvi, cuando Shakespeare situó la leyenda.

«La ignorancia de los jóvenes, o de la gente, no es asunto nuestro», dirán con razón adaptadores y directores. Y las actrices aducirán: «¿Acaso se nos permitía subir a los escenarios en tiempos del Bardo?». No, en efecto, había una prohibición lamentada por todos, así que a Desdémona, Lady Macbeth y Ofelia las representaban, por desgracia, actores lampiños. Y sin embargo ahora se vuelve a lo mismo, sólo que a la inversa y por militancia o revancha sexista. ¿Qué sentido tiene que Glenda Jackson haga de Rey Lear? ¿Que un espectador como yo, que pide cierta verosimilitud, no se crea una palabra? Lo mismo cuando otras actrices se hacen pasar por Bruto, Cimbelino, Enrique V, César, Enrique IV o Malvolio, convertido además en «Malvolia». Tampoco lo contrario me convence: siento admiración por mi compañero de la RAE José Luis Gómez, pero me he abstenido de ir a verlo hacer de la Celestina, por muchos justos elogios que haya merecido. Y desde luego no me tentó ver a Blanca Portillo en el papel de Segismundo, de *La vida es sueño*. Lo lamento, pero si uno va al teatro hoy en día está expuesto a cualquier sobresalto. Y a cualquier sandez de no pocos directores. Con todos mis respetos para los buenos actores y actrices, que al fin y al cabo cumplen órdenes.

22-I-17

Cuando los tontos mandan

Lo comentaba hace unas semanas Jorge Marirrodriga en este diario: el sindicato de estudiantes de la Escuela de Estudios Orientales y Africanos de la Universidad de Londres «ha exigido que desaparezcan del programa filósofos como Platón, Descartes y Kant, por racistas, colonialistas y blancos». Supongo que también se habrá exigido (hoy todo el mundo *exige*, aunque no esté en condiciones de hacerlo) la supresión de Heráclito, Aristóteles, Hegel, Schopenhauer y Nietzsche. La noticia habla por sí sola, y lo único que cabe concluir es que ese sindicato está formado por tontos de remate. Pero claro, no se trata de un caso aislado y pintoresco. Hace meses leímos —en realidad por enésima vez— que en algunas escuelas estadounidenses se pide la prohibición de clásicos como *Matar a un ruiseñor* y *Huckleberry Finn*, porque en ellos aparecen «afrentas raciales». Dado que son dos clásicos precisamente antirracistas, es de temer que lo inadmisible es que algunos personajes sean lo contrario y utilicen la palabra *«nigger»*, tan impronunciable hoy que se la llama «la palabra con N». El problema no es que haya idiotas gritones y desaforados en todas partes, exigiendo censuras y vetos, sino que se les haga caso y se estudien sus reclamaciones imbéciles. Un comité debía deliberar acerca de esos dos libros (luego aún no estaban desterrados), pero esa deliberación ya es bastante sintomática y grave. También se analizan quejas contra el *Diario* de Ana Frank, *Romeo y Julieta* (será porque los protagonistas son menores) y hasta la Biblia, a la que se objeta «su punto de vista religioso». Siendo el libro

religioso por antonomasia, no sé qué pretenden los que-
jicas. ¿Que no lo tenga?

Hoy no es nadie quien no protesta, quien no es víctima, quien no se considera injuriado por cualquier cosa,
quien no pertenece a una minoría o colectivo oprimi-
dos. Los tontos de nuestra época se caracterizan por su
susceptibilidad extrema, por su pusilanimidad, por su piel
tan fina que todo los hiere. Ya he hablado en otras ocasiones de la pretensión de los estudiantes estadounidenses de que nadie diga nada que los contraríe o altere, ni
lo explique en clase por histórico que sea; de no leer
obras que incluyan violaciones ni asesinatos ni tacos ni
nada que les desagrade o «amenace». Reclaman que las
Universidades sean «espacios seguros» y que no haya
confrontación de ideas, porque algunas los perturban.
Justo lo contrario de lo que fueron siempre: lugares de
debate y de libertad de cátedra, en los que se aprende
cuanto hay y ha habido en el mundo, bueno y malo. No
es tan extraño si se piensa que hoy todo se ve como «pro-
vocación». Un directivo del Barça ha sido destituido ful-
minantemente porque se atrevió a opinar —oh sacrile-
gio— que Messi, sin sus compañeros Iniesta, Piqué y
demás, no sería tan excelso jugador como es. Lo cual,
por otra parte, ha quedado demostrado tras sus actuaciones con Argentina, en las que cuenta con compañeros
distintos. Y así cada día. Cualquier crítica a un aspecto o
costumbre de un sitio se toma como ofensa a *todos* sus
habitantes, sea Tordesillas con su toro o Buñol con su
«tomatina» guarra.

La presión sobre la libertad de opinión se ha hecho
inaguantable. Se miden tanto las palabras —no se vaya a
ofender cualquier tonto ruidoso, o las legiones que de inmediato se le suman en las redes sociales— que casi nadie
dice lo que piensa. Y casi nadie osa contestar: «Eso es una
majadería», al sindicato ese de Londres o a los padres
quisquillosos que pretenden la expulsión de clásicos de las

escuelas. Antes o después tenía que haber una reacción a tantas constricciones. Lo malo es que a los tontos de un signo se les pueden oponer los tontos del signo contrario, como hemos visto en el ascenso de Le Pen y Putin y en los triunfos del *Brexit* y Trump. A éste sus votantes le han jaleado sus groserías y sandeces, sus comentarios verdaderamente racistas y machistas, sus burlas a un periodista discapacitado, su matonismo. Debe de haber una gran porción de la ciudadanía harta de los tontos políticamente correctos, agobiada por ellos, y se ha rebelado con la entronización de un tonto opuesto. Alguien tan simplón y chiflado como esos estudiantes londinenses censores de los «filósofos blancos». No alguien razonable y enérgico capaz de decir alguna vez: «No ha lugar ni a debatirse», sino un insensato tan exagerado como aquellos a los que combate. Cuando se cede el terreno a los tontos, se les presta atención y se los toma en serio; cuando éstos imponen sus necedades y mandan, el resultado suele ser la plena tontificación de la escena. A unos se les enfrentan otros, y la vida inteligente queda cohibida, arrinconada. Cuando ésta se acobarda, se retira, se hace a un lado, al final queda arrasada.

29-I-17

Este libro se terminó
de imprimir en
Móstoles, Madrid,
en el mes de
enero de 2018